프랭크 윌리암 스코필드
Frank W. Schofield

민족대표 34인
석 호 필

이장락 지음

호랑이스코필드기념사업회·KIATS

2016

추천사
대한민국을 치료한 의사,
닥터 스코필드, 석호필 할아버지

　스코필드 할아버지를 만난 것은 1960년 4월, 내 나이 열세 살 때였다. 그로부터 정확히 10년 뒤인 1970년 4월, 그는 세상을 떠났다. 내 나이 스물세 살 때였다. 그 10년 동안 나와 스코필드는 동행했고, 그 시절 나는 삶에서 배워야 할 것의 대부분을 배웠다.
　스코필드Frank William Schofield는 3·1만세운동을 주도한 민족대표 33인에 더하여 "제34인"으로 불리는 영국 태생의 캐나다인이다. 1916년 세브란스 의학교수로 처음 이 땅에 발을 디딘 그는 평생 선교와 장학사업을 통해 사랑과 나눔을 설파하고, 우리나라의 독립과 발전에 헌신했다. 일제강점기에 틈만 나면 카메라를 들고 거리에 나가 일본의 만행을 기록하여 이를 전 세계에 알림으로써 독립의 견인차 역할을 했다.
　그는 '석호필'石虎弼이라는 한국식 이름까지 지었다. 한국에 대한 그의 애정은 지극했고 죽음을 맞이할 때까지 한결같았다.
　우리의 인연은 내가 경기중학교에 다니던 시절 시작됐다. 당시 우리 집은 끼니를 걱정할 정도로 형편이 좋지 않았다. 당연히 학비를 낼 수 있는 처지가 아니었다. 그런 사정을 알고 있던 내 국민학교 때 친구 아버지의 주선으로 나는 스코필드의 지원을 받게 되었다.

그는 나의 등록금과 생활비를 지원하는 데 그치지 않고 정신적 지주로서 나의 가치관 형성에 깊은 영향을 주었다. 고등학교 때는 영어성경반을 통해 학교에서 배운 것 못지않게 많은 것을 배웠다. 평소에는 고양이라도 웃길 정도로 익살스러우면서도 우리가 지각한 이유를 둘러댈라치면 "핑계 대지 마시오!"라고 또박또박 우리말로 꾸짖으셨다.

그는 일찍 아버지를 여읜 나에게 친아버지나 다름없었다. 나는 우리 집과 가까운 곳에 있던 그의 숙소를 내 집처럼 드나들면서 많은 것을 보고 배웠다.

할아버지는 사슴처럼 선한 얼굴로 나를 "운찬~" 하고 부르곤 했는데, 손자뻘인 나에게 한 번도 존칭을 생략한 적이 없을 정도로 예의와 품격을 갖추었던 분이었다.

외국에 나가면 꼭 엽서나 편지로 내게 안부를 전했을 만큼 자상한 분이기도 했다. 몇 달씩 외국에 나갔다 돌아오는 그를 마중하기 위해 공항에 나가는 것이 내겐 큰 기쁨이었다.

특히 내 가슴 속에 깊이 뿌리내린 것은 그분의 철학적 신념이었다. 나는 보행이 불편한 그를 부축하며, 대학로를 산책할 기회가 많았는데 그때마다 그는 "약자에게는 비둘기 같은 자애로움으로, 강자에게는 호랑이 같은 엄격함으로" 대할 것을 강조했다. 항상 '정의로운 사람'이 되라고 하면서, 특히 건설적 비판 정신을 기르라고 강조했다.

스코필드의 이런 가르침은 훗날 내가 1986년 "체육관 선거를 종식하고 국민의 손으로 대통령을 뽑자"는 교수 서명운동을 준비하도록 한 원동력이 됐고, 아직도 내 신념의 중심에 자리 잡고 있다. 그는 가난한 이들에게는 한없이 너그러웠지만, 사회의 부조리에 대해서는 올곧은 비판을 서슴지 않았다.

1960년대의 경제성장 과정에서 부익부 빈익빈 현상이 가속화되는 것을 보면서, 한국에서는 부자가 가난한 사람을 눈곱만큼도 사랑하지 않는다고 개탄하던 그의 모습이 떠오른다.

그는 가난한 사람들을 사회공동체가 보살펴야 한다고 누누이 강조했고, 그런 이유로 내가 대학을 진학할 때도 경제학을 선택하도록 종용했다. 나는 그를 통해 사회 속에 몸담은 지식인의 길이 어떠해야 하는지를 익히고 배웠다.

1970년 4월 12일 오후, 스코필드는 지금의 국립의료원 별관 32병동 5호실 병상에서 운명했다. 임종 며칠 전에도 나는 병상을 지켰는데, 말없이 내 손을 잡아주던 모습이 아직까지 선하다.

그는 끝까지 어려운 이웃들과 함께하고자 했다. 마지막 책 한 권, 구두 한 켤레까지 주위의 사람들에게 나눠주었고, 재산을 모두 보육원과 YMCA에 헌납하고 떠났다. 그리고 빈 몸으로 국립묘지에 안장됐다.

   돌이켜보면 백발이 성성한 70대 할아버지와 철없는 열세 살배기 꼬마의 만남이었거늘, 그는 나를 한결같이 성숙한 인격체로 대했다.

   그를 만난 것은 내 생의 축복이자 행운이었음이 틀림없다. 인생의 고비마다 나는 스코필드 할아버지를 생각하며 나를 채찍질한다. 양지바른 서울 동작동 애국지사 묘역에 잠든 할아버지는 오늘도 그 자애로운 미소로 내게 말을 건네시는 듯하다. 더 부지런하게, 더 정직하게, 더 정의롭게 사랑하며 살라고……

정운찬
호랑이스코필드기념사업회 회장
서울대 23대 총장, 40대 국무총리
동반성장연구소 이사장

나의 은인이자,
스승인 스코필드 박사

　내가 스코필드 박사를 처음 알게 된 것은 1958년 가을, 사대부고 3학년 시절 전교생이 모인 자리에 박사님이 오셔서 강연하실 때였다. 민족대표 34인으로 유명한 스코필드 박사는 그해 8월에 한국 땅을 다시 밟은 백발노인이었지만 천여 명 학생들 앞에서 일제 시 독립운동에 관해 열강을 하셨다.
　나의 외증조할아버지 장관선 목사가 105인 사건으로 감옥살이를 했고, 일제 탄압이 우리 가족사에 미친 피해를 어려서부터 많이 들었기에 스코필드 박사의 모습과 강연은 나에게 큰 감동이었다. 한번 만나 뵙고 더 이야기를 듣고 싶었지만, 대학입시 준비로 꼼짝할 수 없었다. 다음 해 1959년 서울 문리대 철학과에 입학하여 동숭동 캠퍼스를 다니는 대학교 1학년이 되자 곧 외국인 교수 숙소에 사시는 스코필드 박사님을 찾아갔다.
　박사님은 젊은 인재 양성에 관심이 많으셔서 수의대에서 강의하는 이외의 시간에는 대학생과 중고등학생들을 숙소에 오게 해 영어성경을 가르치면서 정신적 지도를 하셨다. 나도 박사님의 허락을 받아 문리대 재학 중인 부고 동창 친구 몇 사람과 영어성경반을 조직해 매주 박사님 댁을 방문하였다.

영어성경반은 점점 늘어나 숙명여고, 경기고, 이화여대로 확대되었고, 3월 15일 스코필드 박사님의 생일에는 50여 명의 교수, 학생들이 함께 모여 파티를 열기도 했다. 성경공부반이라 했지만, 성경해설은 아니었고, 기독교의 사랑과 봉사, 정의와 진리를 가르치는 말씀을 영어로 듣고, 시사 문제와 삶의 문제들을 놓고 토론하는 식의 모임이었는데 늘 두어 시간 넘게 진행되었다. 당시의 부패와 부정, 거짓과 모순의 현실을 비판하며 젊은 학생들의 각성을 촉구하는 말씀들이 주 내용이었다.

스코필드 박사님과 자주 만나 가까워지다 보니 방문하시는 고아원이나 학교에 따라가 통역을 해드리기도 했다. 당시 청량리 밖 홍능 근처에 대학생들이 학교에 못 가는 아이들을 백여 명 모아 가르치는 홍국직업소년학교가 있었는데 스코필드 박사님은 이 학교를 적극 지원하셨고, 한번은 윤보선 대통령을 오시게 하여 가난한 아이들을 격려해 주셨다. 나도 무언가 해야겠다는 생각에 일요일 오후마다 홍국학교에 가서 주일학교를 한동안 운영했다.

영어성경반으로 시작된 스코필드 박사와의 만남은 나의 일생에 지울 수 없는 운명을 가져다주었다. 박사님은 나에게 많은 정신적 교훈을 주셨을 뿐만 아니라 평생의 반려자를 만나게 해주셨다. 1960년 9월 이화여대 1학년생으로 스코필드 영어성경반을 처음 찾아온 손덕수는 박사님의 여러 일에 동반했고, 흥국주일학교 일도 나와 함께했다. 졸업 후 성암여중의 교사로 근무할 때 가난한 학생들에게 스코필드 장학금을 나눠주며 박사님 댁을 무시로 드나들었다. 이렇게 스코필드 박사 댁에서 사귀게 된 손덕수와 1966년 3월 1일 정오에 동신교회에서 결혼식을 올릴 때 박사님은 직접 오셔서 축사해 주시며 나를 미래 한국의 지도자가 될 사람이라고 격찬해 주셨다. 우리의 첫딸 지형에게 테레사라는 이름도 지어주셔서 지금까지 쓰고 있다.

내가 본 스코필드 박사는 예수 그리스도의 말씀을 철저히 믿고, 일생 그의 교훈인 사랑과 정의를 자기의 삶 속에서 실천하신 분이다. 한국에 의료 선교사로 오셔서 세브란스에서 병리학을 가르치며 많은 사람을 돕고, 삼일운동 시 제암리를 찾아가 희생자 가족을 위로하며, 일제의 학살, 수탈, 고문을 비판한 활동은 모두 그의 깊은 기독교 신앙과 철저한 생활실천에서 온 것이라고 생각한다. 은퇴 후 노구를 이끌고 한국에 다시 오셔서 12년간 하신 모든 봉사활동, 언론활동, 교육활동도 전부 그리스도의 복음, 사랑과 정의를 시대 상황 속에서 실천하신 것이라 여겨진다.

사실 1958년 8·15 광복절에 "민족대표 34인"으로, "민족의 은인"으로 추앙받으며 오셔서 전국 각지로 강연을 다니면서 대접받는 위치에 계실 때, 박사님은 역대 대통령 이승만, 윤보선, 박정희와의 관계를 이용해 얼마든지 호화스럽게 사실 수 있었다. 그러나 70대 노인으로 한국에 머물며 여생을 보내시게 한 동기는 호화로운 대접이나 명예를 높이는 데 있지 않았고, 불쌍하고 어려운 사람들을 도우며 가난과 독재에 시달린 한국의 올바른 발전과 정의로운 사회건설, 그리고 한국인에 대한 끊임없는 애정에 있었다.

스코필드 박사님의 열정 어린 삶과 헌신에 대한 증언들이 많이 있겠지만, 나의 관찰과 기억 속에 남아있는 체험들을 몇 가지 정리해 본다.

무엇보다 그는 어렵고 고통받는 사람들을 돕고 이웃사랑을 실천하며 전파하는데 전심전력을 다 바치셨다. 누구든지 찾아오는 사람을 바쁘다고 거절한 적이 없이 어려운 사정 이야기를 다 들어주셨고, 조금이라도 나누어 주시며 걱정을 함께 해주셨다. 수많은 고아원과 양로원, 보육원을 찾아다니며 봉투를 나눠주신 것은 말할 것 없고, 많은 고학생에게 장학금을 주시고 생활비까지 보태주시느라 당신 자신은 항상 가난하고 검소하게 사셨다. 성경 말씀 그대로 옷 두 벌이면 한 벌을 나눠주는 그런 삶이었다.

방 한 칸 숙소엔 침대 하나와 책상 하나, 옷장 속엔 양복 한 벌이 있었고, 방에서 식사하실 땐 늘 마른 빵 두어 쪽에 소박한 식단이었다. 빈곤과 결핍으로 찌든 1960년대, 도움을 요청하며 찾아오는 사람은 많아지는데, 방에 혼자 계실 때 하는 일은 캐나다와 미국의 친구들에게 도움을 달라고 편지 쓰는 일이었다. 받은 편지 속에든 지폐를 꺼내는 장면을 여러 번 보았는데 10불, 20불, 50불, 가끔 100불처럼 많은 돈은 아니었다.

 스코필드 박사님은 적은 돈을 보낸 분에게도 정성스레 답장을 썼고 그것도 돈을 받은 학생이나 보육원의 사정을 알리기 위해 자세히 길게 썼는데 그 일이 보통이 아니었다. 편지지를 두 장, 석 장 넘게 쓰다 보면 무거워 져서 항공 우편료가 비싸지니까 무게를 10g, 20g 안으로 줄이기 위해 조그만 저울로 편지의 무게를 달았다. 몇 그램이 넘어 우편료가 한 단위 넘어가는 것을 막기 위해 편지지의 글 안 쓴 여백을 가위로 잘라내는 것을 보았다. 세상에 이런 검소와 절약은 들어 본 적이 없다.

 사랑과 봉사의 실천 못지않게 박사님이 하신 일은 올바른 나라, 정의로운 사회를 세우기 위한 계몽적, 교육적 노력이었다고 생각한다. 부정과 불의를 보면 참지 못하시고 비판의 글을 통해 고치려고 하셨다. 신문 잡지에 기고하신 글과 인터뷰 대부분은 부정부패와 사치, 불의와 독재에 대한 비판적 내용이었는데 이를 직설적이 아닌 유머를 섞어 표현했다. 자기를 초대해준 이승만 대통령도 비판해서 곱게 보이지 않았다.

 5·16 군사 쿠데타 이후에는 박정희 장군이 부정부패를 일소

하고 경제발전을 한다고 해서 초기엔 농민의 아들이 혁명을 했다고 칭찬까지 하셨지만, 차츰 군부의 비리와 부정부패, 4대 의혹 사건이 드러나면서 비판의식을 감추지 못했고, 군정 연장이나 재벌의 폭리를 공개적으로 비판하는 글을 쓰셨다. 나는 문리대 학생운동의 분위기를 때때로 전해 드렸고 세간의 정보와 의견을 말씀드리기도 했다.

많은 청소년 학생들을 영어 성경 공부라는 명목으로 초대해 매일 여러 시간 이야기하며 토론하신 목적은 미래의 지도자와 일꾼들을 예수님의 사랑과 정의의 정신으로 훈련해서 이웃 사랑을 실천하고 부정부패를 척결하는 인재로 양성해 올바른 나라와 정직한 사회를 만들게 하려는 뜻에 있었다. 그래서 학생들의 태만이나 사치, 구두닦이 소년에게 구두를 닦게 하는 행위, 거짓말이나 핑계를 늘 꾸짖으시며 엄하게 질책하셨다. 한국 이름 석호필石虎弼 그대로 호랑이 할아버지셨다.

스코필드 박사님은 세균학과 수의학의 대가로 세계적인 과학자이지만 과학과 신앙의 조화를 철저히 신봉한 종교 철학자였다. 기독교 목사가 되려던 철학도로서 나는 스코필드 박사와 과학과 신앙, 신의 존재와 예수의 기적에 관해 많은 토론과 논쟁을 했다.

내가 토론을 위해 니체와 다윈, 러셀의 사상을 들어 기독교 비판 논쟁을 걸어도 온갖 지식과 경험담을 거론하면서 기독교 신앙을 열정적으로 변호하셨다. 박사님의 많은 글에서 볼 수 있듯이 그는 기독교 신앙에 관한 한 거의 근본주의에 가까운 신앙을 갖고 계셨다.

스코필드 박사님은 경건한 신앙인이면서도 날카로운 통찰력과 인간미 풍기는 유머 감각을 가지신 멋진 분이었다. 서울 법대 이한기 교수가 어느 날 대학가를 걷다가 산책하시는 스코필드 박사를 만나서 인사를 드렸더니 누구냐고 해서 서울 법대에서 국제법을 가르치는 누구라고 대답을 했다고 한다. 그랬더니 즉시 "You are the genius, who is teaching what is not existing." 이라고 조크를 하시더라는 것이다. 이 교수는 국제법의 핵심적 문제를 이렇게 해학적으로 지적하시는 스코필드 박사에게 탄복했고 강의 시간에 이 조크를 늘 이야기한다고 했다.

나는 1968년 가을에 독일유학을 떠나 박사님의 임종을 보지 못했지만, 아내 손덕수는 1970년 2월 말 병실에 누워계신 박사님을 찾아가 마지막 인사를 드리고 독일로 왔다. 독일에서 유신 독재에 항거하며 이국땅에서 고생하는 간호원 광부들의 인권과 노동문제를 도와주면서 10여 년 사는 동안 나는 호랑이 할아버지가 보여준 정의를 향한 불굴의 정신과 인간애를 생각하며 힘을 얻곤 했다. 참 그리스도인이며 위대한 인간이었던 스코필드 박사님의 가르침과 사랑을 십 년 동안 받을 수 있었던 것은 우리 부부에게 너무나 큰 축복이요, 행운이었다.

그러나 동작동 국립묘지 스코필드 박사의 무덤 앞에 설 때마다 갚지 못할 빚을 진 것 같은 죄송한 마음을 금할 수 없다.

이삼열
전 유네스코 한국위원회 사무총장
현 한국기독교사회발전협회 이사장

시작하는 글

프랭크 윌리암 스코필드는 그를 낳고 길러준 영국보다도, 그를 가꾸고 세워 준 캐나다보다도 대한민국을 더 사랑했다. 스코필드의 일생은 파란만장한 삶 그 자체였다. 그는 평생을 몹시 외롭게 살았고 갖은 고생을 다 하면서 학업을 닦아야 했다. 또 한쪽 팔다리가 마비되는 쓰라린 육체적 고통을 겪었다.

그는 이런 역경을 굳은 의지와 뜨거운 정열과 끊임없는 노력으로 하나하나 이겨나갔다. 그 결과 그는 의협심 강하고 동정심 많은 한 인간으로 성장했고 대학자로 뛰어난 업적을 남겼으며, 세계 많은 나라에 열정적인 발자취를 남겼다. 눈물과 기쁨이 뒤섞인 그의 생애는 많은 사람에게 인생의 의미와 목적을 일깨우고 삶의 지혜를 가르쳐준다.

스코필드 박사는 긴 세월을 두고 우리와 깊은 인연을 맺었다. 기미년에 나라를 되찾기 위해 일어섰던 우리를 열정을 다해 도왔고, 우리의 젊은이들을 그의 깊고 넓은 학문 세계로 인도했다. 어려운 학생들에게는 따뜻한 마음과 재물로 위로해주었고, 우리 사회의 발전을 위해서는 날카로운 글과 부드러운 말, 적극적인 행동으로 정성을 다했다. 그는 참으로 대한민국과 한국인을 사랑했고 우리가 행복하게 잘 살기를 바랐다.

스코필드 박사는 우리 정부로부터 1960년에 대한민국 문화훈장을, 1968년에는 건국 공로훈장을 받았다. 이는 결코 우연한 일이 아니다. 박사가 아직 살아있던 1962년 3월 필자는 그의 73회 생일을 축하하기 위해 그의 전기 《우리의 벗, 스코필드》를 내놓은 적이 있다. 또, 그의 10주기를 기념하기 위해 《우리의 벗, 스코필드》의 속편 격인 《길이 우리의 벗이어라, 스코필드》를 썼다.

지금 새로 출간된 이 책은 이 두 권의 책을 현대에 맞게 정리한 글이다. 새로 추가된 글들이 거의 없는 점에 관해서는 책을 읽으시는 분들의 너그러운 용서를 바랄 따름이다. 책 속에서 스코필드 박사의 생애를, 그중에서도 우리와의 관계를 잘 그려보려고 나름대로 애썼지만 결과는 만족스럽지 못하다. 박사의 생애와 성품은 보통 사람으로서는 감당하기 어려운 극도의 괴로움을 견뎌내면서 철저한 기독교 신앙 위에 이룩한 깊고도 복잡한 성격의 것이다.

천학비재(淺學菲才)의 필자가 그러한 생애를 그려보겠다고 덤벼들었던 일 자체가 아예 무리한 일이었던 것 같기도 하다.

하지만 이 책이 우리의 참다운 벗이었던 스코필드 박사를 우리의 마음속에 오래오래 살아있게 하는 데에 조금이라도 도움이 된다면 그런 큰 보람이 없겠다.

이장락
서울대 수의과대학 명예교수

목차

추천사

제1부 우리의 벗, 스코필드 ························ 19

1장 코리아와의 인연
2장 세브란스의학전문학교에 가다
3장 3·1만세운동의 임무를 맡다
4장 민족대표 제34인 프랭크 윌리암 스코필드
5장 제암리를 가슴에 품다
6장 서대문형무소
7장 탄압이 시작되다
8장 대한민국 애국부인회
9장 민족지도자를 키워야 한다
10장 끌 수 없는 불꽃
11장 교포들과 함께

제2부 장애를 넘어 ·· 129

12장 장난꾸러기 프랭크
13장 꿈을 찾아 캐나다로
14장 고학으로 박사까지
15장 그리던 한국을 다시 찾다
16장 세계적 학자이자 다정한 스승

제3부 대한민국을 치료한 의사 ····························· 179

17장 대한민국 국빈으로 다시 돌아오다
18장 다시 한국을 위하여
19장 새로운 탄압을 맞이하다
20장 외국인 최초로 문화훈장을 받다
21장 교육이 살길이다
22장 우리의 벗, 스코필드
23장 한국 땅에 묻히리라
24장 연인 매러
25장 하늘가는 밝은 길이 내 앞에 있으니
26장 인간 스코필드

연보

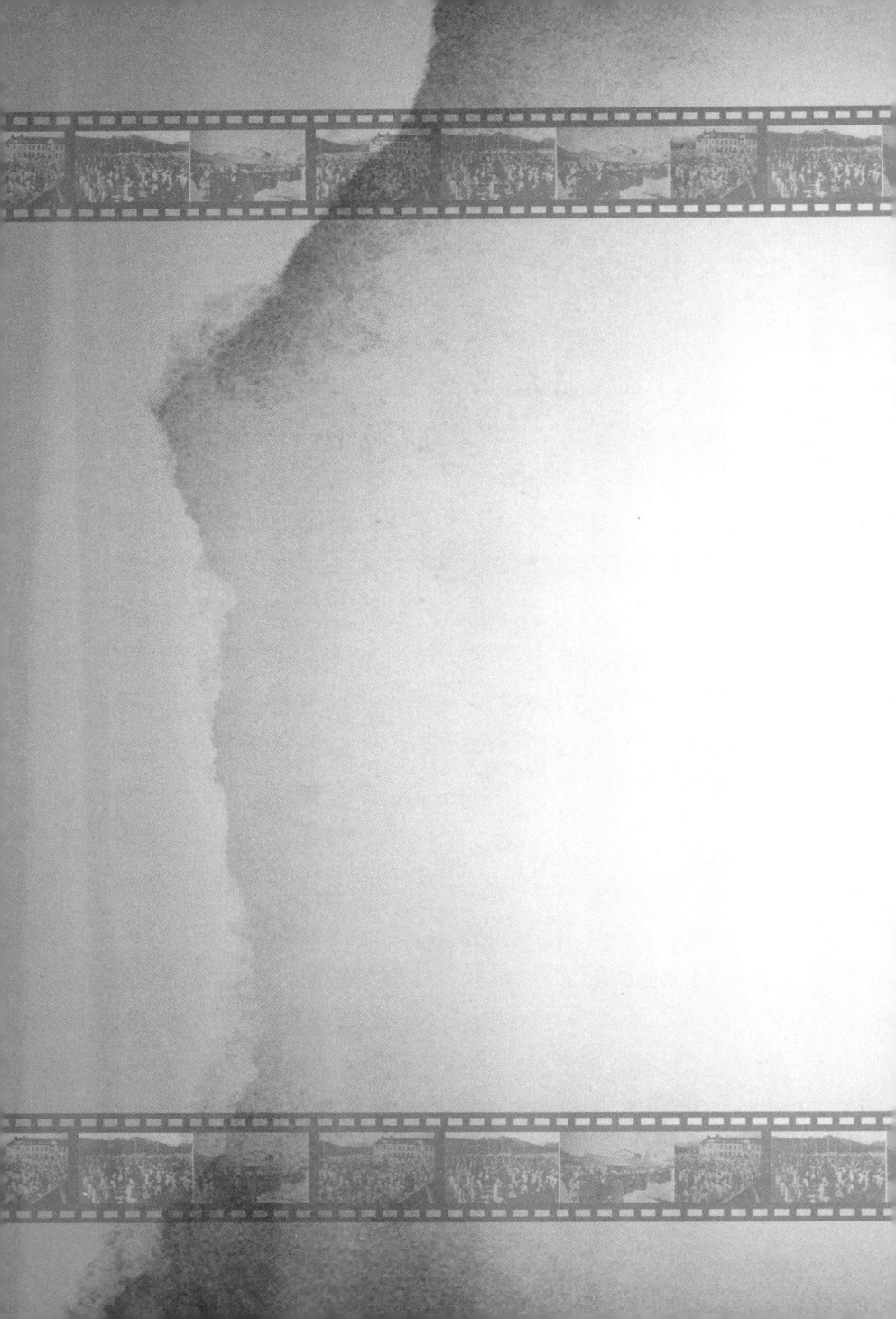

제1부
우리의 벗, 스코필드

1장 코리아와의 인연

　1897년 여름 어느 날 저녁, 프랭크는 아버지 곁에 앉아서 책을 읽고 있었다. 현관문을 가볍게 두드리는 소리가 들렸다. 바깥에 누가 찾아온 것 같았다. 프랭크는 나가서 현관문을 열었다. 거기에는 몸집이 큰 젊은 남자 한 사람이 서 있었다. 아직 날이 그다지 어둡지는 않아서 얼른 보니 동양 사람인 것 같았다. 프랭크의 아버지가 교편을 잡고 있는 클리프대학Cliff College은 선교사가 되고 싶어하는 사람들을 교육하는 기관이었다. 학교를 졸업한 사람들 대부분은 중앙아프리카와 중국으로 건너가 선교사업에 종사하고 있었다. 그래서 그 학교에는 아프리카나 중국에서 온 사람도 더러 있었다. 학생들은 종종 아버지를 찾아오곤 했다.
　프랭크는 아버지와 이야기하고 있는 그 동양학생을 자세히 쳐다보았다. 가끔 보아온 중국학생과는 어딘지 좀 달랐다. 얼굴빛은 비슷했지만 이마가 넓고 광대뼈가 더욱 불거져 있었다. 위엄이 있으면서도 순해 보이는 얼굴이었다. 프랭크는 어쩐지 그 사람이 어느 나라 사람인지 알고 싶어졌다.

"아버지, 이 분은 어느 나라에서 오셨어요?"

아버지는 여느 때와는 달리 프랭크를 보고 빙그레 웃으며 반문하셨다.

"어디 네가 한번 맞혀 볼래?"

프랭크는 알 수 없다는 듯 고개를 갸웃거리면서 그 학생을 물끄러미 쳐다보기만 했다. 눈웃음을 지으며 프랭크를 내려다 보던 그 동양학생은 고개를 들더니 말했다.

"교수님의 아드님이시지요? 교수님을 많이 닮았습니다."

"바로 맞혔네. 막내아들 프랭크일세. 어찌나 장난이 심한지 당해낼 수가 없어."

"뭘요. 아주 똑똑해 보입니다."

동양학생은 프랭크를 보고 물었다.

"올해 몇 살이지?"

"아홉 살이요."

"학교에서 코리아라는 나라 이름 들어봤니?"

프랭크는 고개를 살래살래 흔들었다.

"모르겠단 말이지? 그러면 중국은?"

프랭크는 귀여운 눈짓으로 머리를 끄덕였다.

"중국 동쪽에 조그마한 나라가 하나 있단다. 그 나라가 바로 코리아라는 나라야. 아시아 대륙의 동쪽 끝에 있지. 여기 베슬로^{Baslow} 마을처럼 아주 아름다운 곳이야."

프랭크는 눈을 반짝이며 그 말을 듣고 있었다. 그 동양 사람의 말소리는 부드러웠다. 프랭크는 곧 그 동양학생이 좋아졌다. 그가 말을 잠시 멈추자 프랭크는 재빨리 똘똘한 말투로 물었다.

"그럼 아저씨는 그 코리아에서 오셨어요?"

"그래. 나는 코리아 사람이야. 이번에 여기 공부하러 온 거야."

"그러면 아저씨의 이름은 뭐예요?"

"내가 미처 이름을 가르쳐 주지 않았군. 내 이름은 여병현이야. 영국과는 달라 성이 '여'이고 이름이 '병현'이야."

"알겠어요, 코리아에서 오신 여병현 아저씨. 아저씨는 왜 여기까지 공부하러 오셨어요? 한국에는 학교가 없나요?"

프랭크는 무엇이든 자꾸 캐어 물어볼 기세였다. 옆에서 어린 아들과 여병현의 대화를 듣고 있던 프랭크의 아버지는 말을 끊었다.

"이 녀석, 처음 뵙는 분에게 별걸 다 물어보는구나. 이제 네 방에 가거라."

프랭크는 궁금한 것을 더 물어보고 싶었지만 아버지의 눈살이 찌푸려지는 것을 보고는 가볍게 눈인사를 하고 그 자리를 빠져나왔다.

프랭크는 그날 처음으로 코리아라는 나라에 대해 들었고 코리아 사람을 만났다. 여병현은 그곳 학교에서 공부하는 일 년 동안 프랭크의 집에 여러 번 드나들었다. 그러는 중에 어린 프랭크의 머릿속에는 코리아의 모습이 깊이 새겨졌다.

2장 세브란스의학전문학교에 가다

1916년 이른 봄에 스코필드는 두툼한 편지 한 통을 받았다. 세브란스의학전문학교 교장 에비슨 Oliver R. Avison, 어비신 박사로부터 온 편지였다. 스코필드보다 25세나 많은 에비슨은 캐나다 토론토대학교 의과대학에서 교수로 재직했던 저명한 의학박사였다. 스코필드는 오래 전부터 에비슨을 존경하고 있었다. 에비슨 박사가 캐나다에서의 편안한 생활을 정리하고 1893년 일찍이 코리아에 건너가 온갖 역경을 무릅쓰고 육영사업과 선교사업에 헌신하고 있다는 것을 잘 알고 있었기 때문이었다.

안녕하십니까? 저는 서울 세브란스의학전문학교의 운영 책임을 맡고 있는 에비슨입니다. 세브란스의학전문학교는 1909년에 세워진 코리아 최초의 의학 교육기관으로서 사회에 크게 이바지하고 있습니다. 이 학교를 잘 운영하는 것은 저에게 크나큰 사명입니다.
하지만 지금까지 이 학교에서 세균학을 가르칠 교수가 없어서 고민입니다. 세균학을 잘 아는 사람은 더러 있어도 이역만리 코리아까지 세균학을 가르치러 올 사람은 그리 흔하지 않기 때문에, 박사님께 큰 도움을 받고자 이렇게 편지를 드립니다. 이곳에서 교편을 잡을 사람은 어려운 생활환경을 극복해 낼 수 있는 강한 인내심이 있어야 합니다. 또한 저희 학교는 선교사업을 겸하고 있으니 기독교 정신에 투철한 사람이어야 합니다. 토론토대학의 여러 친구에게 들은 바로는 박사야말로 저희가 찾고 있는 바로 그분이 될 수 있을 것 같습니다. 저를 도와준다고 생각지 마시고 아직 잠에서 깨어나지 못한 코리아를 도와준다는 생각으로 이곳에 와 주셨으면 합니다. 근무계약은 4년에 한 번씩 갱신하게 됩니다. 어쩐지 박사께서 꼭 오실 것 같다는 생각이 듭니다.

편지를 읽고 나니 스코필드는 코리아에 가서 한번 일해보고 싶다는 생각이 들었다. 물론 코리아에 대해서 아는 것은 거의 없었다. 그가 코리아에 대해 아는 것은 영국 베슬로에 살 때 잠깐 만난 '여병현'이라는 코리아 학생뿐이었다. 그러나 벌써 머릿속에는 베슬로 같이 아름다운 땅 코리아에서 부지런히 일하는 자신의 모습과 여병현처럼 생긴 사람들이 자신을 반가이 맞아주는 광경들이 하나둘 떠오르기 시작했다.

스코필드는 직장인 온타리오 수의과대학의 학장과 동료들에게 코리아에 가서 일하고 싶다는 뜻을 밝혔다. 그를 아끼던 사람들은 입을 모아 그가 떠나는 것을 반대하고 나섰다. 모교를 위해 더 일해야 하고 또 소아마비를 앓은 몸으로 이역만리 코리아에서 어려운 일을 감당할 수 없을 거라며 그를 말렸다.

스코필드는 한쪽 다리와 한쪽 팔이 부자유스러웠지만 그 때문에 뜻하는 일을 못 하리라고는 한 번도 생각해본 적이 없었다. 그는 당시 1차 세계대전으로 전쟁터에 나가 있는 친구들에게 늘 미안하게 생각하고 있었다. 어쩌면 이번이야말로 자신도 인류의 행복을 위해 적극적으로 일할 수 있는 기회라고 생각했다.

'나도 전체 인류의 행복을 위해서 일해 보자. 내가 일할 곳이 이역만리 코리아면 어떠랴. 하나님은 민족과 국가를 초월해서 온 인류에게 골고루 은혜를 베풀고 계시지 않는가. 듣기로는 코리아는 지금 강제로 일본에 합병되어 있다고 한다. 거기에는 약하고 어려운 사람들이 많이 있을 것이다. 이번 기회는 하나님이 약하고 어려운 사람을 돕겠다는 나의 평소 신념을 시험해 보려고 만드신 게 틀림없다. 하나님이 내게 주시는 시련이라면 그 무엇을 두려워하랴. 가자! 코리아로, 그곳에서 민족을 초월하여 맘껏 일해 보자!'

그는 세브란스의학전문학교의 운영에 참여하던 캐나다장로교 선교회본부에 가서 코리아에서 일하겠다고 말했다. 모든 준비는 일사천리로 끝나고 스코필드는 그 해 8월 초 아내 앨리스Alice와 함께 코리아를 향해 출발했다. 온타리오에서 기차를 타고 샌프란시스코까지 가서 배를 타고 아시아로 향했다.

출발한 지 두 달이나 지나서야 코리아 땅에 다다랐다. 젊은 부부는 바다 저 멀리 드높은 가을 하늘 아래 아물거리는 코리아를 바라보았다. 스코필드의 가슴은 저도 모르게 울렁거렸다. 이윽고 육중한 배는 고동소리의 여운을 앞바다에 남기며 부산항에 닿았다. 그때 스코필드의 나이는 스물여덟이었다. 벅찬 가슴을 안고 아내와 함께 도착한 이 땅과 그렇게도 깊게 인연이 맺어질 줄 그때는 몰랐을 것이다.

스코필드는 오고 가는 사람들과 길거리 풍경을 유심히 바라보았다. 모든 것이 들었던 것보다 더 초라해 보였다. 길을 오가는 사람들 한명 한명의 얼굴에는 다른 민족에게 억눌려 사는 삶의 어두운 그림자가 서려 있는 것 같았다. 그래도 서울을 향해 달리는 열차 안에서 창밖을 내다보니 새로운 느낌이 들었다. 낙동강의 맑은 물결은 유유히 굽이쳐 흐르고 강 언저리의 풍경은 아름다웠다. 산의 능선들은 캐나다나 영국에서는 보지 못했던 낯설면서도 신비한 매력이 있었다. 벌써 황금색으로 물들기 시작한 경기평야 인근의 농촌은 밝고 평화로운 모습이었다. 아름답고 풍부한 자연을 가졌으나 역사에 뒤처진 까닭에 그것을 자기들의 것으로 누리지 못하게 된 사람들. 그의 머릿속은 벌써 어떻게 하면 힘을 다해 이들을 깨우치고 도와줄 수 있을까 하는 생각으로 가득 찼다.

어둑어둑할 무렵 서울역 플랫폼에 내려섰다. 에비슨 박사

부부와 세브란스의학전문학교 직원 몇몇이 그들을 기다리고 있었다.

"스코필드 박사! 약속대로 오셔서 정말 고맙습니다. 앞으로 많이 고생하시겠어요."

에비슨 부부는 아직 어리둥절한 스코필드 내외를 반갑게 맞아주었다. 바로 그때 옆에 서 있던 한 중년 신사가 스코필드 앞으로 다가섰다.

"다시 만나게 되어 반갑습니다. 스코필드 박사님, 나를 기억하겠습니까?"

50세 내외의 한국 사람이 반갑게 인사를 하니 스코필드는 어리둥절할 수밖에 없었다. 신사는 환하게 웃으며 스코필드 박사를 바라보고 있었다. 스코필드를 아는 한국 사람은 단 한 사람, 20년 전 영국의 베슬로 마을에서 본 바로 그 학생이었다.

"혹시 저희 집에 오셨던 여병현······."

"아, 역시 기억하고 계셨네요. 멀리 오시느라 수고 많았습니다. 나도 지금 세브란스의학전문학교에서 일하고 있습니다."

스코필드로서는 상상도 못 했던 일이었다. 그는 여병현의 손을 잡고 마치 가족이나 만난 것처럼 반가워했다.

스코필드가 세브란스에서 담당할 과목은 세균학과 위생학이었다. 처음에는 한국말을 모르니 통역을 사이에 두고 강의해야 했다. 그런 강의는 답답하기 짝이 없었다. 그래서 스코필드는 목원홍 선생에게서 한국어를 배웠다. 목 선생은 그때 이미 예순이 넘었지만 영어를 꽤 잘하는 점잖은 선비였다. 두 사람은 서로 어찌나 열심히 가르치고 부지런히 배웠는지 서로 감탄하며 존경하게 되었다.

스코필드는 틈만 나면 한글을 배우고 익혔다. 몇 달 지나지 않아 일상 대화에는 막히는 것이 없게 되었고, 2년이 지났을 때는 한국말로 강의를 서툴지 않게 할 수 있었다. 말하는 것 외에 한글을 쓸 수도 있게 되었다. 일 년 만에 선교사 자격획득을 위한 한국어시험에도 무난히 합격했다. 필자와 같이 서울대 수의학과에 근무하던 시절 스코필드 박사는 가끔 그때 생각이 나면 목원홍 선생과 함께 찍은 사진을 꺼내 들고는 "참 좋은 분이었어."라고 그 당시 생활을 이야기하며 즐거워하곤 했다.

그는 석호필石虎弼이라는 한국식 이름도 지었다. 석호필은 우선 발음이 스코필드와 비슷한 데다 그 뜻도 좋아서 그는 석호필이라는 이름을 기분좋게 사용했다. '돌 석'石은 자신의 철석같은 굳은 의지를 나타내고 '호랑이 호'虎는 자기가 호랑이같이 무서운 사람임을 보여준다고 자랑스럽게 설명했다. '도울 필'弼은 어려운 사람을 도와준다는 것을 뜻한다고 했다. 그리고 특히 '필'은 영어로 알약을 가리키는 'pill'과 발음이 같으니 이것은 자기가 의학을 공부한다는 것까지 알려준다며 한국 이름을 참 아꼈다.

한국말을 할 수 있게 되자 스코필드는 모든 일에 신이 났다. 그의 강의시간에는 많은 학생이 모여들었다. 강의하는 도중 막힘없는 한국말로 익살스러운 말을 할 때면 학생들은 배꼽을 잡고 웃어댔다. 스코필드는 학생들뿐만 아니라 각계각층의 사람들과 사귀면서, 한국인들이 불행히도 나라는 잃었을지 모르지만 모두가 뛰어난 자질을 가지고 있음을 발견하고 놀라워했다.

스코필드는 한국의 역사에도 관심이 많았다. 한국이 왜 1910년에 일본의 손아귀에 들어가게 되었는지, 그 후로 일본의 혹독한 식민정책과 무단통치 밑에서 얼마나 고통스럽게 지내고 있는지, 일본에 대한 뼈에 사무친 원한을 풀기 위해 한국인들은 무엇을 하고 있으며 무엇을 바라고 있는지, 외국인으로서는 지나칠 정도로 자세히 알았다. 모든 한국인이 생각하는 것처럼, 스코필드도 이런 상황을 극복하기 위해 가장 중요한 일은 온 민족이 힘을 합쳐 빼앗긴 나라를 되찾는 것이라고 여겼다. 일본경찰과 헌병의 횡포를 눈으로 보고 귀로 들을 때마다 일본과 일본인에 대한 그의 증오심은 한국사람 못지않게 컸고, 그럴 때마다 한국인에 대한 그의 동정심은 더욱 짙어졌다.

한국에 온 지 꼭 일 년이 되었을 때 그의 아내 앨리스는 홀로 캐나다로 돌아가게 되었다. 어머니를 여의고 줄곧 외롭게 지내온 스코필드로서는 참으로 마음 아픈 일이었다. 더구나 그의 아내가 온전한 상태로 귀국하는 것이 아니고 병에 걸려 떠나는 것이어서 슬픔은 더욱 컸다.

처음 아내와 결혼했을 때는 모든 일이 즐거웠고 마냥 행복하기만 했다. 음악 학교 출신인 아내는 다소 신경질적인 면이 있었지만 그래도 명랑한 편이었다. 처음 한국에 왔을 때만 해도 별다른 일은 없었지만 얼마 지나지 않아 아내는 매사에 신경질을 부리기 시작했고 서로 다투는 일이 많아졌다. 스코필드가 가난한 사람들을 가까이하는 것을 아내는 싫어했다. 지금의 아현동 비탈에 자리 잡고 있던 그들의 숙소에서는 가끔 앨리스의 날카로운 고함소리가 밖으로 새어 나오곤 했다. 앨리스는 전형적인 히스테리 발작 증상을 보였다. 의사들은 전문적인 치료를 권했다. 그래서 스코필드는 혼자 한국에 남고 앨리스는 캐나다로 돌아가게 되었다. 그때 앨리스는 만삭에 가까운 몸이었다.

스코필드의 생활은 아내가 한국을 떠난 후에도 이전과 다름없이 계속됐다. 학생들의 실습을 잘 지도하기 위해 새벽부터 학교에 나와 실습준비에 바빴고 밤늦게까지 실험실을 드나들었다. 스코필드의 수업은 단순히 강의나 실습만으로 그치지 않았고, 학생들이 그들의 민족과 나라를 위해 무엇을 해야 할 것인가를 언제나 강조했다. 또 이 나라의 앞날을 두 어깨에 짊어질 젊은 학생들에게 세계의 움직임을 자세히 설명하기도 했다.

선교사 스코필드는 전도에도 정성을 다했다. 학교 일에 조금이라도 여유가 생기면 서울근교의 마을을 돌아보기도 하고 저명인사들을 일부러 찾아가기도 했다. 찾아가는 사람이 기독교 신자가 아니거나 기독교를 믿지 않겠다고 하더라도 상관하지 않았다. 나라를 소중히 여길 줄 알고 민족을 사랑하는 사람이라면 누구하고든 다정하게 지내며 마음속 깊이 품은 생각을 터놓고 이야기하곤 했다.

당시 스코필드는 이상재와 김정혜를 존경했다. 이상재는 초년에는 정치가로 혹은 독립협회 부회장으로 유명했지만, 그 당시에는 벌써 10년 전부터 기독교청년회^{YMCA} 회장이 되어 꾸준히 한국의 젊은이들을 지도하고 있었다. 개성에 있던 김정혜는 전 재산을 모두 내놓고 정화여학교를 창립하여 한국 여성직업교육에 선봉이 되어 있었다. 한국을 구하는 길은 젊은 후계자를 기르는 데에, 특히 한국 여성을 깨우치게 하는 데에 있다고 믿던 스코필드로서는 이상재, 김정혜처럼 모든 것을 희생하면서 이 나라의 젊은이들을 교육하고 있는 사람들이 높게 보였다. 그때 예순을 훨씬 넘었던 이상재와 쉰이 넘은 김정혜는 스코필드의 사람됨을 알고서는 친아들처럼 아꼈다. 스코필드는 김정혜를 수양어머니로 모셨다.

스코필드는 선교사가 된 후로 영어성경반 모임을 시작했다. 지금의 인사동 승동예배당(현 승동교회) 근처에 자리잡은 그의 영어성경반에는 젊은 학생들이 많이 모였다. 세브란스의학전문학교에서 강의할 때와 마찬가지로 성경 외에도 외국 사정을 알려주고 한국의 젊은이가 무엇을 할 것인가를 구체적으로 이야기했기 때문에, 그의 성경반은 다른 어떤 성경반보다도 인기가 많았다. 스코필드는 특히 옳은 일을 할 것과 정직할 것을 열정적으로 강조했다. 그의 이야기를 듣는 젊은 학생들의 표정은 언제나 감격에 차 있었고 그들의 눈동자는 언제나 빛났다.

스코필드는 좀 멀리 떨어진 곳을 찾아갈 때는 자전거를 이용했다. 한쪽 다리를 쓰지 못하는 그는 성한 다리만으로 자전거 페달을 밟았다. 자전거가 흔하지 않던 당시 그런 모습으로 자전거를 익숙하게 타고 거리를 달리는 그를 보면 사람들을 입을 벌리며 놀라곤 했다.

3장 3·1만세운동의 임무를 맡다

1919년 2월 5일 저녁 8시, 매서운 북풍이 휘몰아치던 그 날 밤 문을 조용히 두드리는 소리가 들렸다. 스코필드는 여느 때와 마찬가지로 유창하고도 부드러운 한국말로 말했다.

"누구세요? 들어오세요."

문을 조용히 열고 들어오는 사람은 두꺼운 외투로 몸을 감싼 이갑성이었다.

"오! 이 선생님 아니세요. 이 추운데 웬일이십니까?"

"밤늦게 미안합니다. 용서하세요, 스코필드 박사!"

세브란스의학전문학교에서 알게 된 이갑성은 나이가 비슷하고 생각도 통해서 형제같이 친하게 지내던 사이였다. 그래도 그가 밤에 집을 찾아온 것은 처음이었다. 스코필드는 직감적으로 무슨 급한 일이 생겼다는 것을 알 수 있었다. 그러나 집 안으로 들어온 이갑성은 숨을 돌리려는지 용건을 바로 말하지 않았다. 그들은 약속이나 한 것처럼 난롯가에 마주 보고 앉았다. 찬바람에 언 이갑성의 뺨과 콧등이 불그스름하게 풀리고 있었다. 기다리다가 답답하여 스코필드가 먼저 입을 떼었다.

"무슨 일이 생겼어요? 이 선생."

"사실은 좀 부탁할 일이 있어서……."

"무엇이든 말씀해 보세요. 제 힘껏 돕겠습니다."

"선천 예수교병원 원장인 선교사 샤록스Alfred M. Sharrocks, 사락수 박사를 아세요?"

이갑성은 이렇게 이야기를 시작했다.

샤록스 박사는 안식년 휴가로 모국인 미국으로 건너가 일 년간 지내다가 돌아왔다. 근무지인 선천으로 가는 길에 1919년 1월 20일 일부러 서울에 들러 전부터 두터운 친분이 있던 이갑성을 찾았다. 샤록스는 워싱턴에서 겪었던 일을 이갑성에게 들려줬다.

당시 세계 약소민족의 대표들은 워싱턴을 드나들면서 그들 나라의 독립을 위해 노력하고 있었다. 왜냐하면 1918년 1월 민족자결주의 원칙이 포함된 14개 조항의 평화의견을 발표했던 미국의 윌슨Thomas W. Wilson 대통령이 1919년 1월에 개최되는 파리 평화회의에 그 안을 정식으로 제의할 예정이었기 때문이다. 샤록스는 미국에서 한국독립운동을 위해 분주하게 움직이는 이승만, 안창호 외 여러 한국 교포들을 만났다. 미국에서 독립운동을 하며 국제정제를 보고 있던 그들은, 한민족이 독립을 갈망하고 있다는 민족적 의사를 이번 기회에 국내에서 크게 나타내 보이는 것이 좋겠다고 생각했다. 그들은 샤록스에게 한국에 건너가거든 서둘러 국내 유력인사들에게 자기들의 뜻을 꼭 전해달라고 부탁한 것이다.

이갑성은 샤록스의 이야기를 듣고 크게 감사했다. 그렇지 않아도 국내 각 전문학교 상급반 학생들인 강기덕, 김문보, 김성국, 김원벽, 배동석, 한위건 등이 민족적 궐기에 관한 일로 매일같이 모임을 갖고 있었다. 샤록스를 만난 이후 이갑성을 중심으로 한 학생들의 움직임은 더욱 활발해졌다.

마침 숙소가 이갑성의 집 옆이었던 함태영은 학생들의 이러한 움직임을 알고서 이승훈과 함께 이갑성을 찾아와 말했다.

"그런 국가적 대사를 젊은 사람들끼리만 할 것이 아니라 나이 든 사람들과 같이 힘을 모아 하는 것이 더욱 좋은 결과를 가져올 것이오."

이렇게 이승훈, 함태영과 함께 일을 도모하게 되자 이갑성을 중심으로 한 학생들의 활동은 더욱 적극적으로 진행되었다. 우선 전국적으로 동지를 규합하는 방향으로 일이 추진됐다. 한편 해외 연락을 위해서는 최소한 상해에 있는 애국지사에게라도 국내 움직임을 알려야 했기 때문에 손정도와 현순을 상해에 보내기로 결정했다. 국내 인사들은 일본의 강압적인 식민지정책으로 인해 국외 소식을 잘 접하지 못하는 형편이라 정확한 국제사정을 알 수 없었다. 과연 이 문제를 어떻게 해결할 것인지 모두 고민하고 있을 때, 학생들과 외국인 간의 연락을 맡고 있던 이갑성이 스코필드에게 부탁해 보자고 제안한 것이다. 스코필드라면 이 일을 맡아줄 거라고 믿었기 때문이었다. 이렇게 해서 이갑성이 스코필드의 방문을 두드리게 된 것이다.

이갑성의 말은 차근차근하면서도 열기를 띠고 있었다. 스코필드는 시종 입을 다물고 듣고만 있었다. 한국에 관해 이미 많은 것을 알고 있는 스코필드는 생각했다.

'내가 참으로 이 사람들을 위해 일 할 때가 왔나 보다.'

이갑성이 말을 맺었다.

"어떻습니까? 스코필드 박사."

스코필드는 조용하지만 침착하게 대답했다.

"좋습니다. 그 일은 내가 맡겠습니다. 아시다시피 저는 영국에서 자란 사람으로 영국을 누구 못지않게 사랑합니다. 그러나 아무리 내 조국이라도 영국이 많은 식민지를 갖는 것만은 찬성할 수 없습니다. 어떤 나라라도 앞으로는 식민지를 오래도록 차지할 수는 없을 겁니다. 인류 역사는 틀림없이 그렇게 흘러갈 것입니다."

제국주의 국가의 식민지 점유에 대한 견해까지 뚜렷이 밝히는 스코필드의 단호한 대답에 이갑성의 눈에는 눈물이 글썽거렸다. 후일 이갑성은 그때 "용감한 사나이, 우리의 참다운 벗 스코필드."라고 중얼거리며 집으로 돌아왔다고 회고한다.

다른 한편에서는 1월 하순 비밀리에 귀국한 도쿄 유학생 손계백이 중앙학교 현상윤 교장에게 중요한 사실을 전했다. 도쿄에 있는 한국 유학생들이 오는 2월 8일 일본에서 한국독립선언서를 선포하기로 했다는 것이었다. 이 사실을 현상윤, 송진우, 최린을 거쳐서 알게 된 최남선은 최린과 뜻을 합해 이승훈을 비롯한 한규설, 윤용구, 이용진 외 국내 유력자 몇몇에게 연락하면서 그 대책을 의논하고 있었다. 그러던 중에 이갑성과도 만나게 된 것이다.

한편, 상해 신한청년단에서도 유리하게 전개되는 국제정세를 틈타 파리에서 열리고 있는 평화회의에 김규식 박사를 보내기로 결정하고, 국내에는 이미 서병호, 김순애, 김마리아 세 명을 밀파하여 국내 활동을 전개하고 있다는 사실을 알게 되었다.

이런 여러 사실이 급히 전해지자 국내 모든 분야의 인사들은 뜻을 합해 거족적으로 한민족의 의사를 표현하자고 합의하게 되었다. 이렇게 하여 이승훈, 함태영, 박희도, 이갑성 등의 기독교계 인사들, 손병희, 최린, 최남선 등의 천도교계 인사들, 한용운을 비롯한 불교계 인사들 등 여러 인사가 서로 긴밀한 연락을 취하면서 마음과 힘을 합하기 시작했다.

2월 하순에는 독립선언서를 작성하고 그것을 선포할 날짜와 여기에 서명할 33인도 확정했다. 드디어 "우리는 여기에 우리 조선의 독립국임과 조선인의 자주민임을 선언하노라……"

하고 세계만방에 외칠 모든 준비를 다 마친 것이다.

스코필드는 이갑성에게 부탁을 받은 후로 그가 받아보고 있는 외국신문, 외국잡지 등에서 한국독립운동을 위해 조금이라도 도움이 될 만한 기사가 있으면 설명을 붙여 모조리 알려 주었다. 미국이나 영국에서 새로 들어오는 선교사나 그 가족들이 있으면 일일이 찾아가서 국외 사정을 샅샅이 캐묻고 그것을 자세히 전해주기도 했다. 본국으로 돌아가는 외국 사람이 있으면 한국에 관해 도움이 될 여러 가지 말을 부탁하는 것도 잊지 않았다. 그러면서도 스코필드 박사는 비밀을 지켜야 하는 것을 잘 알고 있었다. 실수로 인해 일이 잘못되는 경우가 없도록 세심하고 정밀한 주의를 게을리하지 않았다. 그의 동료들이나 학생들도 그가 한민족의 '34번째 대표'라는 중대한 일을 맡고 있음을 아무도 몰랐다.

4장 민족대표 제34인 프랭크 윌리암 스코필드

기미년 3월 1일 오후 2시, 무슨 일이 일어날지 이미 알고 있던 스코필드는 자기가 할 일을 치밀하게 계획했다. 그는 벌써부터 탑골공원 먼 언저리를 서성이고 있었다. 어깨에 걸린 카메라를 가끔 매만지기도 했다. 이윽고 공원 안에서 우렁찬 함성이 터져 나왔다.

"대한독립 만세!"

"대한독립 만세!"

스코필드는 재빨리 공원 정문을 향해 뛰었다. 태극기의 대열은 마치 큰 파도와 같이 공원 정문을 박차고 밀려 나왔다. 그는 태극기와 함성의 대열을 향해 쉴 새 없이 카메라 셔터를 눌렀다. 스코필드는 광화문 쪽으로 굽어 가는 그 물결을 지켜보았다. 거기에는 낯익은 학생들이 여기저기 끼어 있었다. 모두 태극기를 높이 들고 힘을 다해 대한독립만세를 외치고 있지 않은가! 스코필드는 신이 났다. 세브란스의학전문학교 학생 김성국이 두 팔을 휘두르며 그 대열에 앞장서 있는 것을 보았을 때, 스코필드는 저도 모르게 손을 높이 흔들면서 같이 만세를 불렀다.

종로 거리의 양쪽 가도에 사람들의 물결이 일기 시작했다. 스코필드는 의기양양하게 대열을 지켜보면서 그 뒤를 따랐다. 대한독립만세를 절규하는 군중이 종로를 휩쓸고 광화문을 지나 대한문 앞에 이르렀을 때는, 그 사이 일반 시민들까지 학생들과 합세하여 그 근처는 말 그대로 인산인해를 이루었다. 감격적인 대한독립만세의 외침이 화산폭발인 양 연거푸 터져 나왔다. 더욱 신이 난 스코필드는 부리나케 대한문 맞은편 높은 곳에 기어 올라가 이 역사적 장관을 촬영했다.

대열은 한참 기세를 올리더니 그 주류는 정동으로 들어갔다가 다시 빠져나와 지금의 소공동 언덕길을 오르기 시작했다. 열광적인 겨레의 대열이 일제 총독부가 있던 왜성대를 향해 계속 움직이면서 이내 진고개 어귀에 다다랐다. 용산 쪽에서 급히 출동한 헌병과 기마경찰대가 칼을 빼 들고 좁은 골목을 수비하고 있었다. 그것을 본 겨레의 대열은 더욱 열광적으로 밀려들었다. 헌병과 기마경찰대는 태극기를 든 맨주먹의 대열을 향해 군도와 경찰도를 휘두르면서 덤벼들었다. 비좁은 길목은 금방 터져 나갈 듯이 북적댔다.

스코필드는 이 광경을 사진으로 남겨야 했다. 그러나 그의 불편한 몸으로는 그곳 가까이에 갈 수가 없었다. 어디 높은 곳에 올라가 보려 해도 알맞은 곳이 보이지 않았다. 주위를 두리번거려 보니 길가 상점의 이층 창문이 열려있는 것이 눈에 띄었다. 때마침 아래층 출입문이 열려 있었고 다행히 집안에는 인기척이 없었다.

그는 부리나케 이층으로 올라가서 바깥을 향해 카메라를 조정했다. 바로 그때 "도둑이야!" 하는 날카로운 여자 목소리가 등 뒤에서 들렸다. 앞길에서 벌어진 일을 구경하느라 정신이 없었던 집주인 일본 여자가 웬 서양 사람이 자기 집 이 층에 올라와 있는 것을 본 것이다. 그 여자는 잇달아 여러 번 큰 소리로 "도둑이야!"를 외쳤다. 스코필드는 일본말을 몰랐지만 질러대는 소리가 무슨 뜻인지는 알아차리고도 남았다. 스코필드는 한국말로 이렇게 대답하며 연신 사진을 찍었다.

"누님, 누님! 조금만 기다리세요. 이 사람 도둑놈 아닙니다."

그 말에 더욱 화가 치민 여자는 방구석에 세워두었던 기다란 일본 빗자루를 잡아 쥐고 스코필드를 때리기 시작했다. 그때서야 할 수 없이 카메라를 챙겨 집 밖으로 물러났다.

맨주먹의 민족대열은 헌병과 기마경찰대의 폭력적인 제지를 못 이겨 일시 헤어졌다. 독립선언서에 서명한 한국민족대표 33인은 오후 4시에 전원 자진하여 경무총감부에 출두했고 그 자리에서 모두 구속되었다. 그래도 행렬은 계속되었고 만세 소리는 계속 터져 나왔다. 해가 저물 때까지 온 장안은 온통 뒤집힐 것같이 들끓었다. 한편 독립만세를 외치는 민족의 물결은 급속도로 서북지방으로 뻗어 나아갔다. 스코필드는 후일 그때의 경험담을 이렇게 적었다.

그 날 오후 2시 10분 파고다 공원에 모였던 수백 명의 학생이 10여 년간 억눌려 온 감정을 터뜨려 "대한독립만세"를 외치자 뇌성벽력같은 소리에 공원 근처에 살던 시민들도 크게 놀랐다. 공원 문을 쏟아져 나온 학생들은 종로거리를 달리며 몸에 숨겼던 선언서들을 길가에 뿌리며 거리를 누볐다. 시위 학생들은 덕수궁 문 앞에 당도하자 붕어하신 고종에게 조의를 표하고 잠시 멎었다. 그러나 무슨 영문인지 모르고 모여든 사람들이 이들로부터 자주독립의 소식을 듣고 환호성을 올리는 바람에 기쁨과 흥분은 또 한 번 소용돌이쳤다. 시청 앞 광장은 사람들로 들끓기 시작했다. 서울은 이미 3월 2일에 있을 고종의 장례식을 보기 위해 몰려든 사람들로 만원이었는데, 이들이 3월 1일에 '나라의 탄생'을 목격했으니 이는 고향에 가져 갈 좋은 소식이었다.

이갑성 씨의 부탁으로 사진을 맡았던 나는 초조해지기 시작했다. 공원에서 쏟아져 나오는 인파는 빨리 움직이는 데다 사방에 빽빽이 들어찬 인파는 더 큰 문제였다. 나는 무슨 수를 써서라도 시위 군중을 내려다볼 수 있는 곳에 위치를 잡아야 했다. 그러기 위해서는 일본인이 거주하는 지역에 들어갈 수밖에 없었다. 나는 어느 일본인 케이크 점 2층에 올라가 침실로 통하는 문이 열려 있는 것을 보고는 신을 벗을 사이도 없이 베란다로 나가 급히 셔터를 눌렀다. 나는 그렇게 많은 사람이 만세를 부를 줄은 몰랐다. 파고다 공원, 종로, 덕수궁으로 정신없이 뛰어다니며 사진을 찍었다. 밤 깊도록 학생들은 만세를 외쳤다. 야간통행 금지령이 내린 후에도 이 '불법한 외침'은 계속되어 시민들의 사기를 돋우고 일본인 순경과 군인들을 곯려주었다.

순경들의 수는 점차 증가했다. 이날 오후 4시 30분경 기마 순경이 나타나 시청 앞 광장의 사람들을 몰아내기 시작했다. 날이 어두워진 후 나는 3·1만세운동에 관계한 사람 중 한 명인 이용설 씨 집에 잠깐 들러 이 운동의 '시작이 좋았다.'는 데 의견일치를 보았다.

다음 날인 2일이 되자, 경찰과 헌병은 일찍부터 삼엄한 경계망을 폈다. 경찰은 만세 시위 행렬에 참가한 젊은 학생들을 구속하려고 눈이 벌게져서 이곳저곳을 몰려다녔다. 지방으로 퍼진 만세 소리는 그칠 줄 몰랐지만 서울에서는 별일 없이 3월 2일이 저물었다.

3월 3일은 지난 1월 22일 갑자기 세상을 떠난 고종의 장례일이었다. 서울의 온 거리는 가슴 깊이 슬픔과 울분에 잠겼으나 겉으로는 평온했다. 경찰은 장례를 위해 서울로 올라온 지방 사람들이 4-5일 안으로 모두 시골로 내려갈 것이고 그렇게 되면 서울에서는 별일이 없을 것으로 생각하고 있었다.

그러나 기미년 3월 5일 아침, 법학전문학교 학생 강기덕, 세브란스의학전문학교 학생 김성국, 연희전문학교 학생 김원벽, 서울의학전문학교 학생 한위건 등 네 학생을 주동으로 하는 서울 시내 전문학교 학생들의 시위 대열이 서울역 앞에서 일기 시작하더니 급기야 남대문 쪽으로 밀려들어 왔다. 그들은 지난번보다 더욱 열렬히 조직적으로 대한독립만세를 외쳤다. 극도로 화가 난 경찰과 헌병은 남대문 근처까지 밀려온 학생대열을 향해 총을 쏘기 시작했다. 학생들 손에는 총에 대항할 아무런 무기도 없었다. 학생들은 총탄에 쓰러진 친구들을 등에 업고 눈물로 이를 갈면서 흩어졌다.

아침부터 학교에 나와 있던 스코필드는 서울역 앞에서 들려오는 만세 소리를 듣고 아까부터 학교 정문 앞에 나와 있었다. 그는 모든 광경을 눈에 새기고 있었다. 분노에 찬 그의 눈은 마구 날치는 경찰과 헌병을 매섭게 겨누어보고 있었다. 그는 불의의 횡포를 또다시 목격하고 주먹을 불끈 쥔 채 연구실로 돌아왔다.

이 사건이 있은 후 만세 파동은 더욱 급속도로 삼천리 방방곡곡으로 번져나갔다. 그럴수록 경찰과 헌병은 발악하며 남녀를 가리지 않고 닥치는 대로 구속했다. 험악한 분위기 속에서 며칠이 지나갔다. 아침에 평상시와 다름없이 연구실에 나온 스코필드는 책상 위에 쪽지가 놓여 있는 것을 발견했다. 거기에는 이렇게 적혀 있었다.

"박사님, 저 오늘 밤에 서울을 떠납니다. 중국으로 가렵니다. 다시는 못 볼 것 같습니다. 바빠서 미처 인사도 못 드립니다. 박사님 안녕히 계십시오. 제자 이용설 올림."

몹시 날려서 쓴 글씨였다. 매우 다급했음이 역력했다. 스코필드는 모든 것을 알아차렸다.

'바로 어제 경찰 60여 명이 학교에 밀려 들어와 학교 안을 발칵 뒤집어 놓았는데 무사히 서울을 빠져나갔을까?'

쪽지를 든 스코필드는 사랑하는 제자가 경찰의 추격을 벗어나 무사히 국경 밖으로 나가기를 마음속으로 빌었다.

당시 졸업반 학생이었던 이용설은 친구 몇 명과 함께 학교 지하실에서 등사판으로 〈3·1신문〉이라는 조그만 신문을 만들어 일반에게 배부하고 있었다. 3월 1일 이후의 국내 소식을 여러 사람에게 알려주려는 목적이 있었다. 경찰은 누가 신문을 제작하는지는 몰랐지만 〈3·1신문〉이 어디서 나오는지는 곧 알아냈다. 그래서 바로 어제 학교를 급습하여 철저히 수색했던 것이다. 그들은 등사판을 찾아내려고 갖은 방법을 썼지만 석탄창고의 석탄 더미 속에 숨겨둔 등사판은 끝끝내 발견하지 못했다. 사태가 이렇게 되자 학생대표격인 이용설과 그 밖의 학생 몇 명을 우선 잡으려고 했다. 앉아서 경찰에 잡힐 수는 없었던 청년들은 이렇게 멀리 해외로 망명길을 떠나야 했다.

며칠이 지나는 사이 스코필드와 친한 한국 인사들과 학생들은 거의 그의 주위에서 사라졌다. 강의실에서 매일 보던 얼굴들을 못 보게 되자 스코필드는 몹시 서운했다.

'그들은 안정적인 미래가 보장되는 강의를 받기보다는 차라리 닥쳐올 위험을 무릅쓰고라도 독립만세를 부르기로 택했던 것이 아닌가?'

스코필드는 자기도 강의와 선교에 앞서 꼭 무엇을 해야 할 것만 같았다.

'일본은 영국과 동맹을 맺고 있다. 그래서 일본이 쉽게 한국을 삼켜버렸던 거야. 좋아, 나는 영국 사람이다. 내가 무엇을 하든 일본경찰이나 헌병은 쉽사리 나에게 손대지 못할 것이다. 지금 많은 친구가 감방에 갇혀 있다. 내가 할 수 있는 데까지 힘을 다해 그들을 위로하고 도와주자. 한국 사람은 할 수 없는 일을 나는 할 수 있을 것이다. 내가 육체적인 일은 남에게 뒤질지 모르지만 눈으로 보고 입으로 말하는 것은 남만 못할 까닭이 없지 않은가? 모든 것을 똑똑히 보아두자. 무슨 수를 써서라도 한국 사람의 소원을 온 세계에 널리 알려주자. 일본인의 비인도주의적인 행패를 온 인류에 폭로하자.'

그 후 스코필드는 조금이라도 시간이 나면 서울 거리로 나갔다. 그 당시 서울 거리에는 경찰에 잡혀가는 학생들을 얼마든지 볼 수 있었다. 여기저기 파출소 안은 갓 붙들려온 사람들로 어수선했다. 스코필드는 학생을 잡아가는 경찰을 보면 곧 가까이 다가갔다.

"나는 선교사 스코필드요. 그 학생은 내 집에서 일하는 사람이오. 그 학생은 아무 죄가 없소. 내가 지금 집에 데려가겠소."

이렇게 말하며 학생을 데려가곤 했다.

여학생이 잡혀 있으면 "그 여자는 우리집 식모 아이요." 하면서 빼내 주었다.

그러나 그것도 몇 번뿐, 아무리 어리석은 경찰이라도 스코필드의 서투른 연극에 두 번 이상 속아 넘어가지는 않았다. 그러자 스코필드는 당시 경찰국장인 마루야마 쓰루키치丸山鶴吉를 찾아가 명함을 주고받고는 그 명함을 이용해 서울 시내 일본 경찰들에게 위세를 부렸다.

"나는 경무국장 마루야마 쓰루키치 씨와 아주 친한 사람이오."

이런 방법으로 여러 사람을 경찰로부터 구했지만 이 방법 역시 그다지 오래가지는 못했다. 그는 경찰에 쫓기는 한국 학생이 숨을 곳이 필요하면 두말없이 최대한 편의를 제공했고, 부상당한 학생들을 보았을 때는 최선을 다해 치료해주었다.

스코필드는 서울역에도 자주 나갔다. 시골에서 구속된 사람들이 서울로 압송되는 광경을 살피고 그것을 사진으로 찍기 위해서였다. 포승에 묶인 서글픈 표정의 사람들에게 위로의 말을 건네기도 하고 포승줄을 잡고 마치 개선장군처럼 위세 당당하게 걸어오는 경찰에게 따끔한 말을 던지기도 했다. 그 당시 스코필드의 이런 행동을 목격한 장선희 씨는 기억을 더듬으면서 다음과 같이 이야기한다.

그때가 아마 3월 하순 경이었을 겁니다. 날씨가 아직 찰 때였으니까요. 그것도 저녁 무렵이었어요. 저는 그 당시 정신여학교 교원으로 있었지요. 친하게 지내는 동료 교원 중 장 선생이라고 있었는데, 그 장 선생의 아버지께서 함흥에 갔다 돌아오신다기에 둘이서 같이 역으로 마중 나갔어요. 열차가 도착할 시간이 다가오자 여객 출구에는 많은 사람이 북적거리고 모여들기 시작하더군요. 열차가 역에 다다른 것 같더니 여객들이 구름같이 밀려 나왔지요. 그런데 어디서 잡혀 오는지는 몰라도, 시골 청년 열 명쯤이 오라에 묶여서 나오더군요. 그들은 애써 태연해 보이려고 했지만, 눈에는 수심이 가득 차 있었어요. 나도 언제 그런 일을 당할지 모르는지라, 남의 일 같지 않아 마음이 섬뜩했었죠. 그런데 갑자기 뒤쪽에서 누가 큰소리로 소리를 지르는 거예요.
"수가 났네, 수가 났어, 큰 수가 났어!"
비꼬는 것 같은 어조인 데다 서양 사람의 말투로 경찰을 조롱하는 말을 던지니 사람들이 "와" 하고 웃어댔어요. 그래서 소리 나는 쪽을 얼른 보니, 사람들 틈에 젊은 서양사람 한 분이 서 있었어요. 그도 싱글싱글 웃고 있었어요. 나는 그분을 세브란스병원에서 본 적이 있었어요. 당시 저는 정신여학교 기숙사 학생 간호책임을 맡고 있던 관계로 학생들이 병이 나면 세브란스병원에 데려 가곤 했기 때문에 그분을 가끔 뵙곤 했지요.

수가 났다는 소리를 듣고 화가 난 한국인 경찰이 걸음을 멈추고 그 서양 사람을 노려보면서 "무슨 수가 났단 말이오?" 하고 거칠게 대들었어요. 공기가 험악해지자 주위에서 웃어대던 사람들은 볼일을 잊어버린 채 모두 입을 다물고 사태가 어떻게 될까 하고 걱정스러운 마음으로 지켜보고 있었어요. 그러자 그 사람은 서툴지 않은 우리말로 "옥수수가 났다는 말이야, 옥수수가 났다는 말도 못해!"하고 슬쩍 대꾸하지 않겠어요. 주위 사람들이 다시 "와"하고 웃어댔지요. 그 경찰은 당할 수가 없다고 생각했던지, 손에 잡은 포승을 꽉 쥐더니 웃음소리를 뒤로하고 남대문 쪽으로 사라졌어요. 학교에 가서 친구들 보고 이런 이야기를 했더니, 그분이 바로 스코필드 박사라고 하더군요. 그 후부터는 세브란스병원에 들르게 되면 꼭 박사를 찾았어요. 요즈음도 옥수수만 보면 그때 생각이 나서 혼자 웃곤 하지요.

스코필드는 3월 1일의 만세 사건 후 그동안 느낀 것을 당시 서울에서 일본사람이 발행하던 영자신문 〈서울프레스〉*The Seoul Press*에 투고했다. 이 신문은 한국에 있는 일본사람들에게 일본

정책 선전을 목적으로 하는 어용신문이었지만, 당시 신문사 사장이던 야마가타 이소오山縣五十雄는 일본 정책에 비판적이었다. 스코필드와 친분이 있던 야마가타는 신변안전을 위해 스코필드의 글을 "어느 외국 친구"A Foreign Friend라는 이름으로 "정치가 잘 되었느냐 못되었냐는 국민이 행복한가 아닌가에 달려 있다."Whether Politics are Good or Bad Depends on Whether People are Happy or Not라는 글을 실었다. 1919년 4월 13일 자 〈서울프레스〉에는 다음과 같은 스코필드의 글이 실려 있다.

> 일본은 합병 후 물질적으로 한국에 많은 혜택을 주었다고 하지만 어디 그것이 한국 사람을 위한 것이었을까? 정부의 진정한 의무는 국민을 행복하게 해주는 것이다. 국민이 행복해야만 그 정부는 옳게 일하고 있다고 할 수 있다. 정부의 의무는 결코 국민을 단순히 유복하게, 유식하게, 강력하게 만들어주는 데에만 있는 것이 아니다. 국민의 행복을 증진할 수 있을 때만이 유복하고 유식하게 되는 것도 의미가 있는 것이다. 일본 정부는 지금 한국 사람들이 왜 동요하고 왜 어리석을 정도로 용감하게 궐기했는가에 대해 반성해야 할 것이다. 지금 한국 사람들이 원하는 것은 결코 물질적인 것이 아니고 정신적인 자유라는 점을 충분히 고려해야 한다.

5장 제암리를 가슴에 품다

그동안 혹독한 탄압으로 다소 잠잠해진 것으로 보이던 독립만세 시위는 음력 3월 1일이 되자 다시 그 기세를 올렸다. 국내는 다시 흥분과 긴장의 도가니 속으로 휩쓸려 들어갔다. 그해 음력 3월 1일은 양력으로 바로 4월 1일이었다. 화창한 4월이 되니 삼천리강산에는 여느 해와 다름없이 화려한 꽃들이 다투어 피기 시작했다.

그러나 4월 15일 수원군 향남면 제암리에 일본군 중위가 이끄는 군대가 나타났다. 군인들은 동네 사람들 30명가량을 강제로 교회에 몰아넣고 출입문을 모조리 굳게 잠근 후, 살려달라고 아우성치는 사람들에게 일제 사격을 퍼부었다. 그것으로도 모자라 문틈으로 기어 나오는 사람들을 총검으로 찔러죽이고 교회 건물과 그 주위 민가에 석유를 끼얹어 불을 질러버렸다.

이렇게 제암리 교회에서 무고한 청년 약 30명(스코필드의 말에 의하면 일본 공식문서에는 남자 21명이 학살되고 그 밖에 여자 1명이 다른 동네에서 학살당한 것으로 기록되어 있었다고 한다.)을 학살한 일본 군대는 제암리 근처 곳곳에서 많은 사람을 죽이고 민가를 여럿 불태우는 만행을 저질렀다. 이 소식을 전해 들은 사람들은 다시 한 번 골수에 사무친 슬픔을 느껴야 했다.

4월 17일에 이 소식을 들은 스코필드는 분노를 참을 수 없었다. 훗날을 위해 그 현장을 꼭 사진으로 찍으리라 결심하고, 다음 날 아침 9시 열차를 타고 수원으로 향했다. 서울에서 출발하기 전 그는 사건 현장인 제암리 부근의 지리를 세밀하게 조사했다. 사건 현장이 수원역에서 서남쪽으로 20km나 떨어져 있다는 것을 알고는 자전거를 가지고 열차에 올라탔다. 수원역에 내리니 경찰과 헌병들이 어디로 가느냐고 날카로운 눈빛을 번뜩이며 물었다. 총독부는 제암리 학살사건의 진상이 널리 보도되는 것을, 특히 국외에 알려지는 것을 극히 두려워했다. 그래서 타지방 사람은 누구든 사건 현장에 얼씬도 못 하게 하라는 엄명을 내렸던 것이다.

경찰과 헌병이 심문하는 것을 보고 사태를 눈치챈 스코필드는 사건 현장과 반대 방향인 수원 시내 쪽으로 천천히 자전거를 몰았다. 혹시나 싶어 뒤를 돌아보니, 역시 조금 뒤떨어져서 뒤를 쫓는 일본 헌병이 보였다. 스코필드는 방향을 바꾸지 않고 동쪽으로 있는 힘을 다해 달렸다. 한참을 달리다가 뒤를 슬쩍 돌아보니 뒤쫓던 헌병이 보이지 않았다. 사건 현장과 완전히 다른 방향으로 그렇게 빨리 달리니 헌병은 뒤를 밟을 필요를 느끼지 못하고 그만 되돌아간 모양이었다. 스코필드는 그래도 마음이 놓이지 않아 원천고개를 넘어 설 때까지 그쪽에 정말 무슨 급한 볼일이나 있는 것처럼 계속해서 빨리 달렸다. 고개를 넘어서야 마음을 놓고 수원역 남쪽으로 떨어진 정남면 문학리 부근의 논두렁과 비탈길 등을 더듬으면서 발안장을 거쳐 제암리 어귀에 들어섰다.

길가의 보리밭은 푸르렀고 마을도 겉모양은 평온했다. 하지만 어쩌다 마주치는 마을 사람들의 표정은 몹시 애처로웠고 공포와 불안에 싸여 있었다. 가엾은 마을 사람들은 자기 가족이 직접 당한 만행과 자기 눈으로 직접 본 잔학상을 아무에게도 호소하지 못한 채 원통함을 겨우 참고 있는 것 같았다.

마을 쪽으로 한참 자전거를 달리다 보니 길가 언덕에 자리 잡은 빨간 흙무덤 앞에서 두 어린아이가 슬피 울고 있는 것이 눈에 띄었다. 스코필드는 자전거를 멈추지 않을 수 없었다. 붉은 생흙이 그대로 드러난 걸 보니, 그 무덤은 갓 만든 것이 분명했다. 어린아이들이 어찌나 불쌍해 보였던지 스코필드의 눈에 절로 눈물이 맺혔다. 카메라에 그 아이들의 애처로운 모습을 담았다. 이 사진도 다른 여러 사진과 마찬가지로 스코필드가 평생 소중하게 간직했다.

사건 현장에 다다랐다. 벌써 모든 것이 지나가고 기와집이었던 교회당의 타다 남은 검은 기둥과 무너진 벽만이 무고한 넋들을 대변하는 듯 앙상하게 남아 있었다. 주위 민가는 다 타

버리고 조금 떨어진 곳에 있는 민가 한 채만 외롭게 남아 있었다. 물끄러미 이 광경을 바라보고 있는 스코필드의 귀에는 마을 젊은이들의 애절한 울부짖음이 쟁쟁하게 들려오는 듯했다. 그는 눈을 감고 머리를 숙여 가엾고 애처로운 넋들의 명복을 빌었다.

현장에는 경찰이나 헌병은 보이지 않았다. 스코필드가 카메라를 꺼내려는데 뒤에서 누군가의 말소리가 들렸다. 돌아다보니 뜻밖에도 서양 사람 한 명과 함께 일본 경찰이 이쪽으로 걸어오는 것이 아닌가. 스코필드 박사는 재빨리 카메라를 옷 사이에 감추었다.

'아, 여기까지 와서 그냥 돌아가는 것은 아닌가!'

맥이 탁 풀리는 것 같았다. 그래도 겉으로는 태연하게 그들에게 얼굴을 돌렸다. 경찰은 독살스러운 눈망울을 굴리면서 스코필드를 위아래로 훑어보았다. 경찰은 이번 만세사건 때문에 부상을 입은 것인지 머리에 붕대가 칭칭 감겨 있었다.

"당신은 누구요? 무슨 일로 여기 왔소?"

경찰이 힐난하는 듯 날카롭게 일본말로 물었다. 스코필드가 일본 말을 몰라 가만히 서 있기만 했더니, 같이 온 서양 사람이 영어로 말을 옮겨 주었다.

"나는 캐나다 선교사요. 교회 일로 오늘 수촌리에 왔다가 돌아가는 길에 잠깐 들렀소."

이렇게 시치미를 떼면서 천연덕스럽게 대답하니 그 이상 캐묻지 않았다. 나중에 알고 보니 경찰과 같이 온 사람은 일본에 파견된 미국인 선교사로, 3·1만세운동 이후 일본 정부의 부탁을 받고 한국에 건너왔다. 일본 정부는 선교사의 입을 통해 전 세계 사람들에게 3·1만세운동을 자기들에게 유리하게 보도시키려는 것이었다. 이날도 마침 그 미국인 선교사는 제암리 학살사건 현장을 그런 목적으로 돌아보며 자기 나름대로 조사하는 중이었다. 같이 온 순경은 그를 안내하여 사건 경위를 설명하고 있었다. 그래서 순경은 스코필드를 추궁하고 싶어도 같은 서양 사람이고 선교사라 할 수 없이 참았던 것이다. 스코필드는 미국인 선교사에게 물었다.

"교회나 집들을 무슨 까닭으로 태워버렸답니까?"

미국인 선교사는 경위를 잘 알고 있다는 듯이 이렇게 설명했다.

"이 동네 청년 중에 나쁜 사람이 하나 있어서 그 사람이 어느 집에 불을 질렀는데, 마침 바람이 세게 불어오는 통에 교회와 다른 집도 같이 타버렸답니다."

"그래요?"

스코필드는 수긍하는 듯 고개를 끄덕이며 속으로는 다른 궁리를 하고 있었다. 경찰은 타다 남은 교회를 손으로 가리키며 무엇인가 열심히 설명하고 있었고 그 미국인 선교사는 잘 알아들었다는 듯이 연방 고개를 끄덕였다. 한 사람은 설명하고 한 사람은 그 설명을 듣는 데에 정신이 팔린 듯 보였다. 그때 스코필드는 운 좋게도 몸집이 큰 미국인 선교사의 등 뒤에 서 있었다.

'이때다!'

스코필드는 번개같이 카메라를 꺼내 들었다. 양복저고리로 카메라를 가리면서 교회를 향해 재빨리 셔터를 눌렀다. 그들은 전혀 눈치채지 못하고 이야기만 주고받고 있었다. 이렇게 해서 그대로 묻힐 뻔했던 일본의 제암리 학살사건이 사진으로 남게 되었다. 이 스냅사진은 그 후 그의 손으로 널리 국외에 소개되었으며 일본의 포악상을 폭로하는 데에 결정적인 역할을 했다.

스코필드는 다른 동네에서도 일본 군대가 횡포를 부렸다는 소문을 들었던 터라 수촌리에도 들렀다. 그가 수촌리에 이르렀을 때는 벌써 한낮이 훨씬 지나있었다. 수촌리도 전쟁을 겪은 것처럼 황폐했다. 원래 마을에는 마흔두 채의 집이 있었는데, 거의 다 타버리고 여덟 채만이 외로이 서 있었다. 교회당도 타 버렸다.

수촌리에는 마침 경찰이나 헌병이 없었기 때문에, 스코필드는 사람들로부터 자세한 이야기를 듣고 마을의 이곳저곳을 두루 돌아볼 수 있었다. 수촌리에서는 학살당한 사람이 한 사람뿐이었지만 총검에 찔리고 두들겨 맞는 등 심하게 다친 사람은 아주 많았다. 스코필드는 부상을 입은 마을 사람들을 일일이 찾아보았다. 위중한 환자들은 그냥 보고 지나가기가 딱해서 내일 다시 들러 수원에 있는 병원에 입원할 수 있도록 주선해 주겠다고 약속했다. 스코필드는 다시 논두렁길을 따라 수원역을 멀리 한 바퀴 돌아 역에 이르러 아무 일 없었다는 듯이 서울행 열차에 몸을 실었다. 해가 떨어져 주위는 이미 어둑어둑 땅거미가 다가왔다.

온종일 돌아다니느라 배가 고팠던 그는 허기를 때우려 식당칸으로 갔다. 식당칸에 막 들어서니 전등불이 밝게 켜진 식당칸 가운데에 60세가 좀 넘어 보이는 잘 차려입은 한국 노신사가 앉아 있는 것이 보였다. 주위에는 호위경찰이 서너 명 있었다. 무슨 일인지 그 노신사의 표정은 얼핏 보기에도 몹시 어두웠다. 스코필드는 노신사 가까운 식탁에 자리를 잡고 앉았다. 식당 안에는 다른 사람은 별로 없었다. 별생각 없이 그 노신사를 바라보니 어디에서 본 듯한 얼굴이었다.

'이 난리에 한국인으로 경찰의 호위를 받을 수 있는 저 사람은 대체 누굴까?'

자세히 살펴보니 신문이나 잡지에서 더러 본 기억이 있는 바로 그 얼굴이었다.

'옳지! 아까 식당차 입구에도 경찰이 서 있던 것 같더니, 저자가 틀림없이 이완용이구나!'

스코필드는 그에게 꼭 한마디를 하고 싶었다.

"저는 서울에 와 있는 캐나다 선교사 스코필드입니다."

스코필드는 그 사람에게 먼저 인사를 했다.

"나는 이완용이오."

그 사람은 어두운 표정을 지닌 채 응대했다. 스코필드가 미처 하고 싶은 말을 꺼내기도 전에 낮은 목소리가 들려왔다.

"여보시오, 캐나다 선교사 양반. 내가 예수를 믿으려면 어떻게 하면 되오?"

생각지도 않은 의외의 질문이 노 정객의 입에서 흘러나왔다. 경술국치 때부터 역적이라고 온 국민의 규탄을 받아왔는데 이번 3·1만세운동으로 그것이 더욱 심해지자 이완용도 자기가 저지른 일을 뉘우치는 모양이었다. 이완용은 어떻게 하면 예수를 믿고 자신의 잘못을 용서받아 구원을 얻을 수 있는지 물어보는 것 같았다. 스코필드는 문득 동정하고 싶은 마음이 들었지만, 진정으로 해주고 싶은 말은 다른 말이었다.

"네, 좋습니다. 그런데 이 선생님의 경우는 이천만 온 국민 앞에 진심으로 사과하셔야만 하나님을 믿을 수 있을 것입니다."

갑자기 이완용의 낯이 더욱 침울해지고 호위경찰들의 얼굴에 긴장감이 묻어났다. 스코필드는 그 후 아무 말 없이 자기 자리로 돌아왔다. 스코필드는 그 당시를 회상하면서 "그때 그 얼굴을 사진 찍어놨어야 하는 건데."라며 악의 없는 미소를 짓곤 했다. 다음은 이 일과 관련해 스코필드와 필자가 나눈 이야기의 요약이다.

그 날 무사히 서울에 돌아왔어요. 다음 날, 그러니까 19일 아침 일찍 다시 수원으로 내려갔지요. 우선 수원의 관영병원에 들러 어제 수촌리에서 본 부상자 이야기를 하고 입원시켜 치료해 줄 것을 부탁했지요. 어제 나를 본 수촌리 사람들은 무척 반가워하더군요. 그 날은 마침 외국선교사 여러 명이 경찰의 안내를 받으면서 수촌리를 돌아다니고 있었어요. 나는 나대로 군인들이 횡포를 부렸다는 그 근처에 있는 화수리에도 들렀지요. 거기에도 타다 남은 집들이 여기저기에 처량하게 서 있었지만 제암리나 수촌리보다는 피해가 덜하더군요. 화수리를 다녀온 후 막상 어제 만난 위중한 부상자 한 사람을 수원 병원으로 데려가려 하니 수촌리 관할지서의 경찰 하나가 싫어하는 눈치를 계속 줬어요. 그래도 어쨌든 그 부상자와 함께 수원으로 가서 그를 입원시켜 준 후에 서울로 돌아왔지요.

그 다음 날도 그냥 있을 수가 없었어요. 그래서 당시 한국에 주둔하고 있던 일본군 총사령관이었던 고지마小島를 찾아갔어요. 내가 제암리와 그 근처 동네를 답사했다는 사실과 일본군인의 횡포가 이만저만이 아니었다는 사실을 이야기했더니 고지마는 그 사건은 자기들로서도 너무 지나쳤다고 후회한다고 말하더군요. 그리고는 자기네들도 잘못을 솔직히 시인하고 있다면서 증거를 보여주는 거예요. 군사령부가 일본 정부와 총독부에 보낸 일본말로 된 사건 보고문서의 사본을 나에게 주더군요. 그 후 일본말을 아는 친구를 통해 그 내용을 확인했더니, 그 보고문서에는 자기들의 잘못을 시인한 구절이 많이 적혀 있었어요. 나는 그 문서를 오랫동안 보관하고 있었어요.

제암리를 떠난 지 며칠 후 나는 평북 선천으로 갔어요. 거기에 부상한 학생들 18명이 선교사 병원에 입원해 있었거든요. 수많은 시위 학생을 체포한 경찰은 앞으로는 시위를 못 하도록 이들 중 몇몇에게 본때를 보여 주기로 작정했던 것 같아요. 연이어 사흘을 매일같이 십자가처럼 생긴 판때기에 학생들을 붙들어 매어놓고 하루에 30대씩 매질을 계속해서 며칠 만에 수 명이 목숨을 잃었고, 생명을 부지한 학생들은 병원에 입원했었죠. 내가 사진을 찍고 있을 때 경찰들이 병원에 도착했어요. 이들의 지휘자는 나를 보고 화가 머리끝까지 올라 카메라를 가로막고 "사진을 찍어선 안 돼!"라고 소리쳤어요. 나는 상당히 값있는 것을 그에게 보여 주었죠. 일본 조선군 사령관 고지마의 명함이었어요. 그 명함은 구하기가 힘든 것이라서 다루기 힘든 일본 관헌들의 태도를 단번에 변화시키는 기적을 일으키기도 했거든요. 그러나 이번엔 달랐어요. 잠시 후 나는 명함을 돌려받기는 했지만 병원에서는 내쫓겼습니다.

그 후 서울로 돌아와 고지마를 만나 내 입장을 해명했으나 그는 기분이 상해 있었고 내가 국제적 분규를 일으키고 있다고 힐난했죠. 그 당시 나는 여러 한국 친구들이나 외국인 친구들에게 수원에 다녀온 이야기를 들려주다가 나중에는 직접 보고 들은 것을 보고문 형식으로 작성하여 그 당시 서울에 있던 외국인 친구들, 그중에서도 특히 본국으로 돌아가는 외국 친구들에게 돌렸어요. 그 후 캐나다로 돌아갔을 때는 캐나다나 미국에 있는 친구들에게 널리 돌렸어요. 며칠 전에 이 생각이 나서 그 보고서가 혹시 어디엔가 남아 있지나 않을까 하고 책상 속을 찾아보았더니, 제암리에 관한 것과 수촌리에 관한 것이 각기 한 부씩 보관되어 있더군요. 그것이 바로 이것이에요.

그는 말을 멈추더니 책상 서랍 속에서 낡은 서류를 하나 꺼냈다. 세 장에 걸쳐 타자기로 친 활자가 가득히 찍혀 있었다. 보아하니 직접 작성한 보고서의 복사본인 것 같았다. 제목은 "수촌리 만행사건들에 대한 보고"라고 되어 있었다.

"한 번 읽어보세요. 이번에 쓴다는 책에도 꼭 넣어주시고."

"아니 박사님, 이것은 수촌리에 관한 것뿐이네요. 제암리 것도 있다고 들었는데……"

"하하하."

스코필드는 약간 겸연쩍은 듯 미소를 짓더니,

"내가 안 했어야 할 소리를 깜빡 잊고서 했구먼. 하기야 제암리에 관한 것은 이것이지."

이렇게 말하며 아까와 비슷하지만 좀 두꺼운 서류를 또 하나 꺼내 보였다.

"그러나 이것은 넘겨줄 수 없어요, 내용이 너무나 비참해서.

지금(1960년)의 한국 사람들은 이것을 모르는 게 좋을 것 같아요. 이것이 책에 실려서 한국 사람들에게 널리 알려지는 것을 바라지 않아요. 물론 지금 이 땅에 살고 있는 한국 사람들과 한국을 위해서 말이죠. 수촌리에 관한 것은 그나마 괜찮지만 제암리 사건은 안 되겠어요."

그는 오늘의 한국 사람들이 과거의 원한을 필요 이상으로 되살려 오늘의 일본사람들을 불구대천의 원수로 삼는 것을 경계했다. 사사건건 모든 일본사람을 지나치게 미워하는 것을 꺼렸기 때문이었다. 그의 뜻을 존중해 수촌리에 관한 보고문만 싣는다.

수촌리 만행사건들에 대한 보고

수촌리라는 작은 마을은 이전에 보고된 학살 사건이 일어난 제암리에서 약 6-8킬로미터 떨어진 곳으로 어여쁜 계곡 사이에 아름답게 자리하고 있다. 나는 4월 17일 오후 4시경에 그 계곡 또는 마을의 외곽에 도착해 한 여성이 왼쪽 길로 이어지는 높은 제방 위에 앉아 있는 것을 보고, 내가 수촌리라는 마을에 도착했는지를 물었다. 그 여자는 "예, 수촌리는 언덕 아래에 자리하고 있어요."라고 대답했다. 마을과 관련해 한두 마디를 더 나눈 후에, 그녀는 떨리는 목소리로 내게 물었다. "당신은 기독교인이세요?" 내가 그렇다고 말하자, 그녀는 길을 가로질러 달려와 내 손을 잡고 감사를 표했다. 그녀는 마을이 불타고 교회는 파괴되었으며 많은 사람이 심하게 다쳤다고 말했다. 그녀는 내게 마을을 둘러보라고 간청했다. 나는 그 목적으로 이곳에 왔다고 밝히고, 먼저 마을에 들어가 보겠노라고 말했다. 내가 마을로 들어가기 전에 두 소년이 다가왔는데, 그들은 목사의 자녀들이라고 했다. 그들은 모두 제방 높은 곳에 서서 몇몇 일본 군인들이 지나가는 것을 걱정스레 지켜보고 있었다. 그들은 군인들을 상당히 두려워했고, 군인들이 돌아올지도 모른다는 공포를 느끼고 있었다.

마을

수촌리는 어여쁜 작은집들이 모여있는 아름다운 마을이었는데, 마을을 망친 자들이 그곳을 지나간 후에는 어둡고 잔인한 그들의 손자국이 아름다운 경관에 짙게 배어 있었다. 좁은 골목길들은 잿더미로 덮여있고, 마흔두 채의 오두막집 중에서 여덟 채만이 남아있었다.

생존자들은 생명과 재산을 안전하게 지키는 것에 대해 아무 생각도 없었기에 잔해를 치우려는 노력을 거의 하지 않았다. 그리고 자신들의 가재도구를 모으려고 어떤 시도를 하는 것 자체가 또 다른 재난을 불러올 뿐이라는 사실을 분명하게 알고 두려워하고 있었다.

몇몇 나이 든 여성들은 자신의 몇 안 되는 세간 옆에 앉아 있었는데, 모두들 수심에 잠겨 있었다. 그들은 정신이 나간 것 같았으며 아무런 관심도 없어 보였다. 무자비한 불길이 그들의 집을 삼켜 버리고 모든 세간을 빼앗아 갈 때 그들도 함께 죽어버렸더라면 하고 후회하고 있는 건 아닌가 싶을 정도였다.

마을 밖 들판에서는 어린아이 몇 명이 나물을 캐고 있었다. 집 안에 간직하고 있던 쌀이며 양식들이 모두 불타버려 무엇이든 먹을 것을 구해야 했다. 마침 그 때 마을에는 경찰관과 군인이 없어서, 사람들은 내 주변으로 모여 들었다. 그들은 자기네의 불행을 나에게 호소하고 싶어 하는 것 같았다. 마을 사람들은 처음의 충격에서는 회복되어 있었지만 군인들이 또 다시 들어와 이전에 그들의 집을 파괴했을 때처럼 잔인하게 그들을 해치지나 않을까 전전긍긍하고 있었다.

4월 5일 범죄 이야기

동이 트기 전 모두가 잠들어 있을 때에 몇몇 군인들이 마을에 들어와 집집이 돌아다니면서 초가지붕에 불을 놓았다. 초가지붕에는 재빨리 불이 붙어 집들이 파괴되었다. 사람들이 급하게 뛰쳐나왔고 온 마을이 불에 타고 있다는 것을 발견했다. 몇 사람이 불을 끄려고 했으나 군인들이 이를 곧바로 제지하여 총으로 그들을 쏘고 총검으로 찌르고 두들겨 팼다. 사람들은 자기 마을이 불에 타 재로 변해 가는 것을 서서 지켜볼 수밖에 없었다.

이처럼 흉악한 일을 끝낸 후에 군인들은 마을 사람들을 비참하게 버려두고 가버렸다. 죽은 사람은 한 사람뿐이었으나 많은 사람이 상처를 입었다고 했다. 혹시 바람이 불어 이 집 저 집에 불이 번진 것은 아니냐고 물었다. 하지만 "동네에 몇몇 장소에서 동시에 불이 붙었어요. 그리고 군인들이 성냥을 가지고 다니면서 많은 초가집에 불을 붙였어요."라는 대답이 돌아왔다.

마을을 조사해보니 집들 사이의 간격이 너무 멀어서 바람 같은 자연적인 방법으로 집집이 불이 번져 나가는 것은 불가능했다. 또 수촌리는 작은 골짜기와 언덕이 자연적 경계를 이루고 있어 마을이 세 부분으로 나뉘어져 있었다. 그런데도 세 군데 마을 모두가 어느 정도씩 파괴되어 있었다.

내가 상처를 입은 사람들을 보게 해 달라고 하자 주민들은 나를 어느 집 안방으로 데리고 갔다. 거기에는 중년 남성이 참으로 가련한 모습을 하고 있었다. 그의 왼쪽 팔꿈치는 칼에 베여 고름으로 가득 차 보통 크기보다 두 배나 부어 있었고, 붕대로 사용한 천 조각들이 흥건하게 젖어 있었다. 구역질이 날 정도로 냄새가 났다. 그 남성은 기독교인이었는데 마을이 불에 타오르자 밖으로 나갔다가 곧바로 군인의 공격을 받았다. 그는 군인이 칼이나 총에 붙은 단도 같은 것으로 자신을 베었다고 말했다. 그는 의사의 치료를 받지 못했고, 매우 아픔을 느끼고 있다고 말했다. 그의 호흡은 36정도였고, 맥박은 120이었다. 그가 대단히 고통스러울 것이며, 당장 병원으로 이송되지 않으면 아마 죽을지 모른다고 사람들에게 말했다. 상처

입은 사람을 씻기고 새로운 붕대를 감아주고서, 앞으로 더 주의를 기울이겠다고 약속을 하고서야 그 불쌍한 사람을 떠나왔다.

다행히 다음날 그를 정부 병원으로 데려갈 조처를 했다. 지역 경찰은 환자를 병원으로 옮기기 전에 환자에게 상처를 입힌 사람은 일본인이 아니라고 주장했다. 하지만 나는 증거가 너무나 명확하다고 지적해 주었다. 이에 그 경찰은 이 사람이 매우 나쁜 성질을 가진 사람이었다고 대답하고, 환자를 거기에 두고 가버렸다.

내가 집을 나서려 하자 노인 한 분이 발을 절면서 내게로 와서 자신도 심하게 다쳤다고 말했다. 나는 그에게 상처를 보여 달라고 말했다. 그는 바지를 걷어 올리더니 다리에 대여섯 개의 찔린 상처를 보여주었다. 어떻게 해서 그런 상처를 입었는지를 그에게 묻자, 그는 불이 나던 아침에 불에 타고 있던 집에서 밖으로 뛰어나왔을 때 군인이 총검으로 찔렀다고 대답했다. 그러고서 그는 다른 다리를 내게 보여주었는데 여러 곳에 시퍼렇고 누렇게 멍이 들어 있었다. 그것은 또 다른 군인이 갖고 있던 총의 개머리판으로 두들겨 맞아 생긴 것이었다. 이런 남성들이 '나쁜' 사람일 수도 있겠지만, 나에게 그들은 해가 없는 사람들처럼 보였다. 그들이 진정 나쁜 사람들이었다면 일본인들은 정말로 위험하다고 간주한 다른 모든 사람을 제거해 버렸듯이 그들을 마을에서 제거했을지도 모른다.

나는 다른 집으로 가서 방 하나에 두 명의 남성이 바닥에 누위있는 것을 보았다. 내가 질문을 하자 그들은 일본 군인들에게 엄청 심하게 두들겨 맞아 움직일 수도 없다고 대답을 했다. 내가 기억한 이야기로는, 그들은 마을 밖으로 끌려와서 길가에서 곤봉으로 두들겨 맞았다. 나는 그들의 몸을 보았다. 타박을 당한 곳은 너무나 끔찍했고, 그 남자들은 비참한 상황에 처해 있었다.

교회가 불탄 것에 대하여 어떤 명확한 상황도 알아낼 수 없었는데, 교회에 우연히 불이 붙었는지 고의적으로 불이 붙었는지 나는 알지 못했다.

나는 마을 사람들에게 가서 상처 입은 사람을 병원으로 데리고 갈 준비를 하겠다고 말했는데, 이런 이유로 그들이 내게 말하기를 원했던 여러 이야기를 들을 수 있었다. 그들은 보호해 줄 것을 간청했고, 계속해서 "언제쯤 군인들이 떠날까요?", "언제 사람들이 와서 우리를 도와줄까요?" 등등을 말하며 울부짖었다. 마을 전체가 공포에 휩싸였고, 주민들은 군인들이 다시 와서 총을 쏘기 시작하거나 체포해 갈지 모른다는 끊임없는 두려움에 빠져 있었다.

도대체 이 사람들이 얼마나 놀랄만한 범죄를 저질렀기에 그렇게 난폭하게 대접을 받아야 하는가? 그들 자신도 그 이유를 잘 알지 못했다. 그들이 '만세'를 부른 것은 사실이지만, 모든 한국인이 만세를 부르지 않았는가? 헌병 한 명이 살해당했지만, 이 사건은 수촌리에서 상당히 멀리 떨어진 곳에서 일어났고, 이곳 사람들은 그 사실을 전혀 알지 못했다. 그런데도 이

시골 마을은 헌병 살해 사건 때문에 불타 버렸다. 한 마을을 이렇게 쓸모없이 불태워버리고 수많은 사람이 집을 잃어버리게 한 진짜 이유를 찾을 수 없었다.

일본의 이런 행위는 한국인들의 마음이 일본에 대항해 더 강퍅해지도록 만들고 있다. 사람들은 이제 자신이 어떠한 잘못을 저지르든지 그렇지 않든지 간에 일본인들이 자기들을 죽이려 한다고 느끼기 시작했고, 만약 죽어야 한다면 자기 나라의 해방을 위해 애쓰는 편이 낫겠다는 결론에 도달하였다.

그들이 어찌 되었든지 죽어야 한다면, 말하자면 자신들이 어떠한 형태나 모양으로 정의를 얻는 것이 불가능하다면, 그들 자신이 스스로 법이 정한 한계 안에서 살기 위해 애써야 할 이유가 무엇이겠는가?

추가 기록

이튿날 몇 명의 선교사가 마을을 방문했는데, 경찰이 그곳에 있었기 때문에 사람들은 어떤 것도 말을 할 수가 없었다.

6장 서대문 형무소

 1919년 5월 11일 자 〈서울프레스〉를 손에 든 스코필드는 쓴웃음을 짓고 있었다. 스코필드가 눈여겨 읽은 내용은 〈서울프레스〉의 대표자 한 사람이 이삼일 전 서대문형무소를 방문하고 적은 "서대문형무소 방문기"A Visit to West Gate Prison였다. 그 기사는 한국에 있는 외국인에게 자기들이 형무소를 이상적으로 운영하고 있다고 선전하는 허무맹랑한 내용이었다. 스코필드는 이번 3·1만세운동으로 서대문형무소를 다녀온 한국 친구들을 통해 그곳이 어떤 곳인지 잘 알고 있는 터였다. 그는 그 기사를 읽어 내려가며 이상한 대목마다 줄을 그었다.
 "형무소장 가끼하라 씨는 넓은 도량에 명랑한 성격을 가진 분이며 매우 다정하다."
 "수감자는 매일 옥외에서 운동할 수 있을 뿐만 아니라 나흘이나 닷새마다 목욕할 수 있다."
 "수감자에게는 서적 등의 차입이 허용된다. 특히 기독교인을 위해서는 성경을 읽을 수 있도록 주선해준다."
 "수감자들은 몇 가지 기술을 배우고 있다. 많은 사람이 형무소를 나갈 때는 훌륭한 기술자가 될 것이다. 요컨대 형무소라기보다는 일종의 기술학교의 형태를 갖추고 있다."

스코필드는 절로 콧방귀가 나왔다.

'뻔뻔스럽게 일종의 기술학교라고?'

한참 뭔가를 생각하던 스코필드는 급히 〈서울프레스〉의 야마가다 사장에게 편지 한 통을 썼다. 다음날 〈서울프레스〉에는 "외국인들은 뿌리 깊게 우리를 의심하고 있다."Deep-Rooted and Unjust Suspicion라는 제목의 기사가 실렸다. 첫머리에는 스코필드의 편지가 역시 이름을 밝히지 않은 채 다음과 같이 실렸다.

친애하는 〈서울프레스〉 편집책임자에게

귀하의 신문에 실린 이른바 '서대문요양소 혹은 서대문기술학교'에 관한 기사를 읽고 나는 충심으로 감사의 뜻을 표하지 않을 수 없습니다. 어느 무식한 사람이 서대문형무소를 '요양소'라고 불렀는지 모르지만 어쨌든 모든 외국인은 아름답고도 명랑하게 그려진 공식 방문기를 읽은 후에 걱정을 많이 덜었을 것임에 틀림없습니다.

대개의 외국인은 한국 친구들이 조그마한 감방에 여러 사람과 함께 갇혀서 매우 고생하고 옷이나 음식도 형편없을 것으로 생각하고 있었으니까요. 한국 친구들이 규칙적으로 식사하고 목욕하며 형무소 직원으로부터 언제나 웃는 낯으로 기술을 배우는 모습을 그려본다는 것은 참으로 즐거운 일이 아닐 수 없습니다.

그래서 단순한 제안을 하나 하고 싶습니다. 그 기사를 한국말로 번역해서 신문에 게재하심이 어떻습니까? 그 기사는 수감 중인 한국 사람들의 아버지, 어머니와 친구들의 쓸데없는 근심을 덜어 줄 것입니다.

오늘 몹시 수척하고 불쌍해 보이는 남자 한 분을 만났습니다. 그는 심하게 얻어맞은 것 같았고 몇 주 동안 편히 앉을 수도 없을 것 같았습니다. 피부는 여러 군데 찢어져서 생살이 드러나 보였습니다. 나는 그분에게 서대문요양소 이야기를 하면서 한때나마 신선한 공기 속에서 방을 차지할 수 있지 않았냐고 반문했습니다. 그랬더니 그분은 나를 무표정하게 쳐다보면서 "서울 서대문 밖 어딘가에 있는 높은 벽돌담에 둘러싸인 무슨 큰 집에서 풀려 나왔다."고 말하는 것이었습니다. 그가 말하는 그 건물에 관한 설명이며 그 건물의 위치는 당신들이 말하는 서대문기술학교와 비슷한 것 같습니다.

그런데 제가 생각하기엔 그분이 말한 건물은 다른 곳을 말하는 것이 틀림없습니다. 왜냐하면 그이는 거기서 아무런 기술도 배우지 않았고, 그 요양소에서 받을 수 있다는 어떤 호사도 경험한 바 없다고 했으니까요. 당신이 그곳을 확인할 수 있고 조사할 수 있다면 그것은 인도적 차원에서 가치 있는 일일 것입니다.

〈서울프레스〉는 스코필드의 기고문에 이어 이렇게 글을 이었다.

이것을 보라. 좋은 보기가 아니겠는가? 한국에 거주하는 외국인들은 우리 일을 이렇게 뿌리 깊게 의심하고 있다. 우리는 그들의 협력을 얻지 않고서는 우리 계획을 효과적으로 완수할 수 없다. 관계 당국은 이런 점을 잘 이해해야 한다. 이에 우리는 위 편지를 보내주신 분과 우리를 의심하는 분들에게 다음과 같이 제의한다. 당신들이 서대문형무소를 직접 방문하여 여러분 스스로 우리 신문사의 '서대문방문기'가 정확한지 아닌지를 확인하기 바란다. 당신들이 그렇게 하기 원한다면 〈서울프레스〉에서는 여러분들이 관계 당국으로부터 서대문형무소 방문허가를 얻을 수 있도록 최선을 다하겠다.

스코필드는 열흘 후에 서대문형무소를 방문했다. 그때까지만 해도 아직 국내 곳곳에서 소요가 계속되고 있던 때라 외국인의 수감자 면회와 형무소 방문은 일체 금지되어 있었지만 예외로 허용된 것이다. 신문사에 보낸 그의 편지가 용하게 재주를 피워 그는 서대문형무소를 방문할 수 있었다.

3·1만세운동으로 각 지방 경찰서에 구속되어 있던 한국 사람들은 시간이 지남에 따라 형무소로 옮겨졌다. 그중에는 스코필드와 가까운 사람들도 많이 있었다. 스코필드는 세브란스 병

원 간호사로 있던 노순경이 서대문형무소에 수감되어 있다는 것을 알고는 어떻게든 도와주어야겠다고 늘 생각하고 있던 참이었다. 노순경은 바로 노백린 장군의 딸이며 평소에 스코필드를 무척 따랐다.

면회실에 나온 노순경은 스코필드를 보자마자 눈물을 흘리며 고마워했다. 노순경은 심한 고문을 당해서인지 전보다 많이 수척해 보였다. 제한된 면회시간이 지난 후, 스코필드는 규칙상 안 된다는 데도 노순경이 수감된 감방까지 가보겠다고 우겼다. 그의 고집에 형무소는 마지못해 이를 허락했다. 노순경이 갇혀 있는 감방에는 '여자감방 8호실'이라는 표지가 붙어 있었다. 감방에는 들어갈 수가 없어서 좁은 감시창으로 안을 살펴보았다. 넓기는 하지만 어둡고 불결했다. 스코필드는 부드러운 목소리로 "여러분, 수고하십니다."라고 감방 안에 있는 사람들에게 위로의 말을 건넸다.

모두 의아한 눈으로 스코필드를 쳐다보았다. 노순경이 그를 세브란스의학전문학교 교수 스코필드 박사라고 소개하자 그들은 얼굴의 긴장을 풀었다. 또 그가 여기 찾아온 목적을 일러주니 모두 고마워했다. 스코필드는 문 바로 앞에 앉아 있는 성숙해 보이는 학생 차림의 소녀를 가리키면서 물었다.

"이 분은 누구입니까?"

"이 학생은 이화학당의 유관순입니다."

노순경이 대답했다. 유관순이 얼마 전 고향인 천안 지방에서 무엇을 했으며 그 후 어떻게 되었는지를 이미 들은 바 있는 스코필드는 놀라는 표정으로 유관순을 다시 바라보았다. 유관순의 가슴에는 '1933'이라는 죄수 번호가 붙어 있었다. 스코필드의 낯에는 존경과 침통의 빛이 감돌았다.

노순경은 감방 사람들을 차례대로 소개했다. 마흔 조금 넘어 보이는 몸집이 작은 사람은 개성에서 일하던 감리교 전도부인 어윤희, 고문당할 때 다친 목덜미를 싸매고 고통스럽게 앉아 있는 학생은 정신여학교 출신의 이애주라고 일러주었다. 곧 아기를 낳을 것 같아 보이는 분은 구세군 사관의 부인 엄명애라고 설명했다.

간수가 속히 나가달라고 재촉했다. 하지만 스코필드는 그의 말은 들은 체 만 체 성경구절을 인용하며 8호실 감방에 있는 여성들에게 위로의 말을 전해 주기에 여념이 없었다. 스코필드는 형무소 간수에게 8호실 사람들을 특히 잘 봐달라고 여러 번 부탁하며 밖으로 나왔다. 형무소 문을 터벅터벅 걸어 나오면서 8호실 외에 다른 감방에도 선량한 한국 사람들이 간수들의 횡포 밑에 움츠리고 있을 것을 생각하니 안타깝기 짝이 없었다.

며칠이 지났다. 스코필드가 실험실에 있을 때 입원실에서 누가 좀 만나고 싶어 한다고 전갈이 왔다. 서둘러 입원실에 가 보니 목덜미에 상처가 심해져서 보석으로 나온 이애주가 외과

수술을 마치고 누워 있었다. 스코필드는 이애주에게서 감옥에서 고문과 학대가 얼마나 혹심했는지를 자세히 들었다. 특히 노순경은 간수들이 불에 구운 젓가락으로 다리를 마구 찔러 일어서지도 못한다는 말을 전해 듣고는 깜짝 놀랐다.

스코필드는 곧 총독부로 달려갔다. 총독 하세가와 요시미치長谷川好道는 자리에 없었기 때문에 정무총감 미즈노 렌타로水野錬太郎를 만났다. 그는 미즈노에게 일본의 비인도주의적인 갖가지 만행을 힐난했다. 미즈노는 교양있는 사람이어서 스코필드의 말을 잘 듣고 지나친 고문 따위는 하지 않도록 관계 관서에 연락하겠다고 말만이라도 시원하게 대답했다. 스코필드는 미즈노를 공박하면서도 그의 명함을 손에 넣는 것을 잊지 않았다.

스코필드는 총독부를 나와 곧 서대문형무소로 달려갔다. 자기는 경무국장 마루야마 쓰루키치는 물론 정무경감 미즈노와도 절친한 사이라고 내세우면서 한국 사람에 대한 지나친 학대를 꾸짖었다. 당연히 형무소 측은 그런 일은 없다고 딱 잡아뗴었다. 그러자 스코필드는 다른 볼일이 있다는 듯 여자감방 8호실의 노순경을 만났으면 좋겠다고 말했다.

간수 두 사람의 부축을 받고 나타난 노순경은 말도 제대로 못 할 정도로 기진맥진한 상태였다. 간수는 여기서 그런 것이 아니라 경찰에서 한 짓이라며 뻔뻔스럽게 말했다. 스코필드는 하도 어이가 없어 그 이상 따지지 못했다. 그러나 그날 이후 적어도 여자감방 8호실에 대해서만은 무참한 고문은 없었다고 한다.

그 후에도 스코필드는 1주일에 한 번씩 서대문형무소에 들렀다. 그때마다 밥은 잘 주느냐, 방에 숯불은 잘 피워 주느냐는 등 질문을 쏟아냈다. 형무소 관계자는 스코필드라면 질색을 했다. 그러나 서대문형무소에 있던 한국 사람들은 그에게서 큰 위로를 받았다.

독립만세를 부른 한국 사람들에 대한 경찰과 헌병의 보복적 행위가 지나치게 심한 것을 보고 스코필드는 다시 〈서울프레스〉를 통해 자기 소견을 피력했다. 1919년 6월 6일 자 〈서울프레스〉는 "뒤처리를 어떻게 할 것인가?"What Will be the Aftermath?라는 제목이 붙은 투고를 실었다. 이번에도 익명이었고, "어느 독자로부터의 편지"라고만 밝혀져 있었다.

1,000명이 죽고 1,500명이 다치고 1,000명이 투옥당하고 250,000명이 만세 시위에 참가하고 20명이 불에 타죽고 1,000명이 집을 잃고, 그리고 16,000,000명이 공포정치에 벌벌 떠는 대가가 과연 무엇이란 말인가! 아직은 아무도 알지 못한다. 그러나 모두 그것이 자유를 위한 것임을 믿고 있다. 위의 숫자는 헤아릴 수 없이 막대한 피해를 대략, 그것도 적게 잡아 본 것에 지나지 않는다. 전체 피해를 합친다면 그 숫자는 놀랄 만한 것이 될 것이다. 그러나 이 땅에는 아직 자유가 거

의 없다. 이번 일은 한국 사람들의 잘못이 아니기 때문에 관대하게 판결해야 할 것이다. 또한 불필요한 위세는 결코 부리지 말 것을 부탁한다. 그렇지 않으면 일본은 앞으로 지금 한국이 당하는 괴로움보다 더욱 큰 괴로움을 당하게 될지도 모른다. 한국과 일본 간의 미래의 우의를 위해 일본이 채찍질을 호되게 하지 말 것을 강조하고 싶다.

7장 탄압이 시작되다

　스코필드는 사진과 함께 자신이 직접 본 것과 들은 것을 정리해 상세히 기록했다. 그는 3·1만세운동의 진상을 하루라도 빨리 국외에 널리 알리고 싶었으나, 당시 사정으로는 그 뜻을 이룰 방법이 도저히 없었다. 그는 믿을 만한 동료 선교사들이 본국으로 돌아가는 편을 이용해 3·1만세운동 기록이나 사진을 국외로 보내려 했지만 이마저 뜻대로 되지 않았다. 경찰과 헌병이 우편물이나 오가는 사람들을 엄중히 단속했기 때문이다. 그래서 3·1만세운동의 진상은 스코필드가 캐나다로 돌아가기 전까지는 해외에 그다지 자세히 알려지지 못했다. 간혹 3·1만세운동이 보도됐다 할지라도 일본에 유리하게 왜곡되거나 부정확하고 가볍게 다루어졌다.

　스코필드가 일본에 항거하는 사람들의 편이 되어 때와 장소를 가리지 않고 다니니 경찰이나 헌병이 가만히 있을 리 없었다. 그의 뒤에는 벌써 오호이시라는 일본 형사가 그림자처럼 뒤따르고 있었다. 오호이시는 수시로 스코필드를 찾아와 성가시게 굴었다. 그는 툭하면 이렇게 말했다.

"당신은 대일본제국의 친구가 맞지요?"

대답을 잘못하는 날이면 당장 일본제국의 영토에서 물러가라고 할 속셈인 것을 스코필드가 모를 리 없었다. 그래서 항상 이런 식으로 얼버무리곤 했다.

"그렇지 않다고는 할 수 없지요."

"그러면 왜 한국 사람이 만세 부르는 것을 부추기고 있소?"

"부추기기는 내가 무엇을 부추겼단 말이오? 자기들이 나라를 도로 찾으려고 스스로 일어나서 만세를 부르고 있는 것 아니오? 내가 부추긴다고 그 사람들이 만세를 부르고 안 부추긴다고 만세를 안 부르겠소? 그런 소릴 들으면 한국 사람들 체면 많이 상하겠구려. 그런 생각할 시간에 왜 남녀노소 모두가 만세를 부르는지 그 까닭이나 알아보시오."

이렇게 감시하는 사람과 감시당하는 사람 간의 아무 결말 없는 대화는 끝없이 되풀이됐다. 어쨌든 경찰과 헌병은 영국 국적의 캐나다 선교사인 스코필드를 국제적 체면상 직접적으로는 거칠게 다룰 수 없었다. 더욱이 그가 총독부 고위관리들을 자주 찾아보는지라 경찰 입장에서는 그의 존재가 여간 거북한 것이 아니었다. 결국 경찰과 헌병은 간접적으로 갖가지 압박을 했다. 우선 세브란스의학전문학교에 대한 압박이 시작됐다.

먼저 스코필드가 한국 사람을 돕는 일을 그만두도록 학교

책임자인 에비슨 박사에게 압력을 넣었다. 그러나 스코필드의 품성을 잘 알고 있던 에비슨은 그 요청을 들은척 만척 버텼다. 그러나 갈수록 학교에 대한 압력이 심해졌다. 급기야 스코필드 문제로 전체 교직원 회의가 열리게 됐다. 에비슨 박사는 시종일관 침묵을 지켰지만 동료 선교사들은 이구동성으로 스코필드에게 일본이 싫어하는 행동을 중지하라고 충고했다. 그들은 교육사업과 선교사업이 본래 의무이기 때문에 정치문제에 참견할 필요도 근거도 없다고 생각했다. 그런 정치적 문제에 참견하여 학교의 존립 자체가 위협받으니 당장 중단하라고 요구했다. 묵묵히 동료들의 말을 듣던 스코필드가 마침내 입을 열었다.

"우리가 누구를 위해서 이 일을 하고 있습니까? 현재 우리가 하는 육영사업과 선교사업은 한국 땅에서 한국 사람을 위해서 하는 것이라고 나는 믿고 있습니다."

그의 태도는 침착했다. 모두 숨을 죽인 채 스코필드의 말을 듣고 있었다.

"한국이 아직 잠에서 깨지 못했을 때 일부 고위 관료들의 매국적 행위와 일본의 간계로 원통하게 나라를 잃었다는 사실은 여러분도 잘 알고 계실 겁니다. 지금 그들은 뒤늦게나마 자주정신을 깨달아 죽음을 무릅쓰고 일본의 굴레를 벗어나려 발버둥치고 있습니다. 그런데 그들을 돕기 위해 이 땅에 와 있는 우리가 그냥 가만히 보고만 있어야 합니까? 악을 물리치고 약한 자를 도와야 한다고 교실에서 교회에서 밤낮으로 가르치는 우리가 경찰과 헌병이 무서워서 나라를 찾으려고 피 흘리면서 아우성치는 이 겨레를 그냥 모른 척해야 옳습니까? 이미 나라를 잃은 이 민족에게 한 가닥 남은 '민족의 얼'마저 사라진다면 우리는 도대체 누구를 위해 무엇을 위해서 여기 머물러 있단 말입니까?"

높아진 목소리를 잠시 가다듬으며 스코필드는 말을 이었다.

"제가 독립운동을 도와준다 하더라도 미약한 제가 무엇을 대단하게 도와줄 수 있겠습니까? 저는 그저 그들을 위로하고 그들의 부르짖음을 하나님과 온 인류에게 알려주고 싶을 따름입니다. 물론 이 일도 제 뜻대로 되지 않고 있습니다. 그러나 제 생각은 앞으로도 변하지는 않을 것입니다. 이것이 어리석은 제 생각입니다."

스코필드의 목소리는 더욱 조용해졌다.

"어쨌든 저로 인해 오늘 이렇게 모이게 된 점에 대해 교장선생님을 비롯한 여러 선생님께 죄송하게 생각합니다. 제 개인을 위해서 쏘다닌 일은 결코 없습니다. 여러분께서 이 점을 잘 양해하여 주시길 바랍니다. 만일 저 때문에 학교가 곤경에 빠진다든가 이 자리에 계신 여러 선생님께 직접 화가 미치게 된다면, 그리고 그렇게 될 것처럼 보인다면 저는 서슴지 않고 세브란스를 떠나 학교와 여러분이 불리한 처지에 놓이지 않도록 할 생각이니 그리 알아주시기 바랍니다."

스코필드의 말은 이렇게 끝났다. 끝까지 한국을 사랑하겠다는 스코필드의 의로운 말에 압도되었는지 혹은 그의 의견에 대꾸할 말이 미처 생각나지 않아서인지 모두 말없이 잠잠했다. 이때 학교의 오웬즈Herbert T. Owens 회계과장이 큰 목소리로 분명하게 입을 열었다.

"저는 스코필드 박사의 의견에 전적으로 동의합니다. 말씀하신 대로 우리가 이 땅에서 한국인을 위해서 일한다면 육영과 선교에 앞서 그들의 가장 기본적인 소원을 먼저 이해해야 합니다. 저는 그렇게 믿습니다."

다른 동료들은 여전히 말이 없었다. 교장도 끝까지 입을 다물고 앉아 있었다. 회의는 서먹서먹한 분위기 속에서 그렇게 끝났다. 그 회의가 있은 후 세브란스의학전문학교에 대한 일본의 압력은 더욱 거세졌다. 그들은 스코필드를 귀국시키라고 노골적으로 요구했다. 교장 에비슨은 계약기간이 4년이어서 지금 그를 돌려보낼 방법이 없으니 계약만료인 내년에 가서 생각해보자며 일본인들에게 둘러대어, 스코필드의 방패가 되어주었다.

그러자 경찰은 방향을 바꾸어 스코필드와 가까이 지내는 한국 인사나 학생들을 모조리 잡아 가두려 들었다. 결국 모두 스코필드를 공공연하게 만나기를 두려워하게 되었고 겉보기에 스코필드는 외로운 섬에 혼자 지내는 것 같았다. 그러나 이렇게 경찰이 압력을 가하면 가할수록 한국인들 사이에는 스코필드의 이름이 널리 알려졌다. 민족대표 33인이었던 이갑성은 3·1만세운동 전후를 회고하면서 다음과 같이 이야기했다.

나는 그때 3월 1일 오후부터 계속 감옥에 갇혀 있었으니 그 후 박사가 귀국할 때까지 그가 한 일을 내 눈으로 직접 보지는 못 했어요. 하지만 감옥에서도 박사의 소식은 늘 들었죠. 그 당시 외국인 선교사들 거의 전부가 우리에게 적극적으로 협력하기를 꺼린 것은 사실입니다. 자기들 신변이 위험해지니 보통 사람으로서는 그렇게 하는 것이 당연하다고 할 수 있을 거에요. 한국 사람이 그런 태도를 취했다 해도 크게 나무랄 수 없는 분위기였으니까요. 그런데 스코필드 박사는 처음부터 달랐지요. 나이도 그때 불과 서른하나 밖에 안 되던 그가 어쩌면 그렇게 용감하고 침착하게 우리 편을 들 수 있었는지 모를 일이었소. 아무튼 다른 외국인은 흉내도 못 낼 노릇이었어요. 나는 늘 박사가 우리 민족의 독립운동을 위해 하늘에서 보내주신 천사같이 느껴졌어요. 박사는 참으로 우리를 위한 천사였소. 천사야, 천사! 그런데 박사와 관련해서 지금도 생각나는 사람은 그때 세브란스의 회계과장으로 있던 오웬즈라는 분이에요. 그분도 스코필드 박사처럼 우리를 적극 지지해 주었지요.

스코필드는 1학기가 거의 끝나갈 무렵에 심한 열로 병석에 눕게 되었다. 진단 결과는 장티푸스였다. 그는 세균학 교수였지만 홀로 생활하면서 음식에 그렇게 주의할 처지도 못되었고 한국 친구 집에 가서도 조금도 가리지 않고 무엇이든 먹곤 했다. 이렇게 지내다가 장티푸스에 걸린 것이다. 동료 의사나 주위 사람들이 모두 그를 정성껏 간호해 준 것은 물론이었다.

스코필드는 한 달 반 만에 병석에서 일어났지만 보는 사람이 걱정될 정도로 몸이 수척해졌다. 원산 바닷가에 가서 휴양하라는 에비슨의 권유를 받고 스코필드는 원산으로 향했다. 함경도는 캐나다 장로회의 선교구였기 때문에 원산 근방만 해도 스코필드가 아는 사람들이 더러 있었다. 그는 원산에서 오랜만에 조용한 시간을 갖게 되었다. 푸른 하늘, 깨끗한 공기, 내리쬐는 8월의 태양, 백사장을 몰아치는 동해의 맑은 물결, 수평선 저 멀리 스쳐오는 시원한 바람, 늘름하게 뻗은 바닷가의 소나무 숲. 스코필드는 한국의 자연미를 마음껏 즐겼다.

하루는 수수한 차림의 젊은 한국 여인이 스코필드를 찾아왔다.

"저는 함흥 영생여학교에서 교편을 잡고 있는 이혜경입니다. 서울에 들를 때마다 박사님에 관한 얘기를 많이 들었습니다. 며칠 전에 교회 목사님을 통해 박사님이 여기 와 계시다는 것을 알았습니다. 이렇게 직접 뵙게 되어 너무 반갑습니다. 박사님, 하루빨리 건강을 완전히 회복하시기를 빕니다."

영어로 유창하게 자기소개를 하는 젊은 여성을 만난 스코필드는 의아했다. 당시의 한국 여성이 어떠하다는 것을 잘 알고 있던 그는 이 여인이 매우 신기하게 생각되었다. 어떻게 해서 그렇게 영어를 잘하느냐고 물으니, 서울 정신여학교를 나온 후 일본 도쿄여자대학 영문과에서 공부했고 지금 학교에서도 영어를 가르치고 있다고 대답했다. 스코필드는 새로운 친구를 얻은 것을 몹시 기뻐했다. 그 후 이혜경은 스코필드가 원산에서 편안하게 지낼 수 있도록 여러모로 성의껏 주선해 주었다.

짧은 휴가 후 그는 전과 다름없는 건강한 모습으로 서울로 돌아왔다. 그의 주변은 다시 분주해졌다. 당연히 모든 일이 한국 사람과 관련된 것이었다. 그는 학교 강의와 실습을 더 충실하게 준비했다. 학생들에게는 겨레의 앞날을 위해 더 열심히 공부할 것을 강조했다.

1919년 9월 하순, 일본 도쿄에서 극동지구 파견 기독교선교사 전체회의가 열렸다. 한국, 중국, 필리핀, 일본 등에서 일하고 있던 선교사 약 800여 명이 모여들었다. 이 회의의 진행순서 중에는 각 선교구 대표자가 자기 교구의 선교사업 현황을 보고하는 순서도 있었다. 보고시간은 한 사람당 10분 이내로 정해져 있었다. 스코필드는 한국의 캐나다 장로회 선교구를 대표해서 이야기하기로 되어 있었다. 그러나 스코필드는 주어진 시간 10분으로는 도저히 보고를 제대로 할 수 없을 것 같았다.

'모두 10분 안으로 끝마치는데 나만 시간을 더 달라고 할 수는 없을 것 같은데, 어쩐담……. 정 이야기를 더 하고 싶으면 듣는 사람들이 더하라고 요구하는 수밖에 없겠군.'

스코필드가 보고할 차례가 돌아왔다. 그는 연단에 올라가자마자 시간이 부족하다는 듯이 빠른 말투로 주로 한국의 3·1만세운동 진상에 관해서 상세히 보고했다. 그것도 자기가 직접 본 것을 독특한 유머를 섞어가면서 흥미진진하게 이야기했다. 모두 가끔 웃음을 터뜨리며 재미있게 듣고 있었다. 어느새 10분이 지나갔다.

스코필드는 시계를 보면서 섭섭한 표정으로 말했다.

"여러분, 이제 시간이 다 되었습니다. 재미있는 이야기가 아직 많지만, 이제는 중지해야겠습니다."

"이야기를 계속하세요!"

여기저기에서 고함이 터져 나오며 소란해졌다. 하는 수 없이 의장이 자리에서 일어서서 장내를 진정시켰다.

"여러분이 정 그렇게 희망하신다면……."

의장이 스코필드의 보고시간을 연장해도 좋다고 말하려는 순간 일본 경찰이 의장을 제지했다. 그는 회의진행을 감시하기 위해 그곳에 와 있던 형사였다. 스코필드의 말이 일본을 비방하는 것이었기 때문에 더는 발표하게 할 수 없다고 중지시켰던 것이다. 의장은 잠시 주저했다. 그렇게 되니 회의장 여기저기서 이야기를 계속하게 하라고 요란한 소리가 들리기 시작했다. 마침내 의장은 스코필드의 의견을 물었다.

"저로서는 주저할 것이 아무것도 없습니다. 그저 사실대로 보고하는 것이니까요. 다만 시간이 없는 것이 걱정입니다."

의장은 그제야 태도를 분명히 했다.

"여러분, 조용히 하십시오! 그러면 스코필드 박사의 보고를 10분만 더 듣기로 합시다. 그런데 여러분, 스코필드 박사가 우리에게 더 이야기하면 내일 감옥에 들어가게 될지도 모릅니다. 그때에는 여러분들이 석방운동을 해야 합니다."

의장은 유머러스하게 말하고 일부러 일본 경찰을 향해 몸을 굽신거리면서 잘 봐달라는 제스처를 취해 보였다. 회의장은 일제히 "문제없다."는 외침과 함께 웃음바다가 됐다.

이렇게 해서 이어진 10분간의 연장보고에서 스코필드는 한국 사람들이 어떻게 탄압받고 있는지, 또 그들이 원하는 것은 무엇인지에 대해 이야기했다. 일본 형사의 사나운 눈초리는 줄곧 스코필드에게 꽂혀있었다. 선교사들은 그의 보고를 심각한 얼굴로 들었다.

회의는 무사히 끝났다. 그러나 스코필드로서는 걱정되는 점이 있었다. 회의장에 있던 일본경찰의 기색으로 보아 아무래도 자기를 그냥 두지는 않을 것 같았기 때문이었다. 스코필드는 곧 당시 일본 총리대신 하라 다카시^{原敬}에게 면회를 신청했다. 그리고 만날 수 있다는 연락이 오자마자 총리를 찾아가 한국에서의 폭정을 시정해줄 것을 당부했다. 스코필드는 면담을 마치고 나오면서 총리의 비서에게 간단한 기념품을 요청했다.

"하라 총리를 오늘 처음 뵈었습니다만 참 훌륭한 분입니다. 만나 뵌 기념으로 총리의 사진을 한 장 얻었으면 좋겠습니다."

"그것은 어렵지 않습니다. 지금 당장은 드릴만 한 것이 없으니 내일 보내드리겠습니다. 묵고 계신 곳을 적어놓고 가시지요."

이렇게 해서 다음 날 아침 총리의 친필 서명이 있는 큼직한 사진 한 장이 스코필드에게 전달되었다. 그런데 마침 그날 낮에 일본 형사가 스코필드를 찾아왔다. 형사는 회의장에서 발언한 내용을 하나하나 지적해가며 그 진의를 캐묻기 시작했다. 대답하기 힘든 질문들이 쏟아지자 스코필드는 화제를 돌려 넌지시 총리의 사진을 꺼냈다. 사진을 본 형사는 다급하게 물었다.

"하라 총리를 잘 아십니까?"

형사의 태도가 갑자기 공손해졌다.

"그럼요. 전부터 자주 뵙는 사이지요."

스코필드는 빙그레 웃어 보였다. 형사는 그 이상 캐묻지 않고 돌아갔다. 그는 일본에 머물러 있는 동안에 하라 총리 이외에도 정객들을 여러 명 만났다. 그는 상대가 누구든 한국에 대한 일본의 처사가 비인도적임을 명확하게 지적하면서 시정해줄 것을 요구했다.

한번은 필자가 이렇게 물었다.

"박사님, 그때 도쿄에서 하라 총리 이외에 어떤 사람들을 만나보셨는지요? 지금도 이름이 기억나는 사람이 있습니까?"

"그때 일본국회 참의원 의장이던 가네코 긴타로^{金子堅太郎}, 중의원 의장이던 사카다니 요시로^{坂谷芳郎}, 직책은 생각 안 나지만 시부사와 에이이치^{澁澤榮一}라는 사람, 런던 주재 일본 대사였던 가토 다카아키^{加藤高明} 자작, 그 후 한국 총독으로 나온 사이토 마코토^{齋藤實}, 일본 기독교 지도자 가가와 도요히코^{賀川豊彦} 박사를 만났어요. 사이토 총독은 인간성만은 퍽 좋은 사람이었어요. 가가와 박사와의 면담은 매우 인상 깊은 일이었지. 그런데 총독부의 정무총감이었던 미즈노 렌타로^{水野錬太郎}도 그곳에서 만난 것 같아요."

8장 대한민국 애국부인회

독립만세를 절규하던 1919년도 이제 곧 마지막 달로 접어들고 있을 때, '대한민국 애국부인회' 사건이 터졌다. 한 간부의 밀고로 11월 28일 한날 한시에 간부와 회원 모두가 전국적으로 일제히 검거되었다는 소식이 전해졌다.

어리석을 정도로 순진하다고 생각했던 한국 여성들이 그런 대담한 일을 꾸미고 있으리라고는 꿈에도 생각한 적 없던 스코필드는 적잖이 놀랐다. 특히 회장 김마리아, 부회장 이혜경, 재무부장 장선희, 적십자부장 이정숙은 스코필드와 아주 가까운 사이여서 그 놀라움은 더욱 컸다. 당시 그는 한국 여성에게 이런 끈질긴 열정이 있다는 사실에 깊은 감명을 받았다고 한다. 간부들이 모두 대구감옥에 수감되었다는 것이 알려졌고 이어서 김마리아가 모진 고문에 못 이겨 꼼짝도 못 하게 되었다는 말이 전해졌다. 스코필드는 혹한을 무릅쓰고 대구로 내려가면서 전에 얻어둔 정무총감 미즈노의 명함을 품에 꼭 챙겼다. 그리고 그 명함 덕분에 대구 감옥에서 특별한 대우를 받을 수 있었다. 그는 모든 사람을 다 만나보고 감옥 안을 샅샅이 돌아보았다. 고문에 지쳐 늘어져 있는 김마리아의 모습을 본 스코필드는 위로하다 못해 눈물을 주르륵 흘렸다.

스코필드는 서울로 올라오자마자 새로 부임한 사이토 총독을 방문했다. 사이토는 데라우치 마사타케寺內正毅, 하세가와長谷川好道의 무단정치와는 달리 그래도 문화정치를 표방하고 있었다. 스코필드는 사이토에게 고문의 부당성을 지적하고 수감자에 대한 대우개선을 강력하게 요구했다. 총독도 겉으로는 그리하겠다고 흔쾌히 약속했다. 일본경찰의 비인도적인 횡포에 대해 그 당시 벌써 뜻있는 일본인들 사이에서도 그 부당성이 지적되고 있었고 국제적으로도 문제가 되고 있었다. 할 수 없이 일본경찰들도 약간의 방향 선회를 할 수밖에 없었다. 그래서 악독한 고문은 물밑으로 숨어 비공개적으로 행해지게 되었다.

스코필드는 한 달 후 다시 대구 감옥을 찾았다. 이번엔 대구 감옥에서의 대우가 지난번과 현저히 달랐다. 스코필드가 대구 감옥을 다녀갔다는 사실과 미즈노 정무총감의 명함을 가지고 있어서 감옥 안 여러 군데를 보여주었다는 사실이 보고됐던 것이다. 감옥 책임자는 정무총감의 지시를 받고 스코필드를 기다리고 있던 참이었다. 아무것도 모르는 스코필드는 이번에도 위세 좋게 미즈노의 명함을 꺼내놓았다. 그러자 형무소장은 입가에 비웃는 미소를 지으며 이렇게 말했다.

"정무총감께서 혹시 박사님이 여기에 또 오시면 명함을 받아서 보내달라고 부탁하셨습니다. 이 명함은 이제 제가 정무총감님께 돌려드리겠습니다."

눈치 빠른 스코필드 박사는 곧 모든 것을 짐작했다.

"조금만 기다려주세요."

그는 미즈노의 명함을 백지 위에 놓고 카메라를 댔다.

"어험, 그 양반, 준 명함을 돌려 달라기는……. 미즈노 정무총감님께 꼭 돌려보내 주셔야 합니다."

명함을 찍은 스코필드는 이렇게 말하고 자리를 떠났다.

그 날도 스코필드는 김마리아와 다른 사람들을 면회하고 서울로 돌아왔다. 그는 얼마 지나지 않아 또다시 대구 감옥을 찾았다. 그때 스코필드는 다시 형무소장 앞에 한 장의 명함을 꺼냈는데 그것은 지난번에 돌려준 미즈노의 명함이었다.

"아니, 미즈노 정무총감님께서 명함을 다시 주셨습니까?"

의아하게 여긴 형무소장이 명함을 자세히 들여다보니 지난번에 찍은 명함을 현상한 '가짜 명함'이었다. 지난번에 스코필드가 명함을 카메라로 찍던 것을 기억한 형무소장은 어이가 없어서 껄껄 웃기만 했다. 스코필드는 함께 큰소리로 웃더니 친한 사람처럼 다정하게 말했다.

"이제 다시 오지 않을 테니 오늘만 그 사람들을 만나게 해주시오."

이렇게 청하니 형무소장도 못 이기는 척 그의 청을 들어주었다.

그가 면회실에 들어서자 그날따라 못생긴 간수가 애국부인회 관계자들을 인솔하고 나와 있었다. 그 간수는 얼른 보아 일본 여자임이 분명했다. 그가 간수를 언뜻 보니 눈이 심한 결막염 증상으로 보기 흉하게 찌그러져 있기에 익살꾼인 스코필드는 면회실의 분위기를 살리기 위해 영어로 농담을 던졌다.

"저 여자 아주 못생겼구려. 어쩌다가 저렇게도 못생겼을까?"

이렇게 비꼬아대니 모두 웃음을 참지 못하고 낄낄거렸다. 침울한 면회실에서는 갑자기 여자의 밝은 웃음소리가 터져 나왔다. 그런데 간수는 김마리아와 같은 도쿄여자대학 영문과 동기동창이었다. 일본 간수는 그 말을 알아듣고 낯이 벌겋게 달아올랐고 급기야 문을 열고 밖으로 나가버렸다. 스코필드는 그 간수가 영어를 모르는 줄 알고 그런 농담을 한 것이다. 사실을 안 스코필드는 머리를 긁으면서 퍽 미안해했다. 그 후로 그 일본인 간수는 아예 면회실에는 나타나지 않았다고 한다. 최은희는 이때 일을 1958년 공보실 역사기록인 《3·1항쟁실사》에서 다음과 같이 적고 있다.

> 이혜경은 감방 안의 모기, 벼룩, 빈대와 같은 포악한 침략자에게 부상을 당하고 가려움을 배겨내지 못해 손으로 자꾸 긁

었다. 긁으면 긁는 대로 피부가 벗겨지고 생채기가 났고 살이 헐어 부스럼이 되어 진물이 흐르고 고름이 나오는 등 증세가 대단히 심해졌다. 그때 감옥 의사로 있던 김창림은 친절한 사람이라 정성껏 치료해주었으나 감옥에서 사용하는 일본제 고약을 가지고는 별 효과를 보지 못하고 있었다.

하루는 뜻하지 않은 방문객이 찾아왔다. 개인 면회가 아니고 '대한민국 애국부인회' 사건의 일곱 명을 일시에 불러냈다. 당시 미국 선교사 버그만Gerda O. Bergman, 박우만, 폴라드Harriet E. Pollard, 방해례, 어드만Walter C. Erdman, 어도만 등이 매 주일 번갈아 찾아와 그들을 따로 데려다가 예배를 보고 가곤 했기 때문에 오늘은 이 즐거운 시간을 베풀어주는 이가 누구인가 하는 생각에 밤낮으로 미칠 듯이 가렵던 것도 잊어버렸다. 그날은 캐나다에서 한국에 파견된 선교사이자 세균학 권위자로서 세브란스의학전문학교 교수로 재직 중인 스코필드 박사가 찾아왔다. 그는 3·1만세운동이 일어나던 날부터 전국 각지로 촬영을 다니고 진상을 수집하여 자기 고국의 언론을 통해 일본인의 잔인무도함과 자유와 독립을 희원하는 한민족의 무기 없는 피의 투쟁을 세계만방에 널리 전파해 준 우리의 국제적 은인이었다. 바쁜 틈을 내어 다리가 불편한 그가 멀리 대구까지 온 이유는 젊은 애국여성들의 기개를 북돋우고 신상을 보살펴 조금의 불편이라도 덜어주기 위한 의협심의 발로였다. 우선 정신적인 위안을 주고자 성경 말씀을 전했고 간절한 기도를 올린 후 건강 상담을 해주었다.

박사는 이혜경이 부스럼으로 만신창이가 된 것을 보고 상경하는 즉시 귀한 미국제 고약을 구해 일부러 사람을 통해 차입해주었다. 그러자 그렇게도 괴롭던 부스럼이 며칠 만에 씻은 듯 나았다. 마치 가족처럼 돌봐준 데 대한 감사가 뼈에 맺혀 한평생 두고두고 잊을 길이 없었다.

9장 민족지도자를 키워야 한다

1920년 1월 하순 어느 날 저녁 7시.

스코필드가 주관하는 영어 성경반 남녀학생 열 명가량이 아현동 숙소에 찾아왔다. 스코필드는 조금 전에 학교에서 돌아와 혼자 저녁 식사를 하고 있었다.

"박사님, 안녕하십니까?"

방안에 들어서는 학생들을 둘러보니 모두 낯익은 학생들이라 스코필드는 모두 자리에 앉아서 기다리라 하고는 식사를 계속했다. 그랬더니 연희전문학교 학생인 신봉조가 꼭 긴히 할 말이 있는 사람처럼 가까이 왔다.

"식사 도중에 죄송합니다만 제가 좋은 친구 한 분을 소개하겠습니다."

신봉조는 배재중학교에 다닐 때부터 스코필드를 따르고 있었다.

"어떤 분인데요. 지금 여기 있습니까?"

스코필드는 방안을 살펴보았다. 그제야 학생들 틈에서 스무 살 조금 넘어 보이는 아가씨 한 명이 앞으로 나왔다. 수줍어서였던지 남학생들 뒤에 숨어 있었던 모양이었다. 아주 유순한 인상을 주는 아가씨였다. 그러나 이목구비의 생김새로 봐서는 퍽 정열적이고 의지도 굳을 것 같았다. 스코필드는 식사를 잠시 멈추었다.

"처음 뵙겠습니다. 나중에 인사드려도 좋았을텐데, 진지 드시는데 죄송합니다. 저는 이경지입니다."

이경지는 가볍게 고개를 숙이며 인사했다.

"이경지 양은 고향이 개성인데 2년 전에 이화학교를 졸업했습니다. 졸업 후는 개성에 있는 미렴학교에서 줄곧 교편을 잡아왔습니다. 그 학교는 여성교육을 목적으로 하는 미션스쿨입니다. 그런데 이번에 학교가 경찰의 압력에 못 이겨 이경지 양을 배일사상이 있다는 이유로 면직시켰습니다. 그것도 향후 15년간은 어떠한 일이 있더라도 다시 채용해서는 안 된다는 조건부 면직이었다고 합니다. 저는 교회 일로 이전부터 이경지 양을 잘 알고 있었는데 오늘 우연히 이경지 양을 서울 거리에서 만나서 그 이야기를 듣고 이렇게 같이 찾아왔습니다."

식사를 계속하면서 신봉조의 장황한 설명을 듣고 있던 스코필드는 이경지를 다시 한 번 자세히 바라보았다.

'힘껏 도와주어도 보람이 있을 만한 사람이구나.'

스코필드는 머리를 가볍게 끄덕이면서 다정하게 말을 건넸다.

"그래, 이경지 양은 앞으로 무엇을 하고 싶소?"

"교육 사업에 헌신하고 싶습니다."

침착하게 대답하면서도 한편 자신 없어 보였다.

"지금 당장에는 교단에 설 수 없게 되었으니 욕심이 하나 생겼습니다. 가능하다면 외국에라도 가서 공부를 더 했으면 합니다. 그런데 아무리 궁리를 해봐도 저의 집 사정이 허락되지 않을 것 같아 거의 단념하고 있었습니다. 그러던 중 오늘 뜻밖에도 신봉조 씨를 만나서……."

말이 미처 끝나기도 전에 스코필드가 말을 받았다.

"그렇군요? 그러면 내가 외국에서 공부할 수 있도록 한번 주선해 보지요."

스코필드는 무엇을 계획하는지 생각에 잠긴 듯 식사를 계속했다.

그를 처음 만난 이경지는 그의 말이 고맙기는 했지만 믿어지지는 않았다. 그날 저녁도 다른 날과 마찬가지로 영어 성경 공부가 있은 후 모두 헤어졌다.

다음 날 아침, 스코필드는 신봉조와 함께 개성으로 가서 절친한 사이인 정화여학교 김정혜 교장을 찾았고, 거기에서 개성에서 제일가는 갑부가 김원배라는 것을 알았다. 박사는 김원배를 찾아가서 겨레의 앞날을 위해 이경지 같은 여성을 외국에 유학시켜야 한다고 힘써 말했다. 김원배는 진지하게 그의 이야기를 들었다.

"박사님이 우리 겨레를 위해 많이 애써 주신다는 것은 저도 이미 여러 번 들은 바 있습니다. 오늘 이렇게 박사님의 열렬하신 말씀을 직접 들으니 참으로 머리가 수그러들지 않을 수 없습니다. 그런데 매우 유감입니다만 제 재산은 이미 거의 없습니다. 그동안 느끼는 바가 있어 정화여학교를 비롯하여 여러 단체에 대부분 재산을 기부한 상태입니다. 지금은 한 여성의 유학비용도 사실상 담당할 수 없는 형편입니다."

김원배는 유학을 도와줄 능력이 없는 것을 아쉬워했다. 스코필드는 말만이라도 고마웠다. 뜻은 이루지 못했지만 김원배라는 사람을 새로 알게 된 것은 기쁜 일이었다. 스코필드는 이경지를 외국으로 유학 보낼 좋은 수가 없을지 곰곰이 생각해 보았다. 한국의 한 여성의 앞날을 위해서 이렇게 애를 태우고 있는 것을 옆에서 보고 있던 김정혜 교장은 가만히 있을 수가 없었다. 김정혜는 당시 스코필드의 수양어머니였다.

"그렇게 애태우는 것을 보니 내가 안타까워 못 배기겠구나. 정화여학교에서는 이번에 졸업생 한 명을 학교의 앞날을 위해 도쿄에 유학시키기로 했다. 요즈음은 학교도 쪼들려서 크게 도울 수는 없지만 이경지 양도 유학 후에 우리 학교에서 일하는 조건으로 유학비용을 학교에서 부담하기로 하겠네."

"고맙습니다. 어머니!"

스코필드는 마치 자기가 유학이라도 가게 된 것처럼 기뻐했다. 이런 이야기를 전해 들은 이경지의 아버지는 감격했다. 이미 도쿄에 유학 보낸 두 아들을 감당하느라고 정신없던 아버지는 그때의 일반 풍습에 따라 '딸쯤이야 여학교나 마치게 해주었으면 그만이지.' 하고 있었다. 그러나 이제는 딸을 위해서도 지원해 줘야겠다고 결심했다.

이렇게 해서 이경지의 도쿄유학은 급속도로 결정됐고 2월 하순 일본 유학길에 올랐다. 정화여학교에서 우선 얼마 동안의 학비로 60원을 대어주었고 아버지는 논판 돈 60원을 딸에게 보태주었다. 이경지는 정화여학교 졸업생과 함께 희망으로 벅찬 가슴을 안고 개성을 떠났다. 스코필드는 이경지의 서울역 통과시간을 알고 있었다. 그는 역 플랫폼에서 열차가 도착하기를 기다렸다. 예정대로 열차는 제시간에 다다랐고 스코필드는 미소를 지으면서 이경지에게 당부했다.

"오직 한국 여성들을 위해서 열심히 공부하시오!"

이경지는 그렇게 두 번 만난 한 외국인의 도움으로 도쿄유학을 떠나게 되었다.

열차가 서울역을 출발할 시간이 임박했다. 발차를 알리는 벨이 요란스럽게 울렸다. 스코필드는 그제야 호주머니에서 종이 뭉치를 꺼내어 이경지에게 쥐어 주면서 학비에 보태라고 말했다. 이경지는 그것이 돈일 것이라고 생각하면서도 열차가 막 떠나는 터라 감사 인사도 제대로 하지 못하고 차에 올랐다.

스코필드는 기쁨에 찬 눈으로 남쪽으로 사라져 가는 열차를 오랫동안 바라보고 있었다. 한참 만에 마음이 가라앉은 이경지는 스코필드에게서 받은 종이뭉치를 펼쳐 보았다. 그것은 돈 100원! 이경지로서는 놀랄 만큼 큰돈이었다. 눈시울은 저도 모르게 뜨거워지고 가슴은 감격에 북받쳤다.

만세운동의 봉화가 오른 지도 어느덧 일 년이 되었다. 다시 3월 1일이 다가오자 경찰과 헌병은 극도로 긴장하고 있었다. 그러나 서울에서의 3월 1일은 겉으로는 평온하게 지나갔다. 스코필드는 경찰의 경계가 조금 누그러진 것을 보고 서대문형무소로 갔다. 노순경을 위시한 8호실 수감자들을 위문하기 위해서였다. 면회실에 불려 나온 노순경은 스코필드에게 지난 3월 1일 오후 2시에 유관순과 어윤희가 주동이 되어 3·1만세운동 1주년을 기념해 만세를 부르다가 간수에게 호되게 맞았다는 소식을 전했다. 이 말을 들은 스코필드는 정성껏 그들을 위로하면서도 자기가 위로 이상의 것을 해주지 못함을 안타까워했다.

며칠이 지나자 평안도 선천 소식이 전해졌다. 선천의 보성여학교 여학생들이 앞장서고, 그곳의 신성고등보통학교 남학생들이 합세하여 3·1만세운동 1주년을 기념하는 만세를 부르다가 모두 경찰에 잡혀갔다는 것이었다. 스코필드는 그냥 듣고만 있을 수가 없을 정도로 감격하여 용감한 학생들의 얼굴이라도 한번 보고 싶어졌다.

3월 중순 어느 날 아침, 스코필드는 운동장에 정렬하여 그를 맞이하는 신성고등보통학교 전교생 앞에 나타났다. 그때 신성고등보통학교 졸업반이었던 김선량은 그 당시의 일을 이렇게 전한다.

스코필드 박사가 선천에 오셨을 때는 모두 경찰에 가서 한 보름 동안 호된 꾸지람을 듣거나 벌을 받고 나온 후였어요. 주모자였던 보성여학교 학생 두 명이 감옥살이를 하고 나머지는 모두 학교에 다닐 수 있게 되었지요. 그렇게 되고 보니 사내로서 좀 체면이 안 서게 된 셈이죠. 그때 박사가 학생들 앞에 나타났어요. 박사에 대한 이야기는 이미 듣고 있었지만 직접 뵙기는 모두 처음이었지요. 스코필드 박사가 지팡이를 짚고 단 위에 오르셨어요. 무슨 말씀을 하실지 모두 긴장된 시선을 보냈지요. 그런데 박사께서 말씀하시기 전에 단 바로 앞에 서 있던 학생대표가 전체 학생을 대표해서 "이렇게 멀리 우리를 찾아주셔서 박사님 고맙습니다."하고 "고맙습니다."라는 말에 더욱 힘을 주어 큰소리로 인사를 하지 않았겠어요. 그랬더니 박사께서는 빙그레 웃으시더니 역시 큼직한 소리로 "곰 왔으면 총 쏘시오."하고 지팡이를 들어 총 쏘는 시늉을 하시더군요. 긴장해 있던 모든 학생은 "와하하!"하고 운동장이 꺼지라고 웃음을 터뜨렸지요. 한국말이 유창했던 박사가 "고맙다."는 말과 "곰 왔다."는 말을 모를 까닭이 없었으니, 유머를 하느라고 그런 것이지요. 참으로 재치 있는 유머였어요. 조용해지자 박사는 부드러운 어조로 "여러분 찬송가 370장, 다 아시지요?" 하면서 말씀을 시작하셨어요. 신성고등보통학교는 미션 스쿨이니 모두 그것을 알고 있었지요.

주를 앙모하는 자 올라가 올라가 독수리같이
모든 싸움 이기고 근심 걱정 버린 후
올라가 올라가 독수리같이
주 앙모하는 자 주 앙모하는 자
주 앙모하는 자 늘 강건하리라

박사는 이처럼 그 찬송가의 1절을 유창하게 외우고 나서 말씀하셨어요.
"선천 학생들은 독수리처럼 용감한 사람들이오. 여러분은 그 용기를 잊지 말고 여러분 자신과 여러분의 동포를 위해서 열심히 공부하고 일하세요."
우리는 박사가 한국말을 능숙하게 하시는 것에 매우 놀랐어요. 조금 전과는 달리 학생들은 감격해서 박사를 바라보고 있었어요. 스코필드 박사는 그때 말씀을 더 하시고 싶은 것 같았지만, 그 이상은 말씀하시지 않았어요. 아마 자기가 장황하게 이야기하면 학교나 학생들이 도리어 화를 입게 될지도 모른다고 걱정하시는 것 같았어요. 그때 박사는 몇 말씀밖에는 하지 않으셨지만 지금 생각해도 매우 인상적이었습니다.

10장 끌 수 없는 불꽃

3월 28일이 되자 기미년 독립만세 사건으로 수감되었던 사람 중에서 그다지 무거운 판결을 받지 않은 사람들이 각 형무소로부터 풀려 나왔다. 그 날은 국권침탈 후 일본에 볼모로 잡혀가 있던 구한 말 마지막 황태자인 영친왕이 일본 황족과 결혼하는 날이었다. 그래서 대사면이 내린 것이다. 치욕적인 경사라고 하여 대사면을 거부한 인사도 많았지만 어쨌든 나올 수밖에 없었다. 서대문형무소 여자감방 8호실 사람들도 감옥에서조차 완강하게 항쟁했던 유관순을 빼고는 모두 자유의 몸이 되었다.

스코필드는 한국 친구들이 감옥에서 풀려나오는 것이 너무 기뻤다. 그리고 모진 고통을 당한 후에도 민족의식을 조금도 굽히지 않은 굳은 지조에 경탄과 존경의 마음이 생겼다. 특히 그는 어윤희에게 큰 감명을 받았다. 어윤희는 감옥을 나오자마자 개성 북부교회 전도사가 되어 밤낮을 가리지 않고 일하기 시작했다. 하지만 단순한 전도에 그치지 않고 주위의 젊은이들에게 언제나 열렬하게 민족의식을 불어넣었고 어려운 사람이 있으면 힘을 다해 도왔다. 스코필드는 마침내 어윤희를 누님이라고 부르기로 했다.

많은 사람들의 끈덕진 정열을 직접 자기 눈으로 본 스코필드는 이렇게 생각했다.

'이것이야말로 무슨 힘으로도 억제할 수 없는 꺼지지 않는 정열이며 끌 수 없는 불꽃이구나. 옳지! 바로 이것으로 하자.'

스코필드 박사는 그동안 그가 한국에서 직접 눈으로 보고 귀로 들은 것을 자세히 기록해 놓은 두툼한 원고 뭉치의 제일 앞장에 힘을 주어 《끌 수 없는 불꽃》*The Unquenchable Fire*이라고 큼직하게 적었다.

4월이 되자 신학기가 시작되었다. 4년 근무계약도 이번 학기로 끝이었다. 경찰의 미움을 받던 그로서는 근무계약 연장은 생각할 수 없는 일이었다. 스코필드는 앞으로 무엇을 어떻게 해야 할지 생각하고 있었다.

한편 스코필드의 귀국이 다가오자 다급해진 것은 오히려 일본 당국이었다. 경찰은 스코필드가 3·1만세운동의 전모를 누구보다 잘 알고 있고 사진과 그 밖의 증거물을 많이 가지고 있다는 것을 두려워했다. 스코필드가 영국 국적을 가진 사람이 아니었다면 경찰은 벌써 이 문제를 해결했을 것이다. 당시 일본은 영국과 동맹관계에 있었기 때문에 영국 국적 외국인들은 특혜를 받고 있었다. 어쨌든 스코필드가 일본 세력권에서 한

발자국이라도 벗어난다면 그가 무엇을 할 것인가는 예상할 수 있는 일이었고, 그렇게 되는 날이면 일본의 국제적 체면은 땅에 떨어질 것이 불을 보듯 뻔했다. 경찰과 헌병은 며칠을 두고 머리를 맞대고 의논했다. 드디어 그들은 한 가지 흉계를 꾸며 내었다.

봄빛이 짙어가기 시작한 4월 하순의 어느 날 밤이었다. 스코필드의 숙소에서 일하던 유 서방(스코필드는 이름은 기억하지 못했다. 그는 "그이는 그때 유 서방이었고 나는 석 서방이었지."라며 회상하곤 했다.)은 괘종시계를 쳐다보았다. 9시 반이었다. 한국에 온 후로 줄곧 시중을 들던 유 서방은 그의 생활을 잘 알고 있었다. 스코필드는 늦어도 9시면 틀림없이 돌아오곤 했다.

'어디 들리느라 늦어질 때는 꼭 말씀을 하셨는데, 오늘은 웬일일까? 옆집 모리스$^{James\ H.\ Morris, 모리시}$ 씨에게 물어봐야겠군?'

모리스 씨 집을 내다보니 벌써 불이 꺼져 있었다. 졸음을 참으며 앉아 있던 유 서방은 괘종이 열 번 치는 것을 듣고는 불을 끄고 잠을 청했다. 그러나 막상 잠자리에 눕고 보니 정신이 더 또렷해지기 시작했다. 그렇게 한참을 뒤척이고 있는데 스코필드의 침실 쪽에서 바스락거리는 괴상한 소리가 들렸다. 유 서방은 숨을 죽이고 그쪽으로 귀를 기울였다.

'쥐 소리는 아닌 것 같은데······.'

바스락거리는 소리는 계속되었다. 유 서방은 무엇일까 하고 살그머니 자리에서 일어나 스코필드의 침실 출입문에 귀를 바싹 대었다. 주의해서 들어보니 무엇을 썰어 내는 소리가 분명했다.

'가만히 있자. 도둑놈이구나. 요놈을 혼을 내주어야지.'

유 서방은 혈기 왕성하고도 침착한 스물다섯 살 청년이었다. 그는 문을 왈칵 열고 침실 안으로 뛰어들어갔다.

"네 이놈!"

그러나 사람은 보이지 않았다. 유 서방은 부리나케 커튼을 걷고 밖을 내다보았다. 대문 쪽으로 검은 그림자가 쏜살같이 달아나고 있었다.

"도둑이야! 도둑!"

유 서방은 크게 외쳤다. 옆집 개가 무섭게 짖어댔다. 부근의 개들도 뒤따라 마구 짖었다. 유 서방이 밖으로 뛰어 나갔을 때는 이미 괴한의 그림자는 어둠 속으로 사라지고 없었다. 옆집 모리스 씨가 놀란 표정으로 뛰어 나왔다. 유 서방은 불을 켜고 모리스 씨와 함께 스코필드의 침실 안팎을 샅샅이 살펴보았다. 침실에는 유리 창문 두 개가 있었고 그 창문 바깥에는 파리나 모기 따위를 막기 위한 철사 그물 창이 덧붙여져 있었다. 유리 창문에는 아무런 이상도 없었다. 그러나 침대 맞은편 창문 바깥에 붙어 있던 철사 그물 문에는 구멍이 뚫려 있었다. 그리고 그 밑에는 철사 그물을 자르는 데 쓴 날카로운 칼이 떨어져 있었다. 모리스 씨와 유 서방은 마주 보며 말했다.

"보통 도둑이 아니구나!"

도망쳐가던 괴한의 옷차림이 몸에 딱 맞는 양복 차림이었던 것을 떠올려보면 더욱 그냥 좀도둑은 아닌 게 분명했다. 침입하려고 그물을 자른 것이 아니라 안쪽 창문의 유리를 떼어낼 수 있는 만큼의 구멍을 만들기 위해서 철망을 자른 것이었다. 유리 창문을 열면 바로 스코필드가 자는 침대가 보였다.

아무것도 모르는 스코필드는 열한 시 가까워서야 터벅거리면서 돌아왔다. 스코필드는 학교에서 다음 날 실습준비를 하느라 늦게 돌아온 것이다. 늦어도 9시까지는 끝날 줄 알았는데 의외로 시간이 오래 걸렸다. 유 서방은 스코필드에게 괴한이 떨어뜨린 칼을 보이면서 조금 전의 일을 자세히 이야기하고 괴한의 몸차림으로 보아 틀림없이 경찰이거나 일본의 앞잡이일 것이라고 단정했다. 스코필드는 많이 놀랐겠다며 오히려 유 서방을 위로했다.

스코필드의 암살미수사건에 대해서는 아래와 같은 다른 증언이 월간 〈신태양〉(1958. 11)에 실려 있다. 이 글을 쓴 이경채는 1919년 당시부터 스코필드를 알던 사람이었다.

박사의 이런 행동이 총독부에 보고됨에 따라 박사의 신변은 날이 갈수록 위험에 처하게 되었고, 독립만세운동이 서울에서 점차 지방으로 확대될 무렵 총독부에서는 스코필드 박사를 극비리에 처치하라는 지령을 내렸다. 필자가 생각하기에는 아마 기미년 초겨울 일이었을 것이다. 박사를 뵙기 위해 냉천동을 방문했을 때 박사께서는 나를 반기면서 이런 말씀을 하셨다.

"경채 양! 지금 아랫방에서 타이핑 치는 소리 들리지요? 저 사람이 바로 그저께 새벽에 나를 죽이러 들어왔던 사람이에요."

나는 박사의 말씀이 좀처럼 이해되지 않았다. 그때 박사는 그간의 사정을 말해주었다.

"밤이 몹시 깊었는데 아마 11시가 좀 지나서였을 거예요. 내가 일과를 마치고 취침하기 전에 성경을 읽고 막 자리에 누우려는데 지붕에서 이상한 소리가 들렸어요. 나는 일부러 숨을 죽이고 소리 나는 천장을 보면서 방구석으로 몸을 옮겼지요. 창으로 비치는 어슴푸레한 달빛에 반사되어 창문에 시커먼 괴한의 그림자를 발견한 순간 소스라치는 공포가 지나갔지요. 믿음으로 간신히 제정신이 돌아왔을 때 재빨리 창 밑으로 몸을 옮겨 정체불명의 괴한의 거동을 살펴보았어요. 그 순간 나의 머리에는 이것이 분명 도둑이 아니면 자객일 것이라는 생각이 번개처럼 스쳐갔지요. 동시에 나는 이 돌발적인 사태를 어떻게 처리할 것인가 망설였어요. 참으로 짧은 시간이었지만 나는 괴한이 창문을 넘어 발 디딜 곳을 찾으려고 애쓰기에 그의 다리 밑에 나의 어깨를 대주었어요.

"이 어둡고 추운 방에 나를 찾아주시는 손님이 누구신지 모르겠으나 정문으로 오시기에도 힘들 텐데 이처럼 험한 길로 찾아주시니 이렇게 제가 안내하지 않을 수 없습니다."

이렇게 말하며 괴한을 방 안에 내려주었지요.

그때 괴한은 뜻밖의 내 태도에 당황하면서도 자세를 바로하고 예리한 일본 단도를 목에 대며 힘 있지만 떨리는 목소리로 위협했어요.

"네가 스코필드냐?"

"당신이 누구신지는 모르겠으나 보아하니 한국 사람이군요. 나는 한국 사람을 사랑합니다. 당신이 돈이 필요하다면 돈을 드릴 것이요, 일이 필요하다면 일을 드리겠습니다. 꼭 내 목숨이 필요하다면 이유에 따라 내 목숨도 드릴 수 있으니, 오신 이유를 말씀해주시오."

내가 이렇게 말하니까, 괴한은 어느새 소지했던 단도를 땅에 떨어뜨리고는 흑흑 흐느껴 울면서 무릎을 꿇고 나에게 용서를 구하더군요.

"나는 당신을 잘 모르고 총독이 준다는 돈에 눈이 어두워 하마터면 당신 같은 훌륭한 분을 죽일 뻔했습니다. 죽을 죄를 용서해주시면 당신이 하라는 대로 하겠습니다."

그래서 두말 않고 그날부터 그와 함께 지내기로 했지요. 저 아래층에서 타이핑 치는 미스터 김이 바로 그 사람입니다."

필자는 박사님의 말씀이 끝나자마자 미스터 김을 만나봤습니다. 그것이 지금부터 40년 전 일입니다.

사람의 일이란 예측할 수 없는 것인가 봅니다. 그동안 잊었던 이 일을 기억나게 하는 기적 같은 일을 최근에 겪었습니다. 지난달 초순 스코필드 박사의 내한을 환영하고 그의 노고에 보답하려는 환영시민대회가 개최되었을 때, 나는 우연히도 미스터 김을 이화여자고등학교 노천광장에서 보았습니다. 그날 많은 시민이 모여 막 대회가 열리려는 때 외모가 튼튼하고 몸이 뚱뚱한 어느 초로의 신사 한 분이 유창한 영어로 감격의 포옹을 박사님과 나누며 인사하는 광경을 봤습니다. 그리고 그분이 바로 40년 전의 미스터 김이며, 현재는 모 중학교의 교장으로 계시다는 사실도 알았습니다.

스코필드도 자기 목숨이나 갖고 있는 물건들을 노려 경찰이 꾸민 일이라는 것을 충분히 예측할 수 있었다. 그렇다고 걱정만 하고 있을 수는 없는 일이었다. 그는 언제나 목숨은 하늘의 뜻에 달려 있다고 믿고 있었다. 그는 오늘 밤도 하나님이 자기를 보호해주신 것으로 믿었다. 다음 날 아침 모리스가 스코필드를 찾아와 어젯밤 사건에 관하여 이것저것 이야기했다.

"스코필드 박사. 나는 아무래도 박사 신변이 위험한 것 같아요. 이것을 드릴 테니 오늘 저녁부터라도 머리맡에 두고 주무시오."

그는 가지고 있던 호신용 권총을 스코필드 앞에 내놓았다.

"이런 것을 가지고 있으면 걱정이 더 많아집니다."

스코필드가 정중히 거절하자 모리스는 자기가 기르는 개를 데리고 왔다.

"정 그러시다면 우리 집 개라도 밤에 침실 밖에 매어 놓으시오."

모리스의 마음을 거절할 수 없어 그 날은 개를 뜰에 묶어 놓게 되었다. 스코필드는 자기를 늘 염려해 주는 모리스를 좋아했다. 그런데 개가 낯을 가려서 그런지 밤새도록 낑낑대는 바람에 도무지 잠을 이룰 수가 없었다. 그는 다음 날 아침에 개를 모리스 집으로 데려가 없는 게 차라리 마음이 더 편할 것 같다며 돌려주었다. 스코필드의 성품을 잘 아는 모리스는 그저 웃기만 했다.

이 사건이 외국인들 사이에 알려지게 되자 일본경찰은 당황했다. 물론 자신들이 한 일이라고 말하지는 않았으나, 앞으로 스코필드의 신상에 무슨 일이라도 생기면 설사 자기들이 계획하지 않았더라도 그 책임을 뒤집어써야 하는 분위기가 되었기 때문이었다. 만약 그런 일이 생긴다면 국제적으로 만만치 않은 문제가 생길 수도 있었다. 이렇게 되자 경찰과 헌병은 본의 아니게 머지않아 떠나게 될 스코필드의 안전을 바라게 되었다. 이 일은 결과적으로 스코필드와 한국을 위해서는 잘된 일이었다. 왜냐하면 나중에 스코필드가 출국할 때 심한 검색을 받지 않아도 되었기 때문이다.

6월이 되면서 스코필드는 정든 한국을 떠날 준비로 분주했다. 틈틈이 만들어 두었던 세균학 교재며 실험기구를 누가 맡더라도 알 수 있게 정리했다. 한편으로는 그동안 사귄 많은 사람을 일일이 찾아가 작별인사를 고했다. 아직 감옥에 남아 있는 사람들까지 모두 찾아가서 석별의 정을 나눴다. 이갑성은 스코필드가 그때 감옥을 찾아와 인사하던 광경을 이렇게 이야기했다.

박사가 면회하러 왔다기에 면회실로 나갔어요. 박사가 떠나는 날을 이미 알고 있었던지라 '오늘 이후로는 그를 만날 수 없겠구나.' 생각하니 만나기 전부터 벌써 섭섭한 마음이 앞섰지요. 한편으로 부인이 먼저 귀국하고 얼마나 외로웠을까 싶어서 새삼스레 측은한 마음도 들었어요. 그런데 박사는 그 날도 명랑하더군요. 도리어 감옥에 있는 나를 위로하려 애썼지요. 한국 사람들을 더 돕지 못하고 자기 혼자 편히 귀국하게 되어 미안하다는 말을 몇 번씩이나 하더군요. 자기는 한국을 버리고 떠나는 것이 아니라며, 돌아가면 이 땅에서는 못하던 여러 가지 일을 힘써 하겠노라고 여러 번 말했어요. 그런 말들을 듣고 있자니 나도 모르게 눈물이 흘러내리더군요. 말은 없이 눈물만 흘리고 있는 것을 본 박사는 무슨 일이 있더라도 한국에 꼭 돌아올 터이니 너무 섭섭히 여기지 말라고 어린아이 달래듯이 부드럽게 위로하여 주더 군요. 아무튼 내 생전에 만난 서양사람치고는 그만큼 용감하고 다정다감한 사람은 보지 못했어요.

스코필드는 한국 친구들만 찾아 작별인사를 한 것이 아니라 사이토 총독과 미즈노 정무총감도 찾아갔다. 그는 그들에게 한국 사람들을 너무 괴롭히지 말라고 신신당부했다. 또 평소 호의에 감사하는 뜻에서 일본인 두 명을 숙소에 초대하여 저녁 식사를 대접하기도 했는데, 그때의 재미있는 이야기를 다음과 같이 들려주었다.

야마가다는 내가 자주 투고했던 영자신문 〈서울프레스〉 사람이었어요. 그는 일본 사람이지만 교양이 높은 사람이었고 한국의 처지를 퍽 동정하고 있었어요. 그래서 나하고도 상당히 친한 사이였지요. 다른 한 사람은 '대한민국 애국부인회' 사건을 담당한 일본인 판사였는데 그 사건으로 나하고 몇 번 만나는 동안에 서로 좀 친해졌어요. 하지만 그자의 성격이 좀 건방진 면이 있어서 언제 한번 곯려 주리라 생각하고 있었지요. 그자의 이름은 기억나지 않는군요.

머지않아 한국을 떠나게 되어 그냥 있기가 섭섭해서 저녁 식사를 대접한다고 그 둘을 우리 집으로 초청했어요. 유 서방에게는 미리 저녁에 일본사람이 오기로 되어 있으니 특별히 사과떡 세 개를 큼직하게 구워두라고 했지요. 그 위에는 초콜릿으로 각기 다른 그림을 그리라 했는데, 한 개에는 태극기 모양, 다른 것에는 단풍잎 모양, 나머지 한 개에는 참새 모양을 그리라고 했어요. 일본 사람이 온다는데 떡에 태극기 모양을 그리라고 하니 유 서방은 그러다가 무슨 변을 당할지 모른다며 못하겠다고 하더군요. 그때 마침 내 숙소에 들르셨던 내 한국어 선생님 목원홍 선생도 말리셨어요. 그래도 꼭 해달라고 유 서방에게 신신부탁을 했지요.

저녁이 되어 약속대로 야마가다와 그 판사가 왔어요. 여러 가지를 먹다가 마침내 그 사과떡을 먹을 차례가 되었지요. 사과떡 중에서 태극기 모양은 판사 앞에, 단풍잎은 야마가다 앞에, 참새가 그려진 것은 내 앞에 놓았지요. 단풍잎은 캐나다를 상징하는 것이며, 참새는 런던 사람을 나타내는 것이오. 도량이 넓은 편인 야마가다는 나의 뜻을 알고서는 다소 어색한 표정을 보이면서도 싱글거리더군요. 판사는 화가 나서 눈살을 찌푸리더니 낯이 시뻘겋게 되더군요. 그러면서 누가 이것을 만들었냐고 따지기 시작하지 않겠어요. 내가 못 들은 척하고 다른 이야기를 하려니까 판사는 더욱 화가 나서 눈을 바로 뜨고 나를 쏘아 보더군요. 한참 있다가 내가 그랬지요.

"뭐, 신기할 것 없습니다. 오늘 종로에서 사 왔어요. 종로에 나가면 이런 것 얼마든지 있습니다."

판사는 정말 화가 치밀어 올랐는지 이마에서 땀까지 흘리더군요. 판사는 야마가다와 내가 떡을 다 먹을 때까지 떡에는 손도 대지 않고 나와 떡을 번갈아 노려보고만 앉아 있었지요. 판사는 굉장히 화가 났지만 나에게 직접 화는 못 내고 그냥 앉아 있었죠. 그 판사가 잔뜩 화를 내며 태극기 그려진 떡을 노려보고 앉아 있던 꼴을 생각하면 지금도 웃음이 절로 터져 나와요.

출발을 며칠 앞두고 스코필드는 그동안 애써 찍은 사진들을 어떻게 가지고 나갈지 여러모로 궁리했다. 경찰이나 헌병에게 발각되는 날에는 그냥 넘어갈 리가 없기 때문이었다. 그는 결국 한 가지 꾀를 짜냈다. 그것은 부자유한 오른쪽 다리에 붕대를 칭칭 감고 그 속에 사진을 감춰 넣기로 한 것이다.

그런데 소중하게 간직해왔던 《끌 수 없는 불꽃》이라는 3·1만세운동 목격기 원고 뭉치는 너무 컸다. 스코필드는 이미 그 원고를 출판사에 넘길 수 있을 만큼 정리해 둔 상태였다. 큰 종이에 타자기로 촘촘히 친 것으로 모두 298매였고, 그 내용은 15장으로 나누어져 있었다. 그는 캐나다로 돌아가면 이것을 곧 단행본으로 발간할 계획이었다. 이 원고 뭉치를 어떻게 캐나다로 가져갈 수 있을지 연구해 보았으나 별 방법이 없기에 일단 자기 소지품 속에 넣고 요행을 바랄 수밖에 없었다. 출국 검열에 걸리지 않고 가져가면 다행이지만 혹시나 하는 생각에 도무지 마음이 놓이지 않았다. 결국 며칠 밤을 새워 사본을 하나 만들어서 두꺼운 종이에 쌌다. 그리고는 훗날을 위해 세브란스병원 지하실 바닥에 묻었다.

11장 교포들과 함께

4월 1일 아침은 참으로 맑은 날이었다. 스코필드는 서울역 플랫폼에 에비슨 내외와 몇몇 한국 친구들과 같이 서 있었다. 그는 고개를 들어 녹음이 짙어가는 세브란스의 언덕과 남산의 푸른 소나무, 인왕산 마루의 거무스름한 바위, 푸른 하늘 높이 솟아 있는 북악의 줄기 줄기를 눈여겨 바라보았다. 이 땅에 처음 발을 들여놓았을 때가 스물여덟, 지금은 서른둘, 그 간의 여러 가지 일들이 주마등처럼 머리를 스쳐 갔다. 스코필드는 정든 땅에 더 머물러 있지 못하게 된 것이 섭섭했고 마음껏 도와주지 못한 것이 안타까웠다.

"고맙습니다. 안녕히 계십시오. 저 또 찾아오겠습니다."

그는 전송 나온 여러 사람과 굳은 악수를 나누었다. 그리고는 차창 밖으로 몸을 내민 채 전송객들에게 손을 흔들면서 서울을 뒤로하고 떠났다. 스코필드는 일본을 거쳐 태평양을 건너 캐나다에 도착했다.

당시 막 창간한 〈동아일보〉를 보면 스코필드의 한국내 위상을 짐작할 수 있다. 〈동아일보〉 창간호에 서양인이 쓴 글이나 서양인에 관한 기사는 스코필드 것만 있었다. 스코필드가 4월 1일에 한국을 떠났기 때문이기도 하겠지만, 한국을 돕던 것으로 치면 스코필드의 대선배격인 맥큔George S. McCune, 윤산온, 마펫Samuel A. Moffett, 마포삼열, 에비슨의 글들은 모두 제2호에 실렸다. 더욱이 1920년 4월 11일 〈동아일보〉에는 당시로써는 파격적으로 "스코필드 박사, 일본에서 출발. 캐나다로 향한 스코필드 박사는 지난 9일 오후 1시에 요코하마를 출발했다."라는 동정 기사까지 실렸다. 당시 〈동아일보〉 기자 눈에는 스코필드가 한국의 아주 가까운 벗으로서 비쳤던 것 같다.

스코필드는 캐나다로 돌아가서 오랜 여행의 피로를 풀기도 전에 계획했던 일을 착착 진행했다. 스코필드가 첫째로 손 댄 일은 바로 한국의 실정과 3·1만세운동의 전모를 전 세계에 소개하고 일본의 비인도적 처사를 폭로하는 일이었다. 그는 이 일을 자기의 의무로 여기고 자신의 대학복직 절차보다도 더욱 중요한 일로 생각했다.

우선 캐나다와 미국의 신문과 잡지를 통해서 대대적으로 한국의 실상을 소개했다. 그가 한국에서 애써 찍은 귀중한 여러 사진이 이곳저곳에 게재되었음은 물론이었다. 한편 다행히 갖고 나올 수 있었던 《끌 수 없는 불꽃》의 원고를 런던의 한 출판사에 보내어 그 발간에 관해서 상의했다. 원고를 검토한 출판사는 내용이 매우 소중하기는 하지만 모두가 일본의 비인도적 포악상을 폭로하는 것이라서 출판이 어렵다는 답을 보내왔다. 왜냐하면 당시 영일동맹 하에서 국제관례상 이런 내용을 출판하여 세상에 널리 퍼뜨리기가 힘들었기 때문이다. 스코필드는 영국 출판사를 뒤로하고, 곰곰이 생각한 끝에 워싱턴에 있던 이승만을 찾아갔다.

이승만은 그의 원고를 보고 매우 기뻐하면서 그가 잘 알고 있다는 뉴욕출판사 플레밍 리벨Flemming Revell을 소개했다. 그 회사를 찾아가니 출판은 할 수 있으나 형편상 출판 비용을 부담해 달라고 하였다. 그러나 스코필드에게는 그럴만한 경제적 능력이 없었다.

이승만과 스코필드는 미국선교회를 찾아가서 출판해 달라고 부탁했다. 그러나 미국선교회에서는 출판비용 부담은 문제가 되지 않으나 이 책을 출판했다가는 앞으로 일본인이 자기네 선교회가 하는 사업에 대해서 어떤 방해를 할지 모른다며 결국은 출판을 거절했다.

이제 별다른 방법이 없었다. 그렇다고 출판을 단념하지는 않았다. 앞으로 어떻게 해서라도 출판비용을 마련하여 발간을 실현하겠다고 마음먹었다. 그들은 전체 원고를 출판사에 일단 맡겨 놓고 훗날을 기약하기로 했다.

전체 원고의 발표가 뒤로 미루어지자 스코필드는 원고 내용을 단편적으로 잡지를 통해 발표하기 시작했다. 또 여러 가지 강연을 통해 그 내용을 소개했다. 그의 모든 글과 모든 말은 시종일관 "한국 사람의 소원이 무엇인가"에 관한 것이었고 일본의 무도한 행패를 날카롭게 공박했다. 그야말로 훌륭하고 참다운 한국의 대변인이었다.

스코필드의 노력으로 해외의 많은 사람이 비로소 한국을 알게 되었고, 3·1만세운동이 어떤 성격의 민족운동인지 알려지게 되었다. 사실 그때까지만 해도 3·1만세운동에 관해 외국 사람들은 거의 아는 바가 없었다. 당시 외국 신문들은 3·1만세운동을 그저 서울에서 한국사람 몇 명이 독립만세를 외치다가 일본 경찰에 구속된 것으로만 가볍게 보도하고 있었다. 일본이 한국에 관한 국외 보도를 심하게 통제하고 3·1만세운동 이후로는 한국 사람의 해외여행까지 통제했기 때문이었다.

스코필드가 쓴 글을 읽거나 그의 강연을 듣고 깊이 감명을 받은 사람들은 다름 아닌 해외에 있는 우리 교포들이었다. 그들은 비로소 고국의 슬픈 일을 자세히 알게 되었고 나아가 조국을 안타깝게 여기는 마음이 새삼 간절해졌다. 교포들로부터 감격과 감사의 편지가 스코필드에게 연이어 전해졌다. 캐나다와 미국의 여러 곳에서 강연을 듣고자 그를 초빙하는 편지도 꼬리를 물고 매일같이 전해졌다. 이렇게 해서 스코필드는 캐나다와 미국에 있던 많은 한국인을 알게 되었다. 한국에서처럼 그는 이역만리에서 고생하던 한국인들을 격려하고 돕는데 주저하지 않았다.

스코필드는 그 해 12월 초 워싱턴에 들렀다. 거기에는 한국에서부터 알던 사람들이 몇 명 와 있었다. 스코필드는 여러 한국 친구들 중에 이화학당 선생이었던 신마실라도 찾아보았다. 오랜만에 만난 신 씨의 책상 위에는 한국에서 온 것 같은 편지 한 장이 놓여 있었다. 그 당시 한국의 것이라면 무엇이든 눈여겨보았던 그인지라, 누구에게서 온 것인지 유심히 살펴보던 중 거기서 뜻밖의 이름을 만났다.

"이경지."

이름만 보아도 반가운 사람이었지만 뜻밖에도 주소가 중국 상해로 되어 있었다. 이번 여름 캐나다에 돌아올 때 일본 도쿄에서 이경지를 만났던 스코필드로서는 이해하기 어려웠다.

"신 선생님, 이경지 양을 잘 아세요?"

"물론이죠. 그 애는 이화학당 후배예요. 아주 똑똑한 아이입니다. 박사님도 이경지 양을 잘 아세요?"

"네, 잘 알고 있습니다. 그런데 지금 어디에 있답니까?"

"지금 상해에 가 있는 모양입니다."

"그것 때문에 제가 물어보는 건데, 지난 7월에는 분명히 도쿄에 있었거든요."

스코필드의 의아한 표정을 본 신마실라는 편지를 앞으로 내밀었다.

"박사님, 한국말 아실테니 읽어보세요. 읽으셔도 좋아요."
스코필드는 편지를 펴들었다.

신마실라 언니!
마실라 언니, 그간 무사하세요? 낯선 객지에서 얼마나 수고가 많으세요. 제가 이렇게 외지에 나와 보니 그간 언니의 수고를 더욱 잘 알겠어요. 저는 지금 여기 김순애 언니 집에 머무르고 있어요. 그래서 언니의 소식도 듣게 되었어요. 이번에 파리 평화회의에 참석하셨던 김규식 박사께서 거기서 뇌 수술을 받으시는 동안 참으로 수고가 많으셨다고요. 김 박사께서 순애 언니께 보내신 편지에도 마실라 언니의 간호 덕분으로 예정보다 훨씬 빨리 퇴원하게 되었다고 적혀 있더군요. 마실라 언니, 아무쪼록 우리 겨레를 위해서, 특히 우리 한국 여성을 대표해서 일 많이 해주세요.
저는 올해 2월 하순에 도쿄로 건너가서 도쿄 시천여학교 5학년에 편입했었지요. 내년에는 대학에 진학할 작정이었어요. 학비는 개성 정화여학교에서 보내 주기로 되어 있었는데 지난 8월에 편지가 오기를 학교 형편이 어려워져서 한 사람 분은 몰라도 두 사람 학비까지 계속 대기는 힘들게 되었으니 어떻게 했으면 좋겠냐고 하지 않겠어요.
두 사람이라는 것은 저와 함께 일본으로 건너갔던 정화여학교 출신의 친구와 저를 두고 하는 말이에요. 그래서 제가 양보하지 않을 수 없었어요. 이렇게 도쿄에서 편하게 공부하는 것은 불가능하게 되었어요. 사실 저도 일본에서 공부한다는 것이 어쩐지 아주 싫었어요. 그렇다고 한국에 그냥 돌아갈 수가 있어야죠. 처음에는 무슨 고생을 해서라도 미국에 가려고 생각했었어요. 그런데 출국 수속이 어찌나 까다로운지 단념하지 않을 수 없었어요.

그래서 중국으로 건너가기로 결심했어요. 그렇다고 중국에 아는 사람이 있는 것은 아니었어요. 설마 죽기야 하겠냐고 모험을 한 것이지요. 그래서 지난 일요일 아침에 혼자 상해에 도착했어요. 당장 갈 곳도 없는데다 마침 주일날 아침이니 우선 교회에 가서 주일예배라도 올릴 셈으로 무턱대고 가까운 교회를 찾았지 뭐예요. 참으로 뜻밖이었어요. 거기서 김원경 동지와 김순애 언니를 만났어요. 어찌나 반가운지 순애 언니를 막 붙들고 울었어요. 그래서 지금 순애 언니 집에 묵고 있는 거예요.

순애 언니에게 중국에서 공부하고 싶다는 것과 장차는 귀국해서 교육 사업에 종사하겠다는 뜻을 말했더니 소주蘇州에 있는 사범대학에서 공부하는 것이 좋을 거라고 이야기하는군요. 미국사람이 경영하는 감리교 계통의 대학이래요. 그런데 내년 봄에 신학기가 시작한다고 하지 않겠어요. 그래서 그때까지는 상해에 있으면서 학비라도 벌까 생각하고 있어요. 이제는 마음도 안정되었어요. 오늘은 한가해서 이렇게 편지라도 쓰고 싶었어요.

마실라 언니, 무사히 지내세요. 멀리서 언니의 건강을 빌겠어요.

1920년 10월 25일 이경지 올림

"김순애라는 분은 누구입니까?"
스코필드가 물었다.
"김규식 박사의 부인입니다. 김순애, 김원경 모두 우리의 동지들이에요."
스코필드는 이경지의 주소를 수첩에 적어 넣었다.

스코필드는 워싱턴 어느 교회 문 앞에 "한국의 얼은 죽지 않았다."라는 제목으로 한국 체류 중에 보고 들은 것을 강연한다는 광고를 크게 써 붙이는 한편 신문에도 광고를 내었다. 청중들이 교회 안에 가득히 찾아들었다. 스코필드는 독특한 익살을 섞어가며 재미있게 이야기했다. 모두 웃기도 하고 혹은 분개하기도 하면서 흥미롭게 듣고 있었다. 강연을 끝날 때가 되자 그의 목소리는 더욱 열기를 뿜어댔다.

"여러분! 한국 사람들은 이렇게도 열렬하게 그들의 나라를 되찾으려 애쓰고 있습니다. 그러나 거기에는 그들을 승리의 길로 이끌어 줄 만한 지도자가 있어야 합니다. 우리가 참으로 그들의 앞날을 축복하려 한다면 그러한 지도자를 육성하는 일에 인색해서는 안 됩니다."

이렇게 말한 스코필드는 이경지라는 한 한국 소녀의 앞날을 위해 학비를 보태 줄 것을 제의했다. 감명 깊게 스코필드의 이야기를 듣던 청중들은 너도나도 호주머니를 털어 성금을 냈다. 단번에 2,000달러 가까운 돈이 모였다. 스코필드는 자기 돈을 얼마 보태어 이경지에게 송금했다. 스코필드는 이렇게 편지를 썼다.

"나도 고학을 하면서 대학을 다녀서 얼마나 그것이 어렵고 힘든 일인 줄 아오. 자칫하면 원래 목적으로 했던 공부는 뒷전이 되어 고학하는 의미를 잃어버리는 경우도 많소. 모든 힘을 집중하여 더욱 부지런히 공부하고 장차 한국 여성들을 위해서 더욱 크게 공헌할 수 있게 되길 바라오."

이경지는 열심히 공부해서 소주사범대학을 우수한 성적으로 졸업했다. 그 후 평생을 전쟁고아와 여성들의 교육에 헌신했다. 이경지는 당시를 이렇게 회상했다.

> 그렇게 고마운 분이 어디 또 있겠어요. 그때 그 돈을 받고도 어떻게 그럴 수가 있을까 하고 이해가 안 갈 정도였어요. 그 후에도 강연을 해서 모은 돈이라면서 또 2,000달러를 보내주었어요. 물론 나도 죽자고 공부했어요. 그래도 원래 재주가 시원치 않다 보니 박사가 바라던 만큼은 우리나라 여성을 위해서 크게 공헌하지는 못했어요. 참으로 부끄럽고 미안할 지경이에요. 그러나 죽을 때까지 부지런히 일할 생각은 아주 단단히 하고 있어요.

제2부

장애를 넘어

12장 장난꾸러기 프랭크

　스코필드는 1889년 3월 15일 영국 워릭셔 주^{Warwickshire} 럭비^{Rugby} 시에서 태어났다. 럭비의 발상지로 유명한 럭비 시는 영국 잉글랜드의 한가운데쯤에 자리 잡고 있는 인구 약 5만의 소도시였다. 스코필드가 태어나던 해, 아버지 프란시스 윌리암 스코필드$^{Francis\ William\ Schofield}$는 서른세 살로 럭비스쿨$^{Rugby\ School}$ 초등부 수학교사였다. 어머니 미니 호크스포드 스코필드$^{Minnie\ Hawkesford\ Schofield}$는 프란시스를 낳은 며칠 후 심한 산욕열로 세상을 떠났다. 스코필드의 어릴 때 이름은 프란시스 윌리암 스코필드 주니어$^{Francis\ William\ Schofield\ Junior}$였으며, 누나 메리^{Mary}와 두 형 존^{John}과 스티븐^{Steven}이 있었다. 아버지는 프란시스가 세 살 때인 1891년에 소피아$^{Sophia\ Schofield}$와 재혼하고 럭비에서 북쪽으로 약 100km 떨어진 더비셔^{Derbyshire}의 베슬로^{Baslow}라는 조그만 시골 마을로 이사했다. 스코필드 가족은 그곳에서 9년간 살았다. 아버지는 선교사 훈련학교인 클리프대학에서 신약성서와 희랍어를 가르쳤다.

　아버지는 철저한 기독교 신자이자 청렴한 교육자였으며 자녀에 대해서는 지나칠 정도로 엄격했다. 그리고 새어머니는 성질이 차갑고 이따금 프란시스의 형제들을 이유 없이 들볶아서 새어머니와 프란시스 형제들의 사이는 점점 비틀어져 가기만 했다. 사리를 조금씩 분별하기 시작한 어린 프란시스의 눈에도 새어머니는 늘 두려운 존재였다. 프란시스는 어머니의 자애로운 따뜻한 사랑은 받지 못하고 어린 시절을 보냈다.

프란시스는 집에서 6km 떨어진 레이디 매너즈 스쿨Lady Manners School이라는 사립초등학교에 들어갔다. 작은 마을인 베슬로에는 초등학교가 없었기 때문에 프란시스는 매일 먼 길을 걸어서 그 학교에 다녔다. 어린 프란시스에게는 퍽 고된 일이었다. 그러면서도 프란시스는 엄격한 아버지가 시키는 대로 집에서는 여러 가지 힘든 일을 도와야만 했다. 스코필드는 어린 시절을 회상하는 글에서 이렇게 적고 있다.

> 베슬로는 참으로 아름다운 곳이었다. 마을에는 언제나 갖가지 꽃이 피었다. 그 꽃에는 온갖 종류의 나비가 날아들었고 나뭇가지에는 별의별 새들이 모여들어 지저귀었다. 마을 둘레에는 숲이 우거져있고 높은 언덕이 여기저기에 있었다. 그 사이사이에는 농장이 산재해 있었다. 이런 자연환경 속에 산다는 것은 어린아이들에게는 즐겁고 흥미진진한 일이었다.
>
> 그런데 그 당시 내가 싫어한 일이 두 가지 있었다. 그 하나는 멀리 떨어진 학교에 매일 걸어가는 일이었다. 나는 매일 아

침 약 6km의 길을 걸어야 했고, 저녁에는 다시 그 길을 걸어 집으로 돌아와야 했다. 아침 9시에 학교에 다다르면 벌써 고단하고 시장기가 났다.

나는 학교에서 다른 학생들보다 더 매를 많이 맞았다. 지금 생각해보니 꽤 다루기 힘든 학생이었던 모양이다. 벌을 서느라 방과 후까지 학교에 잡혀 있는 날이면, 나는 그 먼 길을 혼자서 터덕터덕 걸어오지 않으면 안 되었다. 해가 짧은 겨울철에는 해가 저물어서야 집에 오곤 했다. 집으로 오는 길에는 인가가 없었기 때문에 사람의 그림자도 볼 수 없었다. 무섭고 외로운 마음으로 그 길을 걷던 일이 지금까지 눈에 선하다.

싫어한 일이 하나 더 있었는데, 우리 집 정원에서 일하는 것이었다. 그때 우리 집에는 아주 넓은 정원이 있었고 나무 열매를 따는 일 같은 것이 끊임없이 있었다. 당연히 아무런 보수도 없었다. 다만 일을 끝마쳤을 때의 기쁨이 최고의 보수였다. 부모님은 우리 형제들을 단단히 훈련할 생각이셨지만 큰 효과를 거두지는 못했다. 우리 형제들은 집에서 잠자리 준비, 접시 씻기, 먼지 털기, 구두 닦기와 같은 잔일들을 번갈아 가면서 어김없이 해야 했고 제대로 하지 않으면 대나무 회초리 맛을 단단히 보아야만 했다. 그 당시 나에게는 형들보다 그 회초리가 더욱 가깝게 여겨졌다.

프란시스는 초등학교에 다니면서부터 친구들과 어울려서 놀기를 아주 좋아했다. 틈만 있으면 집을 빠져나갔다. 집에 재미를 붙일 수 없었던 그로서는 당연한 일이었을지도 모른다. 프란시스는 집안에서는 엄격한 아버지와 차가운 새어머니에 눌려서 꼼짝을 못 했지만 집 밖에서는 아주 딴판이었다. 친구들과 함께 마을 안팎에서 마음껏 뛰놀았다. 철없는 아이들이 돌아다니면서 하는 일은 장난뿐이었다.

프란시스의 재치 있고 익살맞은 언행은 친구들 사이에서 큰 인기였다. 그는 늘 마을 어린이들의 장난대장이었다. 그래서 학교에서는 다른 아이들보다 더 자주 벌을 섰다. 프란시스의 장난은 자질구레한 장난에만 그치지 않았다. 남의 지붕에 올라가서 굴뚝 안에 돌 굴려 넣기, 널어놓은 빨래에 흙칠하기 등 상상을 초월할 정도였다. 스코필드가 중년이 지나 베슬로에 들렀더니, 어린 시절에 그의 장난으로 몹시 애를 먹었던 동네아주머니가 아흔 넘은 고령으로 아직 정정하게 살아 있었다고 한다.

"제가 스코필드입니다."

공손히 인사를 했을 때는 못 알아보더니, "아주머니 기억 안 나세요? 장난꾸러기 프란시스가 여기 왔습니다."라고 다시 말을 건네자 그제야 눈을 번쩍 뜨고 머리를 쳐들면서 이렇게 놀리더라는 것이다.

"뭐? 요것이 프란시스라고? 그렇게도 까불어대던 녀석이 벌써 늙어 버렸구나!"

프란시스는 항상 마음에 들지 않는 것이 하나 있었다. 바로 그의 이름이었다. 그는 자기 이름 프란시스가 여자 이름인 프란시스Frances와 발음이 똑 같은 것이 너무 싫었다. 아이들과 어울려 놀 땐 더 그랬다. 친구들은 잘 놀다가도 이름을 가지고 그를 자주 놀려 댔다. 프란시스는 결국 아버지에게 이름을 바꿔 달라고 졸라댔다. 처음에는 그런 부질없는 소리를 하지 말라며 야단만 치던 아버지도 몇 달을 두고 끈덕지게 조르자, 그의 이름을 프랭크Frank라고 고쳐 주었다. 프란시스는 자기의 새로운 이름 프랭크가 너무 좋았다.

프랭크는 열두 살 때 초등학교 6학년 과정을 마치고, 곧 런던에 있는 쿠퍼스 컴퍼니 스쿨Coopers Company School에 들어갔다. 이 학교는 5년제 사립 중고등학교였다. 프랭크가 이 학교에 들어갔을 때에는 누나와 형들도 모두 런던에서 공부하고 있었다. 막내아들 프랭크까지 런던으로 나가게 되니 부모님만 베슬로에 남아 있어야 할 이유가 없었다. 그래서 프랭크의 집은 1899년에 런던으로 이사했다. 프랭크의 아버지는 이번에는 런던 소재의 할리대학Harley College에서 교편을 잡게 되었는데, 이 대학 역시 클리프대학과 연관된 선교사를 양성하는 학교였다.

프랭크가 다니던 쿠퍼스 컴퍼니 스쿨과 프랭크의 아버지가 근무하던 할리대학, 그리고 프랭크의 집은 모두 런던시의 동쪽 변두리에 있었다. 그 근처는 가난한 사람들이 가장 많이 사는 곳이었다. 아름다운 베슬로 마을에서 살다가 번잡하고 누추한

도시 변두리로 옮겨 오자 프랭크는 처음 일 년 동안 이러한 생활환경이 너무 싫었다. 스코필드는 그 당시의 일을 이렇게 기록하였다.

런던 같은 대도시에 산다는 것은 처음에는 견디기 힘들었다. 지금까지 우리 형제는 자연 속에서 살았다. 새들의 지저귐, 숲 속과 정원의 아름다운 꽃, 시내, 폭포, 숲 속과 들을 거니는 것을 사랑했었다. 그러나 이제는 감옥에 갇힌 것만 같았다. 번잡한 길거리에서는 놀 수가 없었다. 아름다운 풍경도 전혀 없었다. 어느 방향이고 우중충한 건물만 가득했다. 지금까지는 하늘이 푸르렀는데, 이곳의 하늘은 구름이나 연기나 혹은 안개로 덮여 있는 것이 보통이었다. 첫해에 런던은 참으로 불쾌하고 더럽고 불편한 곳이었다. 우리 형제의 첫째 소원은 이 감옥 같은 환경에서 빠져나가는 일이었다. 우리는 가능한 한 그렇게 했다. 그러나 11km나 멀리 걸어나가야만 시골로 갈 수 있었다. 그렇게 시골로 빠져나가서 들과 꽃과 신선한 공기를 다시 마음껏 즐겼다. 꽃을 한 아름 안고 다시 걸어서 집으로 돌아올 때면 우리 형제는 몹시 피곤하고 배가 고팠다.

시간이 지남에 따라 우리도 런던의 다른 아이들처럼 런던에서의 생활을 받아들였고 오히려 즐기기까지 했다. 그때 우리가 살던 동네에는 잘 가꿔진 공설 테니스장이 하나 있었다. 나는 그 테니스장에서 공을 치며 많은 시간을 보냈다. 요즘에도 나는 테니스 구경을 아주 좋아한다. 특히 잘 치는 사람들을 볼 때는 저절로 신이 난다.

스코필드는 그가 다니던 쿠퍼스 컴퍼니 스쿨에 관해서는 다음과 같이 적고 있다.

> 그 학교에는 남학생만 천 명가량 있었는데, 규율이 대단히 엄격했다. 거기서도 나는 보통 아이들보다 더 매를 많이 맞았다. 그러나 매는 나에게 아무런 교육적 효과도 없었던 것으로 기억된다. 그때 교장은 성질이 사나운 데다 두들겨 패기를 좋아했다. 나는 그 교장한테 맞은 것을 결코 잊을 수 없다. 그 교장이 학생을 때릴 때면 반 전체가 공포에 떨곤 했다. 그러나 그 학교에는 당시 학생들이 모두 존경하고 따르는 연세 많은 어진 선생님이 한 분 계셨다. 그 선생님은 모든 학생을 사랑했고 학생의 이름을 대부분 알고 계셨다.

프랭크는 중학교에 들어간 후에도 장난이 무척 심했다. 하루는 친구들과 함께 어느 동네 어른의 모자를 살짝 감췄다. 그 어른은 모자가 없어진 것을 알고 크게 당황했다. 프랭크는 시치미를 떼고 친구들과 함께 멀리 떨어져서 그 모양을 보고 좋아라고 웃어댔다. 그 어른은 아이들 장난인 것을 눈치채고 노발대발하여 골목대장 프랭크를 잡아놓고 마구 야단쳤다. 장난이 과하다 해서 평소에 프랭크를 밉게 보던 동네 사람들까지 그 어른의 편을 들면서 함께 야단을 쳤다.

"이제는 나이도 먹을 대로 먹은 놈이 버릇이 없구나."

이때가 열다섯 살 때였다.

이 일 이후 프랭크의 장난은 조금씩 줄어들었다. 이제는 남들이 철들어야 한다고 여길 만한 나이가 되었다는 것을 그도 새삼스럽게 느꼈다. 또 당시 가세가 어려워지기 시작하여 집안일이 걱정되기도 했다. 그때부터 그는 어린 마음을 버리고 부지런히 공부해야겠다고 생각했다. 그 후로 프랭크는 다른 사람의 비위를 건드릴 만한 장난은 하지 않았다. 또 어른들에 이끌려서 나가던 교회에도 완전히 새로운 마음으로 다니게 되었다.

조금씩 나이가 들면서부터 프랭크는 자전거 타기를 대단히 좋아했다. 아버지를 졸라 자전거를 한 대 사가지고는 일요일이나 방학 때는 어디든 타고 다녔다. 특히 방학 동안은 며칠씩 걸리는 먼 지방까지 쏘다녔다. 스코필드는 이렇게 회상했다.

> 어쨌든 자전거 타기를 별나게 좋아했어요. 그때 한번은 런던에서 북쪽으로 약 500km나 떨어져 있는 스코틀랜드의 에든버러까지 거의 열흘이나 걸려서 자전거로 다녀온 적이 있었지요. 런던에서 80km 내외인 옥스퍼드나 케임브리지 같은 곳은 별로 볼일도 없으면서 수없이 왔다 갔다 했거든. 그때 나

장애를 넘어

는 친구들 사이에서 자전거 장거리 경주 기록을 가지고 있었어요. 그 기록은 지금도 잘 기억하고 있는데 135km를 8시간에 달린 것이었죠.

프랭크는 1905년에 중고등과정을 마쳤으나 돈이 없어 대학에 진학하지 못했다. 아버지의 수입으로는 형제들 학비를 모두 대기는 어려웠다. 이때 프랭크의 누나와 형들은 모두 대학에 다니고 있었으나 학비는 아버지가 대는 것이 아니라 어느 독지가들로부터 보조를 받고 있었다. 프랭크의 누나와 형들의 성적이 우수했기 때문에 독지가들이 자진해서 학비를 대어주겠다고 나섰던 것이다. 그러나 프랭크의 경우는 전혀 달랐다. 학교성적이 좋지 않다 보니 학비를 주겠다는 사람이 있을 리 없었다. 뿐만 아니라 주위 사람들은 프랭크 같은 아이는 애써 대학에 보낼 필요가 없다고 말하기까지 했다.

아버지는 좀 더 공부시키길 바랐지만 학비를 대어줄 능력은 없었다. 그렇다고 아버지는 그를 집에 그냥 둘 생각은 없었다. 자신의 힘으로 돈을 벌어서라도 공부를 더 하도록 힘쓰라고 타이르면서 우선 직장을 구해보라고 권했다. 그렇게 스코필드는 집을 나왔다. 그때 그의 나이 열일곱 살이었다. 스코필드는 아버지와 새어머니에 대해서 이렇게 적고 있다.

아버지는 선량하고 믿음이 깊은 분이시고 유능한 학자이시기도 했다. 아버지는 라틴어, 그리스어, 히브리어에 능통했다. 나는 여태껏 아버지보다 더 훌륭한 기독교인을 만나본 적이 없다. 오늘날까지 아버지는 나에게 예수 그리스도 다음으로 가장 강력하게 영향을 미치고 있다. 아버지는 가난한 사람이나 병든 사람, 일터를 잃은 사람들에게 관심이 많았다. 아버지에게는 모든 사람이 하나님의 아들이었고, 그래서 모두 신성한 인격을 가지고 있다고 생각했다. 아버지의 마음은 언제나 동정으로 가득 차 있었다. 어릴 때부터 아버지는 우리에게 나이 많은 이의 보따리나 짐을 들어줘야 한다고 가르치셨다. 또 형편이 넉넉한 사람이나 가난한 사람이나 똑같이 공손하게 대해야 한다고 하셨다. 아버지는 목사는 아니었으나 덕행과 학식이 뛰어나서 가끔 교회에서 설교를 부탁받곤 했다. 지금도 나는 아버지의 설교가 목사들보다 훨씬 좋았다고 생각한다.

나는 일흔세 살이 된 오늘까지도 아버지를 누구보다도 존경하고 있다. 아버지에게 있어서 인생의 첫째 목적은 가난한 사람을 도와주고 병든 사람과 슬픔에 잠긴 사람을 위로해 주고 모든 사람을 하나님께로 인도함으로써 하나님을 기쁘게 해드리는 것이었다. 새어머니는 선량하기는 했으나 행복한 사람은 아니었다. 수시로 천식이나 두통 등으로 고생했다. 그러다 보니 우리 형제처럼 다루기 힘든 아이들을 사랑한다는 것은 거의 불가능한 일이었다.

13장 꿈을 찾아 캐나다로

프랭크는 시골 아무 농장에라도 가서 당분간 일하면서 돈을 벌기로 했다. 처음으로 일하게 된 곳은 런던에서 서북쪽으로 약 250km 떨어진 체셔^{Cheshire} 주에 있는 농장이었다. 프랭크는 그 농장에서 일 년 동안 열심히 일했지만, 세끼 밥 먹는 것 이외에는 월급을 한 푼도 받지 못했다. 할 수 없이 런던 가까이에 있는 큰 목장에 일자리를 구했다. 그러나 여기서도 반년 가까이 일만 해주었을 뿐 돈은 몇 푼 벌지 못했다. 이렇게 일하던 때를 그는 다음과 같이 기록하고 있다.

내가 처음에 간 곳은 체셔의 어느 농장이었다. 나는 곧 농장주인이 부자이기는 하지만 고용인에게는 친절하지도 않고 정직하지도 않다는 것을 알게 됐다. 우리는 모두 고되게 일해야 했다. 노동시간은 새벽 5시 반부터 저녁 6시까지였다. 그곳 노동자들은 무척 정직했으나 늘 가난을 면치 못했다. 이들에 대한 나의 동정심은 날로 커졌다. 그러나 돈 있고 거만한 농장주인에 대해서는 미움만 늘어갔다. 거기 있는 동안 나는 그 농장에서 일하는 사람들에게서 가치 있는 일을 많이 배웠다. 그러나 돈 있는 농장 주인에게서는 밥 먹는 것 이외에는 한 푼의 보수도 받지 못했다. 나는 그 농장을 떠나기로 결정했다. 농장 주인이 나에게 준 인물증명서는 다른 일터를 구하는 데에 그다지 도움이 되는 것은 아니었지만, 나는 그가 그 증명서에 써준 글을 자랑으로 생각했다. 그 증명의 내용은 다음과 같았다.

"프랭크 스코필드는 내 농장에서 일 년 동안 일했다. 그는 평균 이상의 지능을 지녔으나 노동자에 대해서 지나치게 동정적이다."

그 당시 영국에는 실직자가 많았기 때문에 새로운 일터를 구하기란 여간 힘들지 않았다. 그때 마침 농장 관계 신문에서 사람을 구한다는 광고를 보았다. 나는 곧 자전거를 타고 광고를 낸 농장으로 달려가서 농장 책임자를 만났다. 그 농장에서 다행히 가축 관리인의 조수라는 일자리를 얻게 되었다.

내가 일하게 된 농장은 매우 큰 목장으로, 새보리 경$^{Sir\ Joseph\ Savory}$이라는 부호의 소유였다. 그 목장은 유명한 윈저^{Windsor} 성이 있는 숲 가까이에 있었다. 그곳에는 막벌이 일꾼, 정원 손질하는 사람, 마차 부리는 사람, 말 관리하는 사람 등이 많았다. 관리인은 노동자의 급료를 심하게 낮게 책정했다. 그래도 사람들은 아무 항의도 못 했다. 그들의 집이 그 목장에서 내준 것이었기 때문이다. 무슨 불평이라도 하다가는 일터와 집을 잃게 될지도 몰랐다. 이 목장에서도 노동자는 불행했고 관리인을 두려워하고 있었다. 나는 자주 급료를 올려달라고 요구했다. 그러나 그 구두쇠 같은 관리인은 언제나 내 요구를 거절했다.

    일꾼들은 일주일에 7일 내내 일해야 했다. 젖소의 젖은 매일 짜야 했고 특수한 타일이 깔린 축사의 바닥은 매일 말끔히 청소해야 했기 때문이었다. 나는 그때 매주 15실링을 받았다. 그 돈에서 밥값, 세탁비, 방세를 치르고 나면 3실링만 남았다. 결국 나는 직접 새보리 경의 저택을 찾아가 급료를 올려달라고 말했다. 그러나 급료는 오르지 않고 오히려 전체 노동자들이 더 욕을 먹었다. 그 이후에는 어떤 어려운 일이 있어도 새보리 경의 저택에는 찾아가지 못하게 되었다. 이렇게 되고 보니 나는 매우 난처한 처지에 놓였다.

    그 당시 영국사회는 이렇듯 인심이 각박했다. 근대 자본주의 체제가 확립될 무렵이어서 서로 지나치게 이해타산에 밝았기 때문이었는지도 모른다. 이런 환경에서 돈을 벌면서 공부한다는 것은 애초부터 거의 불가능한 일이었다. 그는 일 년 반 동안 일만 했다.

    프랭크는 그동안 처음에 마음먹었던 바와 달리 돈은 몇 푼 벌지 못했지만 많은 교훈을 얻고 여러 경험을 했다. 그중에서도 자기보다 어려운 사람들의 가엾은 생활을 똑똑히 보았다. 프랭크는 자기 혼자만을 위해서 애쓰면 그만이었지만 다른 사람들은 가족을 위해 모든 불만을 참고 죽도록 일해야 했기 때문이다. 이런 광경은 눈물겹도록 안타까운 일이었다. 세상 사람들은 이런 사실을 그저 평범한 일로 여겼지만 프랭크는 쉽게 보아 넘기지 못했다.

프랭크는 어려운 사람들을 진정으로 이해하고 돕기 위해서는 무슨 일이 있더라도 배워서 자기가 힘을 가져야겠다고 믿게 되었다. 그래서 그는 꼭 대학교육을 받겠다고 굳게 마음먹었다. 이런 생각을 하면서도 프랭크는 그저 막연하고 답답하기만 했다. 당시 영국사회에서는 아무리 발버둥 쳐도 자기 힘만으로 대학에 다닐 수 없음이 분명했기 때문이다. 그는 자기의 희망을 이룰 수 있는 방법에 관해 여러 각도로 깊이 생각했다. 그럴수록 어쩐지 지나치게 보수적인 영국사회가 싫어졌다. 프랭크는 영국에서는 이루어질 것 같지 않은 푸른 꿈을 해외에 나가서 성취해 보려고 마음먹었다.

그때 누구나 쉽게 갈 수 있으면서도 비교적 가까운 영국영토가 캐나다였다. 그때 캐나다에는 벌써 많은 영국 사람이 건너가 자유로운 분위기 속에서 신천지를 개척하고 있었다. 프랭크는 자기가 뻗어 나갈 곳은 캐나다밖에 없을 것 같았고, 자기를 너그럽게 받아 줄 곳도 그런 신천지밖에는 없을 거라고 생각했다. 프랭크는 드디어 캐나다에 가기로 결심했다. 그러나 캐나다에는 아는 사람이 아무도 없었다. 그곳은 의지할 곳도, 의지할 사람도 없는 그야말로 이역만리 타향이었다. 그래도 그는 아버지의 승낙을 받아 곧 정부의 이민국으로 달려가서 캐나다 이주 수속을 밟았다.

1907년 1월 초 마침내 프랭크는 영국정부에서 운행하는 캐나다 이민선에 몸을 실었다. 그는 갑판 위에 우뚝 서서 검푸른 바다 저 멀리 희미하게 멀어져가는 고국 땅을 눈물 어린 눈으로 바라보았다. 입은 굳게 다물고 손과 다리에는 힘이 들어가 있었다. 스코필드는 그가 캐나다로 건너갈 때의 일을 이렇게 기록하고 있다.

나는 봄이 오면서 캐나다로 이주하기로 결심했다. 아버지의 판단은 언제나 현명했다. 아버지는 단순히 "프랭크야, 여기를 떠나 캐나다로 가려고 한다는 게 정말이냐?"라고 물으셨고, 나도 그냥 "네"라고만 대답했다.

그다음날 나는 친구들에게 작별인사를 한 후 겨울옷과 책 몇 권이 들어 있는 간단한 상자 하나를 등에 메고 역으로 갔다. 그때 의학을 공부하고 있던 누나 메리가 역까지 전송을 나왔다. 배를 타고 캐나다로 건너가던 때의 일을 결코 잊을 수 없다. 내가 탄 선실에는 약 40명의 젊은이가 있었다. 그들 대부분은 성질이 난폭했다. 그런데 그들도 뱃길에 멀미가 심했다. 그러다 보니 처음 이틀 동안 선실의 바닥은 온통 구토물로 덮였다.

식사는 형편없었지만 음식을 식당에 가져다 놓기만 하면 힘세고 난폭한 젊은 패들이 다른 사람 몫까지도 먹어치웠다. 런던에서 토론토까지의 전 노정의 비용이 25달러였으니, 좋은 음식이나 좋은 길동무를 바랄 수는 없는 노릇이기는 했다.

캐나다로 가게 된 가장 큰 동기가 무엇이었느냐고 필자가 그에게 물었다. 그랬더니 감개무량한 표정으로 그는 이렇게 대답했다.

"가장 근본적인 동기가 무엇이었느냐고? 그것은 내 정열을 마음대로 쏟을 수 있는 자유를 찾아서였지요."

14장 고학으로 박사까지

프랭크는 열아홉 살 되던 1907년 2월 초에 캐나다의 농업 중심지인 토론토에 도착했다. 그곳에서 캐나다 이민국의 주선으로 어느 시골 농장에서 일하게 됐다. 그 농장은 토론토에서 서쪽으로 약 100km 떨어져 있었고 농장 주인은 마크 클라크 Mark Clark였다.

캐나다는 과연 자유의 신천지였다. 모든 것이 프랭크의 용기를 북돋워 주었다. 첫째로 그는 까다로운 격식에 얽매이지 않는 생활이 마음에 들었고, 둘째로는 노동의 보수가 영국보다 월등하게 나은 것이 마음에 들었다.

프랭크는 농장에서 부지런히 일했다. 반년 남짓 일하니 어느새 대학에 들어갈 수 있는 돈이 모였다. 그는 토론토로 돌아와 토론토대학교 온타리오 수의과대학에 입학했다. 그때부터 청년 프랭크는 온갖 고난을 헤치며 공부에 몰두했다. 스코필드는 캐나다에 도착했을 때, 농장에서 일했을 때, 대학에서 공부할 때의 일들을 다음과 같이 기록하였다.

1907년 2월 초 어느 날 나는 토론토에 도착했다. 그 날은 마침 날씨가 굉장히 좋았다. 공기는 찼지만 눈이 온 천지를 희게 덮고 그 위를 햇빛이 찬란하게 비추고 있었다. 바로 그 다음 날부터 어느 농장에서 일하게 되었다. 농장의 주인과 그 가족들은 나를 다정하게 대해 주었다. 나는 그들에게 감사의 마음을 표하기 위해 아주 열심히 일했다. 그 농장에는 말이 여러 마리 있었는데 나는 말이 좋았다. 말에게 매일 아마인 부순 것을 조금씩 먹이고 털을 손질해 주었더니, 얼마 안 가서 말의 털에 윤기가 흐르기 시작했다. 농장 주인은 매우 기뻐했다. 그 당시 나의 밭 가는 기술은 훌륭했다. 고랑을 똑바르게 탈 수 있는 기술이 나의 큰 자랑거리였다. 한번은 그 농장에서 기르던 말 한 마리가 병이 들어 위독한 적이 있었는데, 수의사가 익숙한 솜씨로 말의 생명을 구하는 것을 보았다. 내가 수의사가 되기로 결심한 것이 바로 그때였다.

돈이 모이자 가을에 토론토로 돌아와 온타리오 수의과대학에 입학했다. 돈이 얼마 없어서 그해 겨울은 참 지내기가 힘들었다. 나는 지하 방 한 칸을 매주 1달러씩 내고 살았는데, 침대가 없어서 다른 학생의 침대에서 그 학생과 같이 누워 잤다. 그 대가로 그 학생에게 매주 50센트를 냈다. 처음 석 달 동안 나는 바싹 마른 갈색 빵 조각과 값싼 말린 생선 약간, 그리고 물만으로 살아갔다.

나는 매일 저녁 6시 반부터 자정까지 죽어라고 공부했다. 그 사이에 15분간만 쉬었는데, 그 동안 찬바람을 쐬고 바깥을 한 바퀴 뛰었다. 방안이 아주 차가웠기 때문에 친구들이 오더라도 오래 머물러 있지 못했다. 그래서 나는 모든 시간동안 열정을 다해 공부에 집중할 수 있었다. 대학 재학 3년 동안에 하루도 빠짐없이 매일 저녁 공부했다. 학교 강의 시간에는 병 때문에 딱 한 번 빠진 적이 있었다. 학교 다니는 동안 버스를 타 본 적이 없었고 옷이라고는 3달러 주고 산 헌 양복 한 벌뿐이었다. 학교 성적은 첫 일 년간은 2등이었고, 그다음부터는 쭉 1등이었다. 그래서 2-3학년 동안은 장학금을 받을 수 있었다. 일요일에는 공부하지 않고 교회에 나갔다. 아버지 같은 진실한 기독교인이 되고자 결심했기 때문이었다. 나는 아버지의 인격을 흠모했고 그를 존경했다. 여름 방학 동안은 부지런히 일해서 학비를 모았다. 생활 수준은 어려운 중에서도 매년 조금씩 좋아졌다. 처음에는 버터 125g을 샀고(지금 확실하게 기억나진 않지만, 그걸로 꽤 여러 날을 두고 먹었던 것 같다) 토론토에 있는 제일 하급 음식점에서 10센트짜리 식사를 사 먹었다. 3년 전(1959년)에 한국에 돌아왔을 때, 학생들이 구두닦이 아이에게 구두를 손질시키고 강의시간에 지각하거나 정당한 이유 없이 결석하는 등 성실하지 못한 태도를 더러 보았다. 이런 일을 목격했을 때의 놀라움과 불쾌함은 참으로 적지 않았다.

스코필드가 대학 1학년 때의 일이다. 1학년에는 모두 110명의 학생이 있었는데 그중에는 멀리 남미의 트리니다드^{Trinidad}에서 온 흑인 학생 2명이 있었다. 그런데 백인 학생 중에는 원래부터 인종차별이 심한 미국 남부지방에서 온 학생 약 15명이 섞여 있었다. 흑인 학생 2명은 입할 때부터 대부분 백인 학생으로부터, 특히 미국 남부출신 학생으로부터 학대에 가까운 심한 푸대접을 받고 있었다.

하루는 토론토 시청건물 앞에서 학생 전체 기념사진을 찍기로 되어 있었는데, 막상 시청으로 가려 하니 흑인 학생들이 눈에 띄지 않았다. 혹시나 하고 학교를 두루 찾아보니 아니나 다를까 흑인 학생 2명이 지하실 창고 속에 묶여 있었다. 미국 남부 출신의 백인 학생들이 흑인과 같이 사진 찍는 것을 명예롭지 못한 일이라고 여겨 그렇게 한 것이었다. 스코필드는 곧 자기와 뜻이 맞는 백인 친구 몇 명에게 이야기하여 흑인 학생들을 풀어주고 같이 시청 앞으로 갔다. 그랬더니 미국 남부 출신의 학생들, 그 중에서도 특히 머리털이 붉은 두 백인 학생이 시청 앞에 이를 때까지 스코필드를 따라오면서 갖가지 협박을 했다. 대쪽 같은 스코필드가 그런 실없는 협박에 겁먹을 이유가 없었다. 결국 두 흑인 학생을 포함한 전체 학생이 기념사진을 찍게 됐다. 기념사진을 받아보니 무식하게 굴던 붉은 머리의 두 백인 학생은 끝끝내 거기에서 빠져 있었다. 이렇듯 흑인 학생들은 모욕적인 차별을 받으며 공부했지만 스코필드와는 다정하게 지냈다. 그들은 노년에 이르기까지 그때의 고마움을 간직하여 스코필드에게 종종 편지를 보내곤 했다.

1909년 여름, 그러니까 프랭크가 대학 2학년 과정을 끝마쳤을 때 그는 갑작스런 심한 신열로 병상에 눕게 됐다. 과로로 인한 것이라고만 생각했다. 그러나 열은 쉽게 내리지 않았다. 그는 꼼짝도 못 하고 외롭고 쓸쓸하게 며칠을 병상에서 지냈다. 열이 내렸을 때 프랭크는 팔다리가 제대로 움직이지 않는 것을 알았다. 분명히 소아마비 증세였다.

그는 눈앞이 캄캄했다. 온갖 어려움을 무릅쓰고 참다운 인간이 되어 보겠다는 이 젊은 학생의 해쓱한 볼에 눈물이 한없이 흘러내렸다. 그는 쓰러져 가려는 마음을 가다듬으려고 애썼다. 가을로 접어들면서부터 몸은 많이 회복되고 마음도 평온해졌다. 그러나 그의 왼쪽 팔과 오른쪽 다리의 마비는 끝내 풀리지 않았다. 미국 수의과대학 병리학자협의회가 발행하는 격월간 학술잡지 〈수의술〉*Veterinary Medicine* 1971년 제8권 제3호에 "고 스코필드 박사 약력"이라는 기사를 보면 다음과 같은 구절이 있다.

> 스코필드 박사의 뛰어난 재능, 굳은 의지와 열정은 일찍부터 뚜렷했다. 실제로 스코필드 박사는 대학 시절 성적이 우수했을 뿐만 아니라(그는 졸업할 때 자기의 80명 동급생 중에서 석차가 1등이었다) 운동에서도 특출했다.

스코필드 박사는 유능한 테니스 선수였다. 그는 몸이 아프기 시작한 것을 느끼면서도 테니스 선수권 대회에서 끈덕지게 뛴 적이 있었다. 그때 잠복기 단계의 소아마비에 걸려 있었음이 분명했다. 이때 무리한 운동은 질병 상태를 악화시켰고, 마침내 회복불능의 마비를 불러일으켰을 것이다. 이렇게 해서 그의 다리는 심하게, 팔은 가볍게 마비되고 말았다. 이런 불리한 점을 안고 있었음에도 불구하고, 스코필드 박사는 나이가 50이 되었을 때에도 테니스에 있어서는 만만찮은 선수였다. 정상적으로 뛰어다닐 수는 없었지만, 테니스공이 떨어질 자리를 정확하게 판단하는 능력을 바탕으로 곧잘 공을 받아넘기곤 했다.

이 잡지가 순수 학술지이기 때문에 스코필드에 관한 자세한 내력이 적혀있지는 않지만, 위의 내용 외에 대부분 세월을 혼자서 자취하면서 지냈다는 사실과 조금이라도 여윳돈이 생기면 모두 어려운 사람을 도와주는 일에 사용했다는 사실이 짤막하게 기록되어 있다. 스코필드는 "팔다리가 마비된 것은 대학 시절 제대로 먹지도 못하면서 공부와 일에 하도 고생을 많이 했기 때문"이라고 회고했다.

지팡이를 짚은 프랭크는 비장한 각오를 새롭게 다지며 다시 공부를 시작했다. 그의 의지는 더욱 단단해졌고 열심히 공부해서 많은 사람을 돕겠다는 정열은 꺼지지 않았다. 스코필드가 노년에까지 소중히 간직하고 있던 대학 마지막 해의 학업성적표를 보여준 적이 있었다. 큼직한 성적표였는데, 거기에는 스코필드 개인의 성적뿐 아니라 동급생 88명 전체의 이름과 성적이 함께 기록되어 있었다. 동급생 중 누가 무슨 과목을 잘했고 누가 무엇을 못했는지를 한눈에 알아볼 수 있는 성적표가 특이했다. 일종의 학급 성적일람표였다. 프랭크 윌리암 스코필드라고 적힌 칸에는 전 과목이 'A'로 되어 있었다. 그는 손가락으로 동급생 이름을 죽 가리키면서, 자기 이외에 또 한 사람이 전 과목의 성적이 우수했다고 이렇게 회상했다.

이 친구와 나는 무척 부지런히 공부했지. 그때 어린 마음에 서로 1등을 하려고 애도 많이 썼어요. 결국은 둘 다 똑같이 1등을 한 셈이지. 이 친구는 졸업한 후 파크 데이비스$^{Park\,Davis}$라는 제약회사에서 일했는데 아깝게도 이미 오래전에 세상을 떠났어요.

의지할 곳 없는 객지에서 제 손으로 학비를 벌고 심한 병을 앓고 불편한 몸으로 죽기 살기로 공부한 대학 시절을 회상할 때면 즐겁기보다는 마음이 아픈지, 스코필드는 말을 아끼는 것 같았다. 그럴 때면 그는 눈에 눈물이라도 핑 도는 듯 그저 눈만 끔벅일 뿐이었다.

1910년에 온타리오 수의과대학을 졸업한 프랭크는 토론토에 있는 온타리오 주 보건국 세균학연구소의 조수로 임명됐다. 생활이 안정된 프랭크는 좋아하는 공부를 더 많이 더 깊이 할 수 있게 된 것을 기뻐했다. 프랭크의 일은 토론토 시내에서 판매되는 우유를 세균학적으로 검사하는 거였다. 그런데 이렇게 일상적인 일만 하려니 프랭크는 다소 따분해졌다. 그래서 판매되는 우유에 실제 어떤 종류의 세균이 들어 있고 그 세균은 어떻게 될 때 유해한지를 검토해보기로 했다.

그는 곧 토론토 주변의 목장에서부터 사람들이 우유를 마시게 될 때까지의 모든 과정을 세균학적으로 세밀히 검토했다. 모든 힘을 이 연구에 기울였다. 프랭크의 실험실에는 매일 밤 늦게까지 불이 환히 켜져 있었고 그 창문에는 무엇인가 이것저것 매만지는 그림자가 비쳤다.

프랭크는 꼭 일 년만에 연구 결과를 "토론토 시내에서 판매되고 있는 우유의 세균학적 검토"라는 제목의 논문으로 만들어 토론토대학에 제출했다. 1911년 토론토대학교는 이 논문의 가치를 높이 평가해 수의학 박사학위를 프랭크에게 수여했다.

수의학 박사 프랭크 윌리암 스코필드! 학위증서를 손에 든 기쁨은 말할 수 없이 컸다. 그는 자기를 이렇게 만들어 준 모든 사람에게 깊은 감사를 올렸다. 1912년에는 세균학연구소의 조수에서 기사로 승진했다. 스물네 살 때인 1913년 9월에는 피아노를 전공한 앨리스와 소개로 만나 결혼했다.

프랭크의 비범한 자질을 인정한 그의 모교 온타리오 수의과 대학은 1914년 그를 불러들여 세균학 강사 자리를 맡겼다. 온갖 고난을 이기며 배우던 바로 그 교실에서 강의한다는 것은 즐거우면서도 감격스러운 일이 아닐 수 없었다.

15장 그리던 한국을 다시 찾다

스코필드는 한국에서 캐나다로 귀국한 이듬해인 1921년 잠시 토론토 병원 병리학실에서 근무했다. 이어서 원래 직장이었던 온타리오 수의과대학으로 복직해서 이번에도 병리학과 세균학을 맡아 강의했다. 이때부터 은퇴할 때까지 스코필드는 계속해서 같은 직장에서 일했다.

스코필드가 캐나다로 돌아가니 아내 앨리스의 정신병 증세가 더욱 심해져 있었다. 한국에서 돌아오자마자 낳은 아들 프랭크 스코필드 주니어는 이미 네 살이었다. 앨리스는 이제 정상적인 가정생활을 영위할 수 없었고 아이를 기를 능력도 전혀 없었다. 아들은 법정판결에 따라 스코필드가 손수 길렀다. 아내의 치료비와 모든 생활비는 아내가 1957년 세상을 떠날 때까지 스코필드가 계속 부담했다. 그는 혼자 아들을 기르느라 무진 애를 썼다. 끝까지 다른 사람의 힘을 빌리지 않고 아들과 둘이서만 살림을 살았다. 스코필드는 혼자 아들을 기를 때의 재미있는 추억담을 다음과 같이 들려 준 적이 있다.

우리 아들이 열두세 살쯤 되었을 때였어요. 그 날도 나는 여느 날과 마찬가지로 학교에서 돌아와 저녁밥을 짓기 시작했어요. 그런데 웬일인지 아침에 찬장 안에 넣어 두었던 쇠고기 덩어리가 안 보여요. 부엌 여기저기를 찾아보았더니 그 고기가 하수구에 끼어 있었어요.

살펴보니 쥐가 먹은 자국이 있고 먼지가 많이 묻어 있었어요. 쥐가 물고 가다가 내버린 것 같았지만 막상 버리기는 아까웠죠. 잘 씻어서 끓여 먹으면 아무 상관이 없을 것 같아 고기를 여러 번 씻고 오래 삶아서 요리를 만들고 아들과 함께 재미있게 식사를 했어요. 늘 둘이서만 호젓하게 지내는 터여서 평소 아들과 이런저런 이야기를 많이 하곤 했는데, 그 날도 식사 후 오순도순 얘기 끝에 아들에게 이렇게 물어봤었죠.

"오늘 저녁 요리 맛이 어땠지?"

결국 고기 찾아낸 경과를 재미있게 이야기하고 무엇이든 잘 끓이기만 하면 안전하다고 타이르려는데, 별안간 아들의 낯이 새파래지면서 구역질을 하더니 방금 먹은 것을 왈칵 토해내고 우는 거였어요. 내 이야기를 듣고서는 갑자기 속이 메스꺼워지면서 토했던 거예요. 그 일이 있은 후로 아들은 내가 직접 만든 요리는 모두 그런 재료로 만들었을 거라 생각하고 도무지 먹지 않았어요. 결국 아들의 마음을 돌려놔야겠다고 생각한 끝에 고기 요리를 만드는 날에는 아들을 정육점에 데리고 가서 아들 앞에서 고기를 사고 집으로 같이 가져와서 아들이 보는 앞에서 요리를 했어요. 이렇게 하기를 여러 번하고 나서야 아들이 안심하고 먹기 시작했어요.

스코필드는 몸은 캐나다에 있으면서도 마음은 항상 한국에 있었다. 한국과 관련된 것은 생각만 해도 즐거웠고 한국의 것이라면 무엇이든 무조건 좋아했다. 한번은 그가 영국 런던의 어느 여관에 머물렀을 때였다. 여관방에 들어서니 마침 테이블 곁에 대나무로 만든 휴지통이 놓여 있었다. 그는 그런 모양의 죽제품을 한국에서 여러 번 본 적이 있는지라 그 휴지통을 보자 한국에 대한 그리운 정이 새삼스럽게 솟았다. 저것은 한국 땅에서 자란 대나무를 가지고 한국 사람의 손으로 만든 것이라는 생각이 들어서 휴지통이지만 한번 만져보고 싶어졌다. 하지만 그 휴지통을 들어 올려보았더니 뜻밖에도 휴지통 곁에 'Made in Japan'이라고 표시되어 있지 않은가. 그러자 일본에 억눌려 살고 있을 한국 사람들이 생각나서 저절로 눈물이 났다.

대학에 복직한 후에도 마음 한구석에는 언제나 한국에 대한 그리움이 있었고 한국 친구들의 모습이 항상 눈에 선했다. 특히 캐나다로 돌아올 때까지도 감옥에서 고생하고 있던 친구들을 생각하면 당장에라도 한국에 가서 그들을 위로해주고 싶은 생각에 마음이 아팠다. 스코필드는 어떻게 해서라도 한국에 다시 가고 싶었지만, 실제로는 쉽게 한국에 갈 수 없었다. 우선 기회도 잘 없었거니와 기회가 오더라도 그 많은 여비를 감당할 수 없을 것 같았다. 그래도 스코필드는 한국에 다시 간다는 생각을 결코 버리지 않고 방법을 찾았다.

'옳지, 지금부터 조금씩 돈을 모으자. 여비를 마련하고 내 돈으로 가는데 누가 말리겠는가!'

그는 월급의 1/3을 매달 모으면 10년 후에는 한국에 다녀올 수 있을 거라고 생각하고 곧 실행에 옮겼다. 또 언젠가 한국을 방문하더라도 애써 배운 한국말을 잊어버리면 한국 친구들을 대할 면목이 없을 것 같아서 한국말도 다시 공부하기 시작했다. 그래서 한가할 때나 길을 걸을 때는 혼자서 늘 한국말을 중얼거렸다. 이를테면 길을 걷다가 자동차를 보면, "저것은 한국말로 자동차, 그 중에서도 짐을 싣는 것은 화물자동차. 그리고 자동차를 부리는 사람은 운전수……." 하면서 한국말을 익혀 나갔다.

하루는 친구가 우연히 앞을 보니 스코필드가 터벅터벅 걸어가고 있었다. 스코필드를 깜짝 놀라게 해주려고 살그머니 쫓아가서 살짝 그의 뒤에 다가섰다. 그런데 가만 보니 이 사람이 혼자 무엇을 신나게 중얼거리면서 걷고 있었다. 뒤를 따라가면서 한참을 들어보아도 무슨 소리인지 도무지 알 수 없었다. 그제야 그 친구는 스코필드의 어깨를 툭 쳤다. 스코필드는 깜짝 놀라 뒤를 돌아보더니 부끄러운 듯 빙그레 웃었다.

"허허, 이거 들켜서는 안 될 것을 들켰네."

"도대체 무엇을 혼자서 그리 중얼거려! 한 마디도 못 알아듣 겠던걸."

"글쎄, 그게 한국말이라네."

스코필드가 한국에 갈 계획을 설명하자 친구는 물었다.

"여비가 있어야 하지 않나? 자네가 무슨 수로 그런 많은 돈을 장만한단 말이야?"

스코필드는 10년 계획으로 저축하고 있고 벌써 3년 동안 실천해왔다는 대답을 들려주었다. 이 말을 듣고 있던 친구의 낯은 곧 엄숙하고 진지한 표정으로 바뀌었다.

"좋아, 스코필드! 자네가 그렇게 한국을 사랑하고 있는 줄은 미처 몰랐네. 자네가 한국 갈 여비를 모으는 걸 내가 도와주지. 이번 달부터 나도 내 월급 중에서 조금씩을 자네를 위해서 저금해주겠네."

이 친구는 온타리오 수의과대학에서 스코필드와 함께 일하던 제임스 맥콜롬 James McCollom 이었다. 마침내 스코필드는 6년만에 여비를 장만했다. 그는 그동안 월급의 1/3보다 많은 돈을 모았고 뜻밖에 친구의 보조도 받아서 본래 목표보다 빨리 여비를 마련할 수 있었다. 스코필드는 이제 일본정부가 그의 방문을 쉽게 허용해줄 것인가가 걱정이었다. 그러나 일본정부는 생각보다 너그럽게 그의 한국방문을 허가해 주었다.

1926년 5월 초에 스코필드는 꿈에도 잊지 못하던 한국을 향해 다시 캐나다를 떠났다. 스코필드가 다시 찾아온다는 소식이 널리 전해지자 많은 한국 사람들이 그의 도착을 고대했다. 스코필드는 이미 한국의 참다운 벗으로서 한국 사람들의 마음 한구석에 살고 있었던 것이다. 스코필드의 내한을 예보하는 1926년 6월 5일 자 〈동아일보〉는 다음과 같이 적고 있다. 기사 위에는 그의 사진이 큼직하게 게재되어 있었다.

한국의 친구 스코필드 씨 10일경에 입경
오랫동안 남대문 밖 세브란스의학전문학교 교수로 있으면서 우리 민족에 대하여 특별한 동정과 후의를 가지고 많은 노력을 하던 수의학 박사 스코필드 씨는 지금으로부터 6년 전에 고국인 캐나다로 가서 활동 중이었다. 스코필드 씨는 정든 한국을 영원히 잊어버릴 수가 없다 하여 한국에 한 번 다시 오고자 6년 동안이나 많지 못한 수입에서 매달 얼마씩 저금을 하여 여비를 만들어 가지고 다시 한국에 오는 중이다. 지난 27일 도쿄에 도착하여 체류 중이라는데 중국지방을 잠깐 거쳐서 오는 10일 이내로 그리워하던 한국 땅을 다시 밟으리라 한다. 미국에 체류할 때에도 한국 민족에 대한 여러 가지 유리한 사진을 가지고 돌아다니면서 미국인에게 한국의 현상과 한국 사람의 고통을 선전한 일도 있었다는데 평소 스코필드 씨와 친분이 있던 여러 인사는 스코필드 씨를 한국의 참된 벗이라 하여 서울에 도착할 날을 손꼽아 기다리는 중이다.

6월 23일 아침 스코필드는 고향에라도 돌아온 것 같은 즐거운 마음으로 서울역에 내렸다. 1926년 6월 25일 자 〈동아일보〉는 스코필드가 서울에 도착할 때의 광경을 다음과 같이 보도하고 있다. 기사 위쪽에는 스코필드가 여병현과 함께 찍은 사진이 실려 있다.

> 6년 만에 한국 땅을 다시 밟는 스코필드 박사는 23일 아침 7시 45분 서울역 도착 열차로 한국 친구들의 환영 하에 서울에 도착하여 즉시 시내 서대문 밖 밀러^{Miller}씨 집으로 향했다. 서울에서 이틀을 묵은 후 함흥에서 열리는 캐나다 감리교 미순연회에 참석하러 함흥방면에 다녀온다고 한다. 박사는 원래 세브란스병원에서 근무하며 한국 사람을 위하여 많이 힘썼을 뿐 아니라 기미년 운동 때와 그 후에 본국인 캐나다로 돌아가서 여러 가지로 한국을 위하여 노력했다. 6년 만에 그리운 한국으로 돌아오는 박사는 그때보다 약간 늙은 듯하지만 원기왕성한 얼굴로 마중 나온 사람들을 쾌활히 맞으며 재담을 연발하면서 옛날 친구들의 소식을 물었다. 마중 나온 이 중에 그의 어학교사이던 목원홍 씨와 서기이던 여병현 씨의 희끗희끗한 수염을 보고 옛날을 추억한다. 사진반이 사진기를 들자 "〈동아일보〉, 지금도 힘 있습니까?"하고 웃는다.

환영회 개최

스코필드 박사를 환영하기 위하여 시내 언론계와 교육계 유지의 발기로 다음과 같이 환영회를 개최한다. 참가할 사람은 시내 숭이동 41번지 경성공업사 내 이갑성 씨에게 속히 통지하여 주기를 바란다.

장소 : 명월관 본점
일시 : 25일 오후 4시
회비 : 1원 50전 지참

당시 사회상황은 조선 마지막 임금인 순종의 인산을 타서 다시 독립만세를 부른 이른바 6·10만세 사건으로 인해 긴장된 분위기였다. 그러나 총독 사이토는 문화정치를 표방하고 있다는 것을 내보일 겸, 스코필드에게 최대한의 관용을 베풀었다. 그래서 스코필드 환영회도 열 수 있도록 허용해 주었던 것이다. 1926년 6월 27일 자 〈동아일보〉는 환영회의 실황을 현장 사진과 더불어 이렇게 보도하고 있다.

"지금 세계의 가장 큰 결함은 과학도 아니요, 발명도 아니요, 도덕적 결함입니다. 그 결함을 구하는 사명은 한국사람 손에 달렸습니다."

스코필드 박사는 25일 시내 명월관에서 열린 그의 환영회 석상에서 이렇게 말했다.

환영회에는 언론계, 교육계 등을 대표하여 남녀 합해서 60명이 참석했다. 화기애애한 가운데 저녁을 같이 나눈 후 이상재 씨와 윤치호 씨의 환영사가 있었다. 박사는 6년이 지나는 동안 조금도 잊어버리지 않은 한국말로 자기 월급에서 저금하여 한국 올 여비를 장만한 일과 한국말을 잊지 않으려고 연습하던 이야기를 비롯하여 한국을 그리던 회포를 풀어 놓으며 이같이 말했다.

"영국은 직조품을 세계에 주고 미국은 강철을 주지만 한국이 줄 것은 위대한 인격자입니다. 세계에서 가장 강한 나라의 압제 아래 있던 유대에서 예수 같은 인격자가 난 것 같이, 한국은 오늘의 세계를 위하여 큰 인격자를 낼 사명을 가졌습니다. 한국이 할 수 있는 일이 많겠지만 그 모든 일 가운데 가장 큰 일은 이것입니다."

이어서 이종린 씨 등 여섯 분의 간담이 있었고 폐회하니 오후 8시였다. 스코필드 박사는 어제 아침에 함흥으로 향했다가 월요일에 서울로 와서 한 주일 동안 오금선 씨 댁에 머물면서 옛날 친구들을 만나보리라 한다. 일정 예정: 26일 함흥, 28일 서울, 7월 3일 평양, 7월 하순 북경, 8월 하순 귀국.

스코필드 환영회에 참석했던 이갑성, 이경지, 신봉조는 그때의 감상을 입 모아 다음과 같이 말했다.

얼마나 기뻤는지 형용하기가 힘들 지경이었어요. 친부모, 친형제를 만났을 때도 아마 그렇게 반갑지는 않았을 겁니다. 박사가 6년이나 걸려서 한국 올 여비를 모았다는 이야기와 한국말을 잊어버리지 않으려고 매일 우리말을 익혔다는 말을 듣고는 그 자리에 있었던 모든 사람이 눈시울을 적셨어요. 모두 제 자리에 앉아 있어서 박사하고 서로 직접 이야기할 수는 없었지만, 거기에 모인 모든 사람의 마음이 박사의 마음을 중심에 두고 하나로 융합한 것 같은 그런 분위기였어요.

스코필드는 개별적으로도 한국 친구들을 많이 만났다. 그가 지난번 귀국할 때 감옥에 있던 친구들도 이제는 거의 출옥한 지 오래였다. 모두 눈물을 흘리며 반가워했다.

노년의 스코필드는 그때를 회상하면서, 여러 가지 기억에 남는 일 중에서도 인촌 김성수 댁에 초청되어 같이 간 다른 분들과 함께 저녁 식사를 하면서 재미있게 이야기하던 일이 가장 인상 깊게 떠오른다고 했다. 그때 그 자리에는 송진우와 장덕수, 3·1만세운동 전부터 세브란스 의전에서 교편을 잡고 있던 오긍선 박사가 동석했다고 한다.

스코필드는 예정대로 7월 하순 한국을 떠나 북경을 거쳐서 다시 태평양 항로 편으로 캐나다로 돌아갔다. 이로써 그가 몇 해를 두고 벼르던 한국 재방문의 꿈은 이루어졌다. 그때 스코필드의 나이는 서른여덟 살이었다.

16장 세계적 학자이자 다정한 스승

1921년 겨울이 시작되면서 토론토대학교 온타리오 수의과대학에는 그 지방의 농장 여기저기서 급한 편지가 연이어 날아들었다. 전에는 아무렇지도 않던 소들이 웬일인지 요즈음에 와서는 심한 출혈로 자꾸 죽어간다는 내용의 편지들이었다. 어떤 농장에서는 100마리 중에서 80마리가 죽었고, 또 다른 농장에서는 송아지 뿔을 잘랐더니 피가 멎지 않아 결국은 뿔을 자른 송아지는 모두 죽었다고 했다.

온타리오 수의과대학은 긴장했다. 스코필드는 그 당시 온타리오 수의과대학에서 병리학과 세균학을 담당한 서른세 살의 젊은 학자였다. 그는 그 병의 원인을 밝혀 보려고 결심했다. 우선 그 지방의 각 농장을 찾아다니면서 병이 난 소들을 유심히 관찰했다. 그 결과 첫째 그 병은 출혈증세를 빼고는 별다른 이상이 없는 병이라는 것, 둘째 그 지방의 모든 농장 소가 한꺼번에 병에 걸린 것이 아니라 서로 멀리 떨어진 농장들에서 그 병이 발병했다는 것을 알아냈다.

이런 두 가지 사실을 바탕으로 스코필드는 전염성 있는 병은 아니라고 결론짓고, 병의 원인은 틀림없이 병이 발생한 농장에 있을 것이라고 추정했다. 그래서 병에 걸린 소와 그 농장의 환경을 세밀히 검토하기 시작했다. 오랜 시일에 걸쳐 여러 모로 따져본 결과 드디어 소의 먹이 안에 부패한 클로버가 섞여 있을 때 출혈증세가 나타난다는 사실을 밝혀냈다. 부패한 스위트 클로버Sweet Clover는 큐머린cumarin이라는 혈액응고방지성 유독성분을 많이 함유하고 있음을 알아낸 것이다.

스코필드는 이와 같은 연구결과를 1923년 8월 몬트리올에서 열린 미국수의학회 총회에 보고했다. 곧이어 그의 보고 내용은 "외관상으로 출혈성패혈증과 기종저氣腫疽처럼 보이는 새로운 소 질병의 원인체인 스위트 클로버"라는 제목으로 1924년 2월호 미국 수의학회 잡지에 게재됐다. 이 연구가 바탕이 되어, 오늘날 세계 각지에서 널리 사용되고 있는 쥐 잡는 약 '와파린'warfarin이 만들어졌다. 또 의학적으로 많이 쓰이는 혈액응고방지제인 '디큐머롤'dicumarol도 이 연구를 바탕으로 개발되었다.

스코필드가 연구하고 발표한 것들은 대체로 대중적이기보다는 학술적인 것들이어서 그 내용이 널리 알려지지는 않았지만, 가축 질병의 새로운 병원체 발견, 병리학상의 새로운 발견 등 괄목할만한 것이 많다. 지금까지 수의병리학, 수의세균학 관계 문헌에서 스코필드의 이름을 여러 곳에서 찾아볼 수 있다. 또한 근대 수의학 발달사를 기록하는 서적들이 그의 업적을 크게 기록하고 있다.

스코필드는 1952년 독일 뮌헨의 루드비히 막시밀리안대학교Ludwig Maximilian University에서 명예수의학박사 학위를 받았고, 같은 해에 미국 가축질병연구회 회장으로 추대됐다. 또 1954년 8월에는 캐나다에 있는 프랑스 계열 수의학협회로부터 세인트 엘르와 훈장the medal of Saint Eloi을 받았을 뿐만 아니라, 같은 해 미국 수의학회 연례회에서 12번째로 국제수의학회상International Veterinary Congress Prize을 수상했다.

스코필드는 1935년 47세 때 온타리오 수의과대학의 수의병리학 정교수가 되었고, 67세이던 1955년 온타리오 수의과대학에서 은퇴했다. 캐나다에서 대학교수의 정년은 70세였지만 오른쪽 눈 한가운데에 흰 티가 끼기 시작하여 시력장애를 받게 되자 학교를 일찍 그만두었다. 온타리오 수의과대학은 모교와 수의학에 대한 스코필드의 공헌을 영구적으로 기념하기 위해 교내에 있는 먹너브 기념도서관McNubb Memorial Library에 큼직한 그의 초상화를 걸어두고 있다.

스코필드는 유럽이나 미국, 캐나다에서 연구업적이 뛰어난 대 학자로 알려져 있다. 유럽 여러 나라에서 이런 사실을 필자가 직접 확인할 기회가 있었다. 필자는 운 좋게도 1966년 10월부터 1967년 8월까지 11개월간, 그리고 1978년 9월부터 1979

년 5월까지 9개월간 두 차례에 걸쳐 덴마크 외무부 국제개발처로부터 체재비와 여비 등 일체 비용을 지원받으면서 코펜하겐에 있는 덴마크 왕립 수의과 농과대학 약리학 동물학 교실에서 연구한 바 있다. 이는 스코필드의 절친한 친구였던 그 대학의 수의병리학 벤딕슨 교수$^{Hans\ Christian\ Bendixen}$가 스코필드의 이야기를 듣고 필자에게 파격적인 주선을 해주었기 때문이었다. 스코필드는 필자가 덴마크에서의 의학술연구를 위해 절차를 밟고 있는 것을 알고, 영국에 들렀을 때 두 번씩이나 벤딕슨 교수에게 힘써 달라는 내용의 편지를 보냈었다. 필자로서는 참으로 고마운 일이었다.

막상 처음 코펜하겐에 가보니 벤딕슨 교수는 정년을 바로 앞둔 71세의 유명한 원로급 교수였다. 벤딕슨 교수는 여러 사람이 있는 자리에서 자기가 직접 알고 있는 사람 중에 스코필드 박사를 가장 존경한다고 말하면서, 스코필드의 정직하고도 날카로운 학문적 태도를 극구 찬양한 적이 있었다. 그 대학의 수의병리학 교수가 스코필드를 잘 알고 있는 것은 그렇다손 치더라도, 다른 학과목 교수들도 논문 등을 통해 스코필드를 잘 알고 있는 데는 놀랐다. 스코필드가 유럽의 수의학분야에서 널리 알려져 있다는 사실을 더욱더 실감한 것은 유럽 여러 나라의 수의과대학을 차례로 방문했을 때였다. 4년마다 장소를 바꾸어 열리는 세계수의학술대회의 제18차 대회가 1967

년 7월 17~22일에 프랑스 파리에서 개최됐는데, 필자는 이 대회 참석을 겸해 3개월에 걸쳐 유럽 여러 나라의 수의과대학을 순방할 기회를 가졌다. 이때 일체 여행비용도 덴마크 외무부에서 지원해 주었다.

제18차 대회는 세계 65개국에서 모두 3,500명이 참석한 성대한 학술회의였다. 유럽이나 미국에서는 수의학 교육이 벌써 2백 년 안팎의 역사를 가지고 있었다. 필자는 한국 사람으로는 처음으로, 그것도 혼자서 세계수의학술대회에 참가했다. 이 대회에는 벤딕슨 교수도 참석하고 있었다. 유럽 수의학분야에서 잘 알려져 있던 벤딕슨은 만나는 사람도 많았는데, 필자가 옆에 서 있으면 자기가 만나는 사람들에게 반드시 스코필드의 근황을 소개했다. 그러면 모두 반가워하면서 필자를 보고는 스코필드 박사에게 자기들의 안부를 전해 달라고 부탁하곤 했다. 이런 식으로 만났던 사람이 적어도 50명은 되었던 것으로 기억한다.

스코필드도 필자에게 편지를 보내면서 파리대회 등 기회가 있을 때에 벤딕슨 박사를 비롯하여 독일 하노버 수의과대학 University of Hannover의 코어스 Paul Chors와 길스도르프 사센호프 Gysidorff Sassenhoff 교수, 네덜란드 유트레히트 수의과대학 Utrecht University의 얀센 Jansen 교수, 영국 케임브리지 수의과대학 University of Cambridge의 베버리지 Beveridge 교수 등에게 자기의 안부를 전해 달라고 했다.

모두 당대의 쟁쟁한 수의병리학자였다. 이 교수들은 모두 스코필드 박사를 매우 존경했고 필자로부터 소식을 듣고는 대단히 반가워했다.

파리대회를 전후로 필자는 스웨덴, 노르웨이, 영국, 프랑스, 스위스, 이탈리아, 오스트리아, 독일의 순서로 각국의 유명한 수의과대학을 돌아보았다. 한 대학에서 며칠씩 머무르면서 돌아다녔기 때문에 만나는 사람들이 많았는데, 모두 스코필드 박사에 관해 많이 알고 있는 것을 보고 놀랐다. 특히 영국 케임브리지 수의과대학과 런던 수의과대학University of London에 들렀을 때는 스코필드의 우리나라에서의 생활을 이야기해 주느라고 진땀을 뺐다.

1978년 필자가 두 번째로 덴마크에 가게 된 것도 다분히 스코필드의 유덕遺德으로 말미암은 결과였다. 이번에는 독일의 하노버 수의과대학을 두 번째로, 네덜란드의 유트레히트 수의과대학과 벨기에의 겐트 수의과대학을 각각 처음으로 방문할 기회를 가졌다. 이들 대학에서는 스코필드에 관해 여전히 많은 관심을 가지고 있는 사람들에게 그에 관한 추억담을 즐겁게 늘어놓곤 했다.

스코필드가 캐나다나 미국에서 실제로 어느 정도로 알려져 있는지 직접 알지는 못하지만, 수상기록이나 그 밖에 관련 기사를 보면 그 정도가 대단하다는 것을 충분히 짐작할 수 있다.

문영석은 서울대 수의과대학에 다닐 때 스코필드의 강의를 직접 들었고, 1961년 수의대를 졸업한 후 대학원 과정을 끝내고 미국에서 얼마 동안 공부하다가 캐나다로 건너가 스코필드의 모교인 온타리오 수의과대학에서 석박사과정을 모두 이수했다. 1971년에 온타리오 수의과대학에서 박사 학위를 받은 후로는 줄곧 캐나다의 대학에서 교편을 잡고 있었으니, 스코필드에 관해서는 어지간히 알고 있었다.

스코필드에게서 직접 강의를 들을 수 있었던 온타리오 수의과대학 졸업생들은 가장 열성적으로 자기들을 가르쳐 준 교수, 가장 학문적 양심이 강했던 교수, 가장 호감이 가던 교수로 예외 없이 스코필드를 꼽는다. 나이가 많이 든 스코필드의 친구들은 그가 돈이 없어 어렵게 공부했다는 사실에 관해 말할 때면 스코필드가 잠자리가 없어서 학교 양계장 구석에서 자곤 했다고 말했다.

스코필드는 교수로서 나이가 어지간히 든 후로는 저녁 6시부터 8시 사이에 학교 주변 술집거리를 서성거렸다고 한다. 학생들의 술집 출입을 막기 위해서였다. 스코필드 교수는 술집에 들어가려는 학생들을 잡고는 온갖 익살을 부리면서 술집만은 제발 들어가지 말라고 타일렀다고 한다. 이렇게 해서 스코필드 교수가 술집 거리에 서 있기만 하면 떠들썩하게 술집거리로 다가서던 학생들은 모두 웃으면서 도망가기 바빴다고 한다.

스코필드는 인종차별에 대해서도 확실한 입장을 가지고 있었다. 그가 온타리오 수의과대학 병리학 정교수가 되었을 때에도, 캐나다의 흑인은 여전히 치욕적인 차별대우를 받고 있었다. 은행도 흑인 전용이 따로 있을 정도였다고 한다. 그때 스코필드의 친구 중 백인만을 고객으로 받는 은행책임자가 있었다. 그 친구는 만약 흑인과 거래하는 날이면 백인 고객이 없어져서 문을 닫게 될 거라고 생각하고 있었다.

"그런 막연한 이유를 내세우지 말고 흑인과 거래해보게. 그렇다고 실제 백인손님이 줄지는 않을 테니 말이야. 내 말만 믿고 용단을 내려 보게!"

스코필드가 이렇게 여러 번 권유했더니 스코필드를 좋아하던 그는 마침내 흑인 거래를 시작했다. 그랬더니 백인 손님은 줄지 않고 거래액이 늘어나서 은행은 더욱 번창해졌다. 이를 본 다른 은행들도 곧 흑인과 거래를 하게 되었다고 한다.

온타리오 수의과대학에는 흑인 할머니가 청소부로 있었다. 그 할머니는 착하고 부지런한 사람이었는데, 열다섯 살 된 딸이 하나 있었다. 그 딸도 어머니를 닮아 착하고 매우 영리했다. 그런데 어려운 환경 속에서도 여학교까지 다녔으나 흑인이란 이유로 직장을 얻지 못하고 집에만 있었다. 스코필드는 좋은 일터를 얻어주겠노라고 말했지만 그 할머니는 믿으려 하지 않았다. 그 당시 흑인들은 그들의 생활환경을 이렇듯 체념하고 살았다.

마침 연구실에서 일하던 조수가 그만두자 스코필드는 그 소녀를 채용하기 위해 허가를 받으려고 학장실에 갔다. 학장실에는 늘 짙은 화장을 하는 백인 여비서가 있었다. 학장에게 흑인 소녀를 연구실의 조수로 채용하겠다고 했더니 흑인을 극도로 싫어하는 학장은 노발대발하며 거절했다.

"흑인이 어디가 나쁩니까? 그래, 얼굴이 빛깔이 있다고 나쁩니까? 그렇다면 왜 이 방에는 얼굴에 빛깔 있는 사람을 놔둡니까?"

"무슨 그런 말씀을 하세요! 이 방에 빛깔 있는 사람이 어디 있어요?"

그때 스코필드는 학장실 한쪽에 있는 짙은 화장을 한 그 여비서를 가리키면서 이렇게 큰 소리로 말했다.

"보세요. 저기 빛깔 있는 분이 앉아 있잖아요. 저분 빛깔은 사람이 칠한 것이고, 흑인의 빛깔은 하나님이 칠한 것입니다. 하나님이 칠한 빛깔이 사람이 칠한 빛깔보다 못하단 말입니까?"

학장과 여비서는 대꾸할 말이 없어 그저 붉으락푸르락 화만 낼 뿐이었다. 그 후에도 학장에게 몇 번씩 청했는데도 흑인 소녀의 채용 허가는 얻지 못했다. 그러다 한 달 뒤 학장의 임기가 끝나고 평소 흑인에 대해 아무런 차별을 하지 않는 학장이 들어서게 되었다. 결국 그 흑인 소녀는 조수로 일하게 되었다. 그 할머니의 기쁨은 이루 말할 수 없었다.

1961년 10월 박사가 캐나다에 들렀을 때, 그 소녀는 이미 서른다섯 살의 부인이 되어 여전히 수의과대학에서 부지런히 일하고 있더라는 것이다. 그 조수를 보니 옛일이 생각나고 잘 살고 있는 것이 반가워서 이마에 입을 맞추었더니 눈물을 흘리면서 고마워했다고 한다. 스코필드는 이 밖에도 대학에서 일하는 동안 흑인이나 동유럽의 피난민들을 인종과 피부색을 가리지 않고 힘자라는 데까지 여러 가지 방법으로 옹호해 주었다.

그는 항상 어려운 사람과 약한 사람은 어느 민족이든 정성을 다해 이해하고 사랑하려고 했다. 거센 인생 항로에 지친 그들을 당겨주고 밀어주는 것은 같은 인간으로서 자신의 큰 의무라고 생각했다. 캐나다와 미국에서는 그를 국제인도주의자라고 부른다. 스코필드의 어느 한국 친구는 그를 '기독교적 범세계 인류애주의자'라고 단언하기도 했다.

스코필드의 학구적 태도는 치밀하고도 열정적이었다. 그는 무엇인가 구상하면 우선 연구계획을 짜기 시작하여 구체적이고 현실적인 바탕 위에서 그것의 실현 가능성과 효용을 면밀히 따졌다. 그 결과 일단 가치 있는 일이라고 판단되면 지체 없이 착수했고, 일단 착수한 일은 어떤 난관이 있더라도 돌파하고야 말았다. 그 일이 여러 군데를 돌아다녀야 하는 일이면 어떤 벽촌이라도 찾아가고, 시간이 걸리는 일이면 밤늦게까지라도 일을 계속했다. 학술적인 일은 무엇이든 직접 자기 손으로 했다. 일이 복잡해서 주위 사람들의 도움을 받아야 할 경우에도 무조건 일을 떠맡기지는 않았다. 일상적인 문제든 학문적인 것이든 기록을 할 때에는 글자 하나하나를 정확하게 쓰려고 여간 애쓰지 않았다. 조금이라도 마음에 들지 않으면 반드시 다시 썼다.

한번은 도살장에서 모아온 소의 폐를 검사하는 일을 하고 있었다. 병에 걸린 폐를 모으는 중이었으니 그가 만지는 폐는 피나 고름 따위가 가득 묻어 있는 경우가 대부분이었다. 그러나 그는 일일이 손으로 피나 고름을 닦아내고서 폐를 면밀히 조사했다. 때에 따라서는 병에 걸린 부분에서 병원균을 분리해 배양하기도 했다.

병원균을 배양하려면 세균배양기에 피를 넣어야 할 때도 있다. 그런 경우 마침 피가 준비되어 있지 않으면 자기 손가락 끝을 주삿바늘로 찔러서 피를 짜내곤 했다. 이런 일을 처음 보는 사람은 깜짝 놀라곤 했지만, 그는 젊었을 때부터 연구를 위해 급할 때는 가끔 그렇게 했다면서 예사롭게 여겼다. 그가 자기 일에 얼마나 열정을 기울였는가는 이런 일 하나만으로도 쉽게 알 수 있다.

이렇게 열성적으로 연구하니, 연구결과가 학술잡지에 발표되면 학계로부터 으레 많은 찬사를 받았다. 그러면 그는 마치

아이가 칭찬을 받았을 때처럼 매우 기뻐했다. 스코필드는 한국에 있을 때도 다른 나라를 여러 번 방문했는데 그때마다 처음으로 한 일은 저명한 대학을 찾아서 수의학 분야의 연구 상황을 알아보는 일이었다.

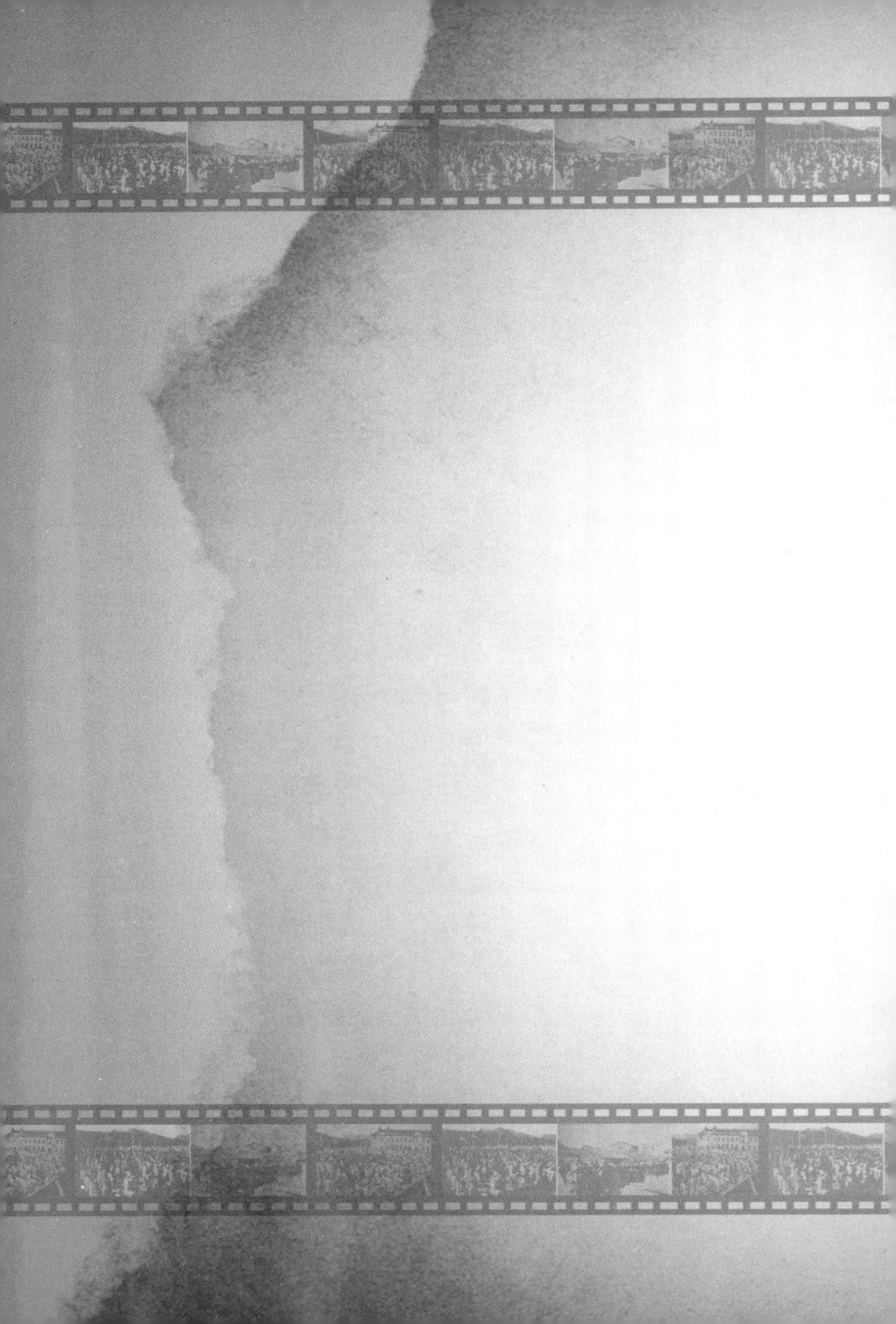

제3부
대한민국을 치료한 의사

17장 대한민국 국빈으로 돌아오다

스코필드는 캐나다에 있는 동안 한국의 친구들과 다정한 편지를 주고받았고 편지의 내용이 무엇이든 곧 답장을 했다. 뿐만 아니라 본국으로 돌아가는 한국 사람이 있으면 그편에 한국 친구들에게 깍듯이 안부를 전하기도 했다.

이경지의 말에 의하면, 1940년 전후로 이금전이 미국에서 돌아오는 편에 스코필드 박사는 송진우에게 가위 세 개를 보냈다. 그중 한 개는 인촌 김성수의 부인인 이애주에게, 또 한 개는 이경지에게, 나머지 한 개는 누구든 부지런한 여자 분에게 증정해 달라는 당부와 함께였다.

1947년 겨울 캐나다에서 스코필드를 직접 만난 정대위 전 건국대 총장은 이렇게 말한다.

> 그 당시 나는 캐나다 토론토대학교 대학원에서 신학공부를 하고 있었어요. 1947년 겨울 어느 추운 날 밤이었어요. 한국에서 일한 캐나다 출신 선교사들이 토론토에서 모여 친목회를 갖는다기에 나도 참석했지요. 그 모임에는 모두 여덟 분이 모

였어요. 그런데 나로서는 모두 초면의 분들이었지요. 나는 한국 유학생 정 아무개라고 자기소개를 했어요. 그랬더니 한 60세쯤 되어 보이는 노인 한 분이 지팡이를 짚고 내게 가까이 오더니 자기를 알겠느냐고 묻지 않겠어요. 내가 모르겠다고 대답하니 그 영감님은 좀 섭섭한 표정을 지으면서 자기 이름은 스코필드라고 하더군요. 그러자 마침 그 옆에 있던 파운드Pound 박사라는 분이 저 양반이 한국 3·1만세운동과 관계가 깊은 그 유명한 스코필드 박사라고 설명해 주더군요.

"그렇습니까, 일찍 알아 뵙지 못해서 죄송합니다. 저는 3·1만세운동 당시에는 겨우 기어 다니는 아기였습니다."

그제야 박사는 빙그레 웃으면서 말했어요.

"나는 한국사람 나이를 잘 맞추는데, 당신이 그렇게 나이가 적을 줄은 미처 몰랐구려."

박사는 요즈음도 한국에 관해서 많은 관심을 가지고 있다고 이야기했어요. 그리고서 이제는 한국말은 거의 다 잊었지만 그래도 눈곱만큼은 기억한다며 우리말로 "오늘은 대한같이 추운 날입니다. 대한이 소한네 집에서 얼어 죽었다는 말이 있지 않아요?" 하면서 천진하게 웃어대더군요. 조금 지나 박사가 다른 자리로 옮긴 후 나는 파운드 박사와 여러 가지 이야기를 나누었어요.

이야기하는 중에 스코필드 박사가 직접 쓴 3·1만세운동의 목격기 《끌 수 없는 불꽃》의 원고를 파운드 박사가 보관하고 있다는 사실을 알게 됐어요. 그때 파운드 박사는 55세였고 토론토에서 병원을 열고 있었는데, 박사가 1920년에 캐나다로 돌아간 후 세브란스의학전문학교에서 교편을 잡은 적이 있는 분이었어요. 파운드 박사는 스코필드 박사를 매우 존경하고 있었어요. 내가 그 원고를 어떻게 해서 당신이 보관하고 있었냐고 물었더니 그가 세브란스의학전문학교에서 일하고 있을 때 병원 지하실에서 우연한 기회에 발견한 후 줄곧 자기가 소중히 보관하고 있다는 거였어요. 만약 스코필드 박사가 이 사실을 알면 당장에 내어 놓으라고 할 것 같아서 아무 말도 않고 있다고 했어요.

나는 그 원고를 한국 사람인 나에게 넘겨 달라고 청했지요. 그리고 그렇게만 하면 그 원고를 살려 책으로 만들어 보겠다고 덧붙여 이야기했어요. 파운드 박사는 처음에는 어림없는 소리라는 듯 나의 청을 거절했지만 나 개인에게 준다고 생각지 말고 한국사람 전체에게 주는 선물인 셈 치고 넘겨달라고 짓궂게 강청했더니 결국은 그러라고 승낙하더군요.

그 다음 날 파운드 박사 댁에 가보니 그는 스코필드 박사의 원고뿐만 아니라 세계 각국의 진귀한 책을 많이 간직하고 있었어요. 서적수집광쯤 되는 분이었어요. 파운드 박사가 내어 놓은 스코필드 박사의 원고를 보니 표지는 이미 없어졌는데 총 15장으로 되어 있는 본문 중에서도 제1장, 제2장은 떨어져 나갔을 뿐만 아니라 원고 전체가 곰팡이가 핀 자국이 있는 데다 원고의 모서리는 습기 때문인지 무엇에 닿아서 그랬는지 무디어졌더군요. 빽빽이 타자기로 쳐서 정리되어 있었는데 큼직한 타이프 용지 298매 분량이었어요. 얼른 몇 군데를 읽어 보니 독립가, 독립선언서, 독립탄원서들이 실려 있고, 3·1만세운동 때의 시위 행렬 광경, 감옥에 가 보았을 때의 이야기, 개성과 선천에 갔을 때의 일, 일본경찰에 고문당한 한국 사람들을 치료한 사실 등이 자세히 기록되어 있더군요. 나는 파운드 박사에게 매우 귀중한 자료를 얻었음을 깊이 감사했지요.

그 후로 나는 원고 뭉치를 소중하게 간직하고 있었어요. 1949년 귀국할 때 물론 그것을 한국으로 가져왔고 전쟁 때도 잘 간직하고 있었어요. 나는 이 사실을 1955년 2월 그 당시 문교부 장관이던 이선근 박사에게 이야기했지요. 그랬더니 결국 신문에 보도되어 많은 사람이 이 사실을 알게 됐어요. 1955년 3월 1일 자 〈경향신문〉에 그 원고의 사진과 함께 원고의 내력이 보도됐지요. 그때 국사편찬위원회의 신석호 선생이 스코필드 박사의 원고를 자기들에게 넘겨 달라고 여러 번 부탁하는 것을 고집을 부리며 내놓지 않았지요. 그랬는데 1957년 내가 다시 캐나다에 갔을 때 스코필드 박사를 찾아뵈었더니 나에게 원고를 당장 돌려 달라고 하더군요. 박사는 원고 원본은 출판사에 맡겨 두었던 것이 분실됐고 한국에 두고 온 사본 역시 없어졌다고 여기고 있던 터에 얼마 전에 파운드 박사로부터 이야기를 들었다며 원고를 꼭 돌려달라는 것이에요. 나는 원래대로 두는 것이 더 가치 있을 거라고 말하면서 내가 갖고 있는 것이 효과적이라고 여러 번 이야기했지만, 고집 센 박사는 끝내 그 원고를 도로 찾아가고 말았어요. 스코필드 박사는 그 후에 우리나라에 와 계시지만 아직까지 책이 안 나왔지요. 지금 박사는 그 원고를 어떻게 할 생각이신지 모르겠어요.

그가 대학에서 용퇴했다는 소식을 전해 들은 한국 친구들은 그에게 한국을 다시 다녀가도록 청했다. 그중에 어떤 사람은 한국에서 영주하는 것이 어떻겠냐고 권유하기도 했다. 그뿐만이 아니었다. 한국을 왕래하는 캐나다 사람을 통해서 스코필드의 근황을 자세히 알고 있던 대한민국 정부에서는 그를 국빈으로 맞을 용의가 있음을 전하기까지 했다.

스코필드는 기뻤다. 당연히 한국에 가보고 싶었다. 이제는 직장에 매인 몸도 아니니 하루라도 빨리 독립된 한국의 모습을 직접 보고 싶었다. 그러나 당장에는 백내장 때문에 갈 엄두가 나지 않았다. 그는 방문하고 싶으나 당장 뜻대로 할 수 없는 처지를 한국 친구들에게 전하고, 몸은 비록 캐나다에 있지만 한국의 번영을 갈구하는 마음은 예나 지금이나 변함없음을 강조했다. 특히 당시 이승만 대통령에게는 자기에게 보여준 대한민국 정부의 호의를 깊이 감사하고 한국에 있는 친구들을 소개하는 한편, 자기는 당장 갈 수 없지만 대통령이 그런 친구들이 하는 사업을 도와줄 것을 부탁했다. 스코필드를 이미 잘 알던 이승만 대통령은 그의 부탁에 따라 스코필드가 소개한 사람을 직접 찾아보기도 했다.

그동안 스코필드는 눈병을 고치려고 많은 애를 썼다. 그러나 쉽사리 좋아지지 않았다. 할 수 없이 런던으로 건너가 전문의의 치료를 받았다. 이렇게 1-2년 고생하던 끝에 다행히 눈의 통증은 깨끗이 없어졌고, 조금씩 확대되던 오른쪽 안구의 흰 티도 더 이상 퍼지지 않았다. 그의 시력은 아주 밝은 곳에서는 장애가 있었지만 일상생활에는 아무런 불편도 없게 되었다.

스코필드의 아버지는 1940년 84세로 영국 런던에서 작고했다. 스코필드의 아들은 제2차 세계대전 중에는 캐나다 공군 장교로 공군사관학교의 조종술 담당 교관이었고, 그 당시에는 캐나다 민간 항공기 조종사로 일하면서 안정된 결혼 생활을 하고 있었다. 스코필드는 손자와 손녀를 몹시 귀여워했으나 며느리와는 그리 각별한 사이는 아니었던 것 같다. 노후생활은 캐나다 연금법으로 보장되어 있었다. 여생을 편안히 보낼 수 있는 조건은 거의 갖추고 있었다. 다만 한국이 자신을 부르고 있었다.

어느덧 1958년이 됐다. 스코필드는 오랫동안 눈병으로 고생했으나 건강상태는 아주 좋았다. 원래 부지런한 그로서는 아무 하는 일 없이 시간을 허송하는 것이 더 큰 고통이었다. 그는 나이가 일흔에 가까웠지만 그래도 아직 많은 일을 할 수 있다고 생각했다. 결국, 스코필드는 한국에 가기로했다. 신생공화국인 한국에서 새로운 인생의 가치를 발견할 수 있을 것 같았다. 그는 한국방문의 뜻을 한국 정부와 친구들에게 전했다. 이에 대해 대한민국 정부는 그를 광복 제13주년 기념 및 정부수립 10주년 경축행사에 국빈으로서 초빙한다는 뜻을 정식으로 통고했다. 8월 초에 그는 태평양횡단 여객기에 몸을 싣고 그를 기다리는 한국을 향해 캐나다를 출발했다.

1958년 8월 14일 오후 1시, 한여름의 태양이 이글이글 내리쬐는 김포 국제공항, 큼직한 여객기가 가볍게 착륙했다. 대한민국 국빈 스코필드의 눈과 낯은 한없는 기쁨으로 가득 찼다. 수십 년을 두고 그리던 땅, 이제는 독립한 대한민국 자유의 땅에 내린 것이다.

"저는 대한민국 정부 공보실장 오재경입니다. 먼 길 오시느라고 수고하셨습니다. 한국과 한국 국민을 위한 박사님의 정성에 대해 정부와 국민을 대표하여 우선 깊이 감사합니다."

"이렇게 성대하게 맞아주셔서 고맙습니다."

스코필드는 그를 마중 나온 옛 친구들에게 둘러싸였다. 모두가 백발이 성성했다. 다시 만난 기쁨을 나누는 반가운 말들이 한참 동안 오고 갔다. 한강 맞은편 저 멀리에 예나 다름없이 우뚝 솟은 북악의 아름다운 줄기들은 그들의 마음을 그 옛날로 이끌었다. 스코필드를 태운 자동차는 김포가도를 유유히 달려 서울 시가를 뚫고 반도호텔 앞에 멈추었다.

다음날 8월 15일 오전 8시, 스코필드는 오재경 공보실장의 안내를 받으며 이승만 대통령을 만나러 갔다. 스코필드는 대한민국 정부에 깊은 사의를 표하면서 한국의 앞날을 축복했고, 이승만 대통령은 스코필드가 한민족에 끼친 공헌을 높이 평가했다.

두 사람의 대화는 식민지 시절을 회상하면서 자연스럽게 한국의 현실과 전망으로 화제가 옮겨졌다. 스코필드는 국외에서 들은 일이나 언론을 통해 느낀 것들에 관해 솔직하게 의견을 이야기했다. 그는 대한민국의 모든 시책을 전적으로 좋다고만 하지는 않았다. 이승만 대통령의 낯에는 언짢은 기색이 보였고 방 안의 분위기는 굳어졌다. 담화를 더 계속할 시간적 여유도 없었지만, 예상보다도 일찍 끝을 맺었다.

1958년 8월 15일 오전 9시, 신축된 서울운동장 야구장에 호화롭게 꾸며진 광복 제13주년 기념 및 정부수립 제10주년 경축식장 한가운데에는 건국 10주년을 상징하는 열 살짜리 초등학교 어린이 4천여 명이 천진난만한 모습으로 줄지어 서 있었고 그 옆에는 1천여 명의 여학생 합창단이 대기하고 있었다. 내빈석 맨 앞줄에 자리 잡은 스코필드는 식장 하늘 높이 펄럭이는 태극기를 감개무량하게 바라보았다.

경축식은 육군 군악대의 장중한 음악과 더불어 막이 올랐다. 스코필드에겐 모든 것이 40년 전과는 판이하였다. 일본의 식민지였던 한국이 민주주의를 표방하는 독립한 대한민국으로, 어두웠던 낮들이 밝은 낮으로 바뀌었다. 1919년 3월 대한 독립만세를 목이 터지도록 부르면서 서울 거리를 휩쓸던 젊은 이들의 모습이 눈에 선했지만 그들은 이제 즐겁게 그들 자신의 정부수립 제10주년을 축하하고 있다. 그는 바라던 일이 단순한 염원으로 그치지 않고 이렇게 눈으로 볼 수 있고 귀로 들을 수 있게 이루어진 것이 기쁘고 반가웠다. 경축식이 '대한민국만세'의 우렁찬 재창으로 끝을 맺을 때까지 그는 그 모든 것을 감명 깊게 지켜보고 있었다.

8월 17일 오전 10시, 스코필드는 대한민국 국회로 이기붕 의장을 찾았다. 스코필드는 그와 면담하는 자리에서 특히 한국을 방문한 지난 2-3일 사이에 그가 본 것에 관해 이야기하면서 국회의장이 듣기에는 개운치 않은 내용이라도 서슴지 않고 말했다. 이기붕 의장은 아무 말 없이 듣고만 있었다. 그러는 중에도 스코필드는 한국의 더 나은 앞날을 위해 자기도 할 수 있는 한 힘을 다하겠노라고 말했다.

스코필드는 한국의 옛 친구들을 일일이 찾아보았다. 그는 친구들의 이름을 잊지 않았고, 또한 그들과 관련된 기념될 만한 옛 사진들을 정성스럽게 간직하고 있었다. 그를 만나고자 먼 곳에서 일부러 찾아오는 옛 친구들도 허다했다. 그는 정성을 다해 친구들을 반가이 맞았다.

그는 한국말이 예전보다 서투른 것을 친구들에게 미안해

하면서 3·1만세운동 당시 찍은 여러 사진을 펴놓고 그 당시의 여러 가지 숨은 사실을 친구들에게 설명하고 또 소상하게 이야기했다. 그를 방문한 여러 한국 친구들은 그의 특출한 기억력에 매우 놀랐다. 그의 옛 친구 중에는 이미 작고한 사람도 많아서, 그는 신문 등을 통해 유족을 만나고자 애썼다. 고인의 자녀가 찾아오면 그들의 아버지와 어머니에 관한 지난날의 숨은 이야기를 재미있게 들려주면서 그들을 만나게 된 것을 기뻐했다.

스코필드는 이렇게 지난날의 세브란스의학전문학교 친구들이나 교회 관련 친구들, 3·1만세운동 관련 친구들을 만나 옛정을 돋우면서도, 옛 친구들이 신생공화국의 중견이 되어 각 분야에서 맡은 바 일을 성실히 하고 있다는 사실을 가장 흐뭇하게 여겼다.

스코필드는 특히 정화여자상업중·고등학교와 보성여자중·고등학교를 흐뭇하게 여겼다. 일찍이 수양어머니로 모셨던 김정혜 여사는 이미 작고한 지 오래되었지만, 정화여학교는 그의 아들 김동표 이사장의 손으로 피난지 서울에서 여전히 운영되고 있었다. 1920년 멀리 선천까지 찾아간 바 있었던 보성여학교도 피난지인 서울에서, 당시 선천 신성고등보통학교 졸업반 학생이었던 김선량이 교장이 되어 그 씩씩한 모습을 이어가고 있었다.

스코필드는 여러 사람을 만나는 동안 한국의 각 부문을 속속들이 볼 수 있었다. 그러나 모든 것이 그가 캐나다에서 추측하고 있던 것과는 많이 달랐다. 정치, 경제할 것 없이 거의 모든 부문에 부정과 악이 마치 정의인 것처럼 행세하고 있었다. 허탈할 만큼 맥이 빠진 농촌생활, 겉으로는 화려하지만 속으로는 텅텅 빈 도시생활, 사회의 보호와 구원을 받지 못한 채 정처 없이 거리를 헤매면서 행인을 괴롭히는 전쟁고아 무리. 전쟁의 상처가 미처 가시지 않아서 그런지 그가 옛날에 한국에서 발견했던 좋은 점은 그다지 눈에 띄지 않고 반갑지 않은 점만 머리가 아플 정도로 수없이 보였다.

그래도 드물긴 했지만 어려운 중에서도 정의를 위하여 싸우는 사람도 각 분야에 있었다. 사랑하는 겨레를 위하여 정열을 불사르겠다는 젊은 세대의 움직임도 보였다. 평생을 외롭게 지내왔고 혼자의 힘으로 앞길을 닦아 온 스코필드는 언제나 외로운 사람들과 약한 사람들의 편이 되어 살아왔다. 그는 외롭게 싸우는 한국의 올바른 일꾼들을 어떻게 해서라도 도와주고 싶었고, 낡은 기성세대에 눌리어 기를 못 펴는 한국 젊은이의 편이 되고 싶었다. 스코필드는 이렇게 하는 것만이 가장 보람 있고 떳떳한 일이라고 생각했다. 사람들을 만나면서 스코필드는 그렇게도 그리던 한국 땅에서 일해 보기로 마음먹게 되었다.

8월 20일 스코필드는 서울대 수의과대학에 들렀다. 한국에도 이제 다른 선진국처럼 수의과대학이 설립되어 있는 것을 본 그는 수의학도로서 기뻐했다. 학교 안을 샅샅이 돌아보고는 당시 이영소 학장에게 이렇게 부탁했다.

"이 학교에서 일하고 싶습니다. 학교 형편이 되신다면 여기서 학생들과 함께 공부하도록 해주십시오."

"박사님의 말씀은 참으로 고맙습니다. 그렇게만 해주신다면 우리 학교로서는 큰 영광입니다만, 숙소와 식사가 너무 불편할 것 같습니다."

"그런 것은 모두 문제 되지 않습니다. 내가 있을 작은 방만 하나 있으면 충분합니다."

당시 서울대는 스코필드의 청을 거절할 아무런 이유가 없었다. 당시의 서울대 윤일선 총장도 물론 동의했다. 이렇게 해서 스코필드는 수의과대학에서 일하기로 결정됐다. 국빈으로 초청된 스코필드가 숙식비를 자기 돈으로 낼 까닭은 없었지만, 반도호텔에서의 생활이 거추장스러웠는지 그는 당장에 숙소로 정해진 서울대 외인숙사로 옮겼다. 그가 거처하게 된 방은 외인숙사 2층 구석의 약 4평 넓이의 협소한 방이었다. 거기에는 수의과대학에서 갑작스레 마련해 놓은 테이블 하나, 의자 하나, 수수한 침대 하나가 멋없이 놓여 있을 뿐이었다. 스코필드는 이제 한국을 위한 첫 일터와 숙소를 구한 것이었다.

사령장

국적 캐나다
프랭크 윌리암 스코필드
수의과대학 수의병리학 강의를 촉탁함
교수로 대우함
월 수당 2만 1천환을 지급함

단기 4291년 8월 21일
서울대 총장 윤일선

　이렇게 쓰인 큼직한 사령장도 그에게 전달됐다. 옛날처럼 익숙하게 읽을 수는 없었지만 그래도 그는 한 글자 한 글자 소리를 내어 사령장의 내용을 읽었다. 그리고는 앞으로 무엇을 할 것인가를 치밀하게 구상하기 시작했다.
　스코필드는 8월 26일 아침에 대구로 내려가기 위해 서울역에 나왔다. 며칠 전에 자기를 만나려고 일부러 서울까지 올라온 이혜경에게 대구에도 한번 가겠노라고 약속했기 때문이었다. 더욱이 이혜경의 부군이 제자인 김성국 박사임을 알고는 하루빨리 대구에 들르고 싶었다. 그는 정부에서 발급한 국빈용 국내 철도 2등 무임승차 우대권을 가지고 있었는데도 열차 앞쪽에 붙어 있는 2등 객차는 이용하지 않고 혼잡한 3등 객차에 몸을 실었다. 언제나 서민적인 것을 좋아했던 그로서는 수수한 차림의 여객들 틈에 끼어서 여행하는 것이 더욱 즐거웠다.

대전역에서 한참을 머무른 열차가 다시 남쪽으로 달리기 시작했을 때 맞은편에 육군 헌병 대위 차림의 한 청년이 앉았다. 조금 지나서 그 청년은 상냥하게 말을 건넸다.

"선생님이 스코필드 박사이시지요? 신문을 통해서 잘 알고 있습니다."

그 청년 장교는 영어를 제법 잘하는 편이었다. 박사는 씩씩해 보이는 군복차림의 이 청년이 몹시 마음에 들었기에 마음을 터놓고 여러 가지 이야기를 주고받았다.

열차가 대구에 가까워지자 그 청년도 대구에서 내린다며 스코필드가 가는 방향과 같은 방향으로 간다면 모셔다드리겠다고 공손히 말했다. 스코필드는 다행이라고 생각했다. 열차가 대구역에 미끄러져 들어갔다. 안전하게 정지한 후에 천천히 내려도 될 텐데 뭐가 그리들 급한지, 열차는 아직 움직이는데 3등 객차 승강구는 앞을 다투어 내리는 승객으로 혼잡했다. 사람들이 완전히 내리기도 전에 기를 쓰고 올라타는 승객들을 보았을 때는 은근히 겁까지 났다. 다리가 부자유스러운 스코필드는 지팡이를 짚으며 그 청년의 뒤만 따랐고 그 청년은 스코필드의 조그만 손가방을 들어 주었다. 사람들 등쌀에 이리저리

밀리면서 그 청년과 함께 간신히 대구역 앞 광장까지 나왔을 때야 푸르고 맑은 하늘을 쳐다보면서 안도의 숨을 내쉬었다.

청년은 택시를 잡아 먼저 스코필드를 정중히 모시고 자기도 옆에 앉으면서 "장로교선교회 본부 앞에 갑시다."라고 말했다. 그곳까지만 가면 쉽게 연락이 된다고 스코필드가 말했기 때문이었다. 자동차는 곧 장로교 선교회 본부 정문에 닿았다. 청년은 먼저 자동차에서 내리더니, "우선 사무실에 가서 박사님께서 오셨다고 말씀드리겠다."며 혼자 사무실에 들어갔다. 그러나 5분이 지나도 그 청년은 나오지 않았고, 10분이 지나도 아무 소식이 없었다. 스코필드는 의아한 생각이 들었다. 그때에야 자기 손가방을 그 청년에게 맡겼다는 사실을 깨달았다.

'아뿔싸! 가짜 군인이 돌아다닌다더니!'

스코필드는 운전사에게 곧 가까운 파출소로 가자고 했다. 경찰에게 사건 경위를 이야기하고 손가방과 그 안의 여행권, 카메라 등도 필요 없으나 다만 그 안에 든 사진 스물다섯 장은 꼭 찾아달라고 부탁했다. 그 사진은 3·1만세운동 당시에 찍은 귀중한 사진 중 일부였다. 그 스물다섯 장 중에는 일본 경찰에게 고문당한 한국 사람들이 세브란스 병원에서 치료받고 있는 모습과 대구 감옥에서 찍은 것들이 있었다. 대구의 친구들에게 보여줄 생각으로 갖고 온 사진들이었다. 그러나 잃어버린 그 사진들은 끝내 돌아오지 않았다.

한편 대구의 인사들은 스코필드가 대구로 내려온다는 연락을 받고 열차가 도착하기 오래전부터 대구역 구내에서 서성거리며 기다리고 있었다. 그들은 스코필드가 고령인 데다 몸이 불편하므로 당연히 2등 객차로 올 것이라 생각했다. 그래서 2등 객차가 닿게 될 지점에 가서 열차가 도착하기를 기다리고 있었다. 그 지점은 플랫폼의 남쪽 끝이었다.

마침내 열차가 도착했다. 기다리던 사람들은 일제히 2등 객차 승강구를 지켜보았다. 혼잡한 3등 객차 승강구와는 달리 2등 객차 승강구에서는 승객들이 한산하게 내려왔다. 그러나 맨 끝으로 내리는 손님도 그들이 기다리는 스코필드 박사는 아니었다. 혹시나 하고 2등 객차 안까지 들어가서 살펴보았으나 스코필드의 모습은 보이지 않았다. 스코필드가 평소에 얼마나 시간과 약속을 잘 지키는가를 알고 있는 그들은 적잖이 실망했다. 그들은 썰물이 빠져나간 듯 허전해진 플랫폼을 섭섭한 기분으로 묵묵히 걸어 나왔다.

김성국 박사 내외가 집에 이르자 파출소로부터 웬 전화가 걸려왔다. 그는 부리나케 달려가서 뜻하지 않은 그곳에서 근 40년 만에 만나는 스승의 따뜻한 손을 잡을 수 있었다. 스코필드 역시 어쩔 줄 모르는 반가움으로 옛 제자를 품에 안았다. 스코필드는 대구에서 며칠간 즐겁게 지내고 빈 몸으로 서울에 돌아왔다. 그 후 카메라는 그를 존경하는 한 한국 친구가 새것으로 선물했다.

　스코필드는 국빈대접이 9월 말일로 끝난다는 통고를 받았다. 국빈대우 기간은 애초부터 2주일간으로 정해져 있었다. 하지만 오히려 스코필드는 편하게 지내게 된 것을 기뻐했다. 옛 친구들은 한국을 다시 방문한 그를 환영하는 의미에서 뒤늦게나마 '스코필드 박사 환영위원회'를 구성했다. 이갑성이 위원장이 되고 스코필드의 친구인 백낙준과 장선희, 윤일선, 이용설, 윤영선, 이선근, 임영신, 신봉조 등 여러 저명인사가 그 위원이 되었다.

　환영위원회는 곧 환영대회를 열 준비를 시작했다. 위원회는 정부로부터 다소 재정 보조를 받을 수 있을 것으로 생각했지만, 무슨 영문인지 정부는 그다지 적극성을 보이지 않았다. 환영위원회는 크게 일을 벌이려고 계획했던 터라 당황하지 않을 수 없었다. 하는 수 없이 위원들이 각자 능력껏 환영회 경비를 분담했다. 그러나 그것만 가지고는 환영회를 제대로 열 수 없을 것 같았다. 이때 위원이던 당시 이화여자중고등학교 신봉조 교장이 이화학교에서 가능한 모든 편의를 제공하겠다고 나섰다.

　9월 6일 오후 3시, 오래간만에 하늘은 맑게 개었으나 매우 무더운 날이었다. 깨끗하게 단장한 이화여자중고등학교 3,700명의 학생은 한국의 벗 스코필드를 즐겁게 맞이하려고 줄을 지어 기다리고 있었다. 여학생들의 대열은 유서 깊은 이화의 정문으로부터 녹음 짙은 교내의 동산을 굽이쳐 올라 멀리 노천극장 쪽으로 뻗어 있었다. 이윽고 스코필드가 자동차를 타고 나타나자 여학생들은 일제히 손을 흔들면서 반겨 맞았다. 그는 만면에 따뜻한 미소를 머금고 손을 흔들어 이에 답했다. 스코필드의 머릿속에는 유관순을 비롯하여 이화의 문을 나온 이 땅의 선각적 여성이자 또한 친구들인 여러 지도적 여성들의 얼굴이 똑똑하게 때로는 희미하게 오가고 있었다.

노천극장 정면에는 '3·1만세운동의 공로자 스코필드 박사 환영'이라고 쓴 현수막이 붙어 있었고 식장에는 정부 고관을 위시한 내외 귀빈 다수와 서울 시내 남녀학생 대표 약 5,000명이 밝은 낯으로 그를 기다리고 있었다. 그는 이 모든 것이 자기를 위한 것으로서는 지나치게 성대하고 너무 호화롭다고 생각했다. 여기저기 서 있는 옛 건물을 보지 않더라도 40년 전의 이화학당을 잘 기억하고 있는 그로서는 오늘의 이 성황은 도무지 믿어지지 않는 광경이었다.

이갑성은 개회사에서 "스코필드 박사가 한국을 위해 바친 지대한 정열과 성의는 한민족의 이름과 더불어 영원히 살아남을 것"이라고 말하면서 3·1만세운동의 산 증인인 박사를 온 국민이 감사의 마음으로 맞을 것을 간곡히 부탁했다. 이승만 대통령은 외무부 장관에게 대독시킨 축사에서 스코필드의 유명한 미발표원고 《끌 수 없는 불꽃》의 출판을 실현함으로써 박사를 기쁘게 해주자고 말했다.

스코필드는 특유의 유머를 자랑하며 말했다.

"저는 이렇게 크게 환영받을 만한 일을 한 적이 없습니다. 3·1만세운동 때의 스코필드는 이 사람이 아니고 딴 사람일 것입니다."

그는 답사에서 앞으로도 한국을 전에 못지않게 사랑할 것을 굳게 약속하면서 오늘의 한국 젊은이들은 40년 전 사람들의 기개가 대단했음을 명심해야 할 것이라고 이야기했다. 이어서 환영위원회, 33인 유가족회, 대한부인회, 그 밖에 여러 단체나 개인이 오늘을 기념하여 증정하는 금반지, 국산 모직의 양복, 구두 등을 받아들고 그는 몹시 기뻐했다. 환영회는 5시 반에 이화여자중고등학교 학생들이 부르는 '3·1절 노래'의 노랫소리가 울리는 가운데 막을 내렸다.

9월 10일 저녁, 스코필드는 장선희 씨 집에서 한국의 할머니들과 담소를 나누고 있었다. 그들은 다름 아닌 '대한민국 애국부인회 사건'으로 대구 감옥에서 고생한 바로 그 여성들이었다. 그들은 대구감옥까지 찾아와 자기들을 위로해준 바 있는 스코필드에게 우선 저녁이라도 대접하자고 모인 것이었다. 스코필드는 자기도 이미 백발이 되었지만 새파랗게 젊었던 그들이 이미 예순이 넘어 흰머리가 된 모습을 바라보니 감개가 무량했다. 그들은 밤이 깊어가는 줄도 모르고 서로 지난날을 회상하면서 화기애애한 분위기 속에서 오늘의 즐거움을 이야기했다.

스코필드는 10월 1일 〈경향신문〉에 그동안 한국 국민이 자기를 성대히 환영해준 데 대한 감사의 뜻과 한국을 위하여 다시 힘껏 일하겠다는 결의를 나타내는 서신을 보내면서 그 뜻을 널리 보도해 주기를 희망했다. 1958년 10월 2일 자 〈경향신문〉에는 스코필드의 다음과 같은 편지 전문이 실려 있다.

친애하는 한국인 친구들에게
저의 한국 재방문을 그처럼 성대히 환영하여 주신데 대해 여러분 한 분 한 분께 심심한 감사의 뜻을 전함이 마땅한 일인 줄 아오나 뜻대로 할 수 없어 유감입니다. 그러나 이 서신을 귀 신문사에 보내드리오니 저의 깊은 감사의 뜻을 다시 한 번 여러분께 전해주시기 바랍니다. 여러분께서 베풀어 주신 크신 친절에 보답하는 오직 한 길은 여러분과 함께 한국에 머무르면서 여러분의 새로운 나라 대한민국이 좀 더 공고한 정의와 사랑의 기반 위에 서도록 여러분의 하시는 일을 저의 힘이 자라는 대로 도와드리는 길뿐이라고 생각하오며 이 결의를 다 하도록 노력할 것을 결심하고 있는 바입니다.

여러분의 친구 프랭크 윌리암 스코필드

18장 다시 한국을 위하여

스코필드는 1958년 9월 초부터 서울대 수의과대학에서 수의병리학을 강의하기 시작했다. 그는 강의시간이 되면 어김없이 젊은 학생들 앞에 나타났다. 교단에 선 그는 평상시 생활과는 달리 매우 엄격했다. 그는 강의시간에 지각하는 학생과 실습시간에 떠드는 학생을 몹시 싫어했다. 자기도 물론 모든 일을 분명하게 처리했지만, 특히 학생들이 젊은이답지 않게 모호한 행동을 하는 것을 많이 나무랐다. 이미 일흔 살이 된 그였지만 학생들 앞에서 노인 티를 내는 일은 없었다.

강의가 끝날 때쯤에는 언제나 옛날에 그랬듯이 오늘의 한국 학생은 무엇을 해야 할 것인가를 강조했다. 그러면서 현실사회에 늘 관심을 두고 예리하게 비판하기도 했다. 특히 부정과 악은 결코 오래가지 못한다는 점을 깊이 인식시키기를 잊지 않았다.

그는 한국어를 자유롭게 구사할 수는 없었으나 그래도 자기가 알고 있는 한 한국말을 하려고 애썼다. 그는 외국인 교수로서 한국 학생을 가르치기를 원치 않았다. 늘 자기 자신을 한국인과 같은 위치에 두려고 노력했다. 그의 사상과 인간성을 이해하기 시작한 학생들은 그에게서 배우기를 즐거워했다. 그는 서울대뿐만 아니라 연세대 의과대학과 중앙대 약학대학에서도 강의했고, 수시로 다른 여러 학교에 나가서 자기의 견해와 소신을 장차 이 땅의 주인이 될 학생들에게 피력했다.

그는 학교 이외에 두 보육원을 위해서도 많은 관심과 정성을 기울였다. 그중 하나는 어윤희가 원감으로 있는 서울 마포 소재의 유린보육원이었고, 또 하나는 이경지가 경영하는 서울 뚝섬 건너편에 자리 잡은 봉은보육원이었다. 그는 특히 그 당시 신축관계로 운영이 다소 어려웠던 봉은보육원을 물심양면으로 돕고 싶어 했지만, 돈이 넉넉지 못해 실질적으로 크게 돕지는 못했다. 그는 어떻게 해서라도 불우한 환경의 어린이들의 보금자리인 보육원을 크게 도와주고 싶었다. 그래서 우선 캐나다와 미국, 유럽 여러 나라에 흩어져 있는 친구들에게 한국 고아들을 도와주고자 하는 심정을 전하면서 적극적으로 협조해 줄 것을 호소했다. 그의 친구들은 대체로 돈이 많은 사람은 아니었지만 힘닿는 데까지 그를 도와주었다. 그는 친구들이 보내준 원조에 대하여는 그것이 아무리 소액일지라도 또한 어떤 보잘것없는 물품일지라도 그 용도를 반드시 밝혀 감사의 편지를 보냈다. 이렇게 해서 스코필드는 그의 친구들에게 끊임없이 자기 일에 관심과 원조를 베풀도록 만들었다.

하루는 어떤 기자가 물었다.

"오늘의 한국을 어떻게 보십니까?"

"나는 한국을 사랑합니다. 나는 한국과 한국 사람을 잘 알고 있습니다. 그런데 오늘날 한국에는 좋은 점보다 고쳐야 할 점이 더욱 많은 것 같습니다. 한국은 지금 흥망성쇠의 마지막 고비에 서 있습니다. 참으로 중요한 시기입니다. 모두 힘을 합하여 앞날을 위해 일해야 합니다. 나는 한국의 앞날이 결국 좋아질 것으로 믿고 있습니다."

이렇듯 스코필드는 한국사람 못지않게 한국을 사랑하며 한국의 앞날에 희망을 걸고 있었다. 그는 한국의 푸른 하늘을 자주 쳐다보았다. 지팡이를 짚고 푸른 잔디로 덮여있는 언덕 위에 서서 맑은 하늘을 유심히 쳐다보는 그의 모습은 매우 인상적이었다. 그는 그럴 때마다 그의 모든 것이 하나님께로 돌아감을 느꼈는지도 모른다.

그는 학생들과 함께 교외에도 가끔 나갔다. 그럴 때면 으레 한국의 산천을 칭찬했다. 그는 한국 사람들 대부분이 자기들의 자연환경이 얼마나 아름다운가를 미처 깨닫지 못하고 있다고 생각했다. 그래서 자연을 사랑하고 소중하게 여길 줄 모른다는 것이었다.

그는 한국 사람은 인정이 두터운 사람들이라고 자주 이야기했다. 적어도 자기가 사귀어 본 한국 사람치고는 한 사람도 예외 없이 그렇다는 것이다. 바로 이런 친구들 때문에라도 한국을 떠날 수 없다고까지 말했다. 또한, 한국 사람은 다른 나라 사람과 비교해 재주가 많다고 했다. 특히 한글에 관해서는 그 뛰어난 문자구성에 감탄했다. 그런데도 한국 사람들이 한자를 좋아하고 많이 쓰는 현상은 도무지 이해가 안 가는 일이라고 불만을 표시하기도 했다.

그가 학생들이나 친구들 앞에서 가장 많이 지적하는 점이 한국 사람은 말은 많이 하고 일은 조금 한다는 것이었다. 이런 점을 고치지 않으면 행복해지기 어렵다고 단언했다. 국회도 학교도 가정도 말만 하고 행동하지 않는다는 것이다. 그는 전반적인 교육수준이 낮아서 이런 현상이 있는 것 같다고 말했다.

그는 말이 많은 것과 게으른 것을 생리적으로 몹시 싫어했다. 스코필드가 주관하는 신약성경반의 규칙은 그 첫째가 "어떤 일이 있더라도 변명하지 말 것"이었고, 지각과 결석을 2번 이상하고 시험성적이 나쁘면 성경반에서 나가야 했다.

1958년 11월 29일 덕성여대에서 열린 '기미년 독립선언 기념비 건립 발기인회'에 참석해서도 이렇게 호통을 쳤다. 그 회의도 아무런 결정도 내리지 못한 채 그저 시간만 끌고 있었기 때문이었다.

"어떻게 이렇게 말이 많소. 3·1만세운동 때 33인이 여러분들처럼 말만 하고 앉아 있었으면 아무 일도 못 했을 거요."

이 말을 듣고 한국사회의 병폐를 새삼스럽게 느낀 회의는 일사천리로 끝을 맺었다. 스코필드는 국가의식과 민족의식을 거의 망각하고 눈앞의 개인적인 이득만을 지나치게 추구하는 사람이 많다고 걱정했다. 여러 가지 실례를 들어 말하는데 객관적으로 보아도 그의 평이 틀렸다고 보기는 어려웠다. 스코필드는 일부 학생들이 분에 넘치게 사치스런 차림을 하고 다니는 것도 매우 못마땅하게 여겼다. 이것은 학생들이 나쁘다기보다 순박한 농촌자녀들을 모아놓고 그런 분위기에 잠기도록 방임하는 선생들의 불찰이라고 지적했다. 그런 풍조는 개인이나 국가를 위해서 백해무익하다면서 그래서는 앞이 안 보인다고 늘 강조했다.

스코필드는 차림이 단정하고 아름답게 꾸미는 것을 반대할 정도로 둔감한 사람은 아니었다. 하지만 아무리 세련된 몸차림과 몸동작이라도 어디까지나 사회의 현실과 맞아야 하고 그러면서도 한국적이어야 한다는 것이 그의 지론이었다. 그는 학생이 태연하게 구둣발을 내밀고 구두닦이에게 구두를 손질시키는 꼴을 보는 날이면 온종일 불쾌하다고 했다.

1958년 마지막 달인 12월에 들어서면서부터 신국가보안법을 놓고 한국의 정치계는 갑론을박 소란하기 그지없었고 사람들은 정치인의 움직임에 예민하게 신경을 썼다. 결국, 사태는 국내외의 이목을 집중시켰던 의사당 유혈 사건이 되고 말았다.

이것이 이른바 '2·4 정치파동'이라는 정치적 사건이었다. 스코필드는 어긋난 방향으로 흘러가는 한국의 정치계를 아주 못마땅하게 생각했다. 원래 솔직한 성품의 소유자인지라 2·4 정치파동에 대한 그의 소감을 〈한국일보〉사에 보내어 그 사건에 대해 비판했다.

1959년 1월 3일 자 〈한국일보〉에는 스코필드의 자필 서명이 있는 사진 아래 "1919년을 회상케 한다-스코필드 박사가 본 2·4 국회 파동"이라는 제목의 글이 실려 있다.

> 민심은 공포에 잠겨 있다 의사당 앞에 무장경관이라니
> 나는 현 정치적인 분쟁에 가담할 권리도 없을 뿐 아니라 그렇게 하고 싶지도 않다. 그러나 나는 오랜 세월 한국 국민을 사랑해 왔고 또한 내가 한국으로 다시 돌아온 이후 뜻하지 않은 친절하고도 관대한 대접을 받아왔기 때문에 현재 간과되고 있는 두 가지 중대한 현상에 관해 간단한 평을 두 가지 하고자 한다.
> 첫째, 공공연한 위협책이 별안간 등장한 점이다. 크리스마스 이브에 나는 차를 타고 반도호텔로 가는 도중 국회의사당 주변에서 경찰관들이 무장하고 있는 것을 보고 놀랐다. 이 광경을 보고 나는 1919년에 목도한 공포를 뚜렷하게 회상했다. 공산 군대의 위협 아래서 이와 같은 방법으로 서로 위협적인 행동을 취하는 것이 현명한 짓인가? 그와 같은 무장경관이 정

부와 국민 사이의 신임의 상징인가? 나는 여행을 많이 했지만 그런 광경은 공산국가에서만 볼 수 있었다. 나는 한국 국민의 진실한 친구로서 그와 같은 일이 일어날 수 있다는 어떤 암시라도 개탄했으리라. 공산 군대와 대결하고 있는 이때 단결을 이루지 못하고 있음은 실로 불행한 일이다.

둘째, 언론의 자유가 대폭 제한되었다. 지난 수일 동안 국민은 공포에 싸여 있었다. 열흘 전만 해도 별달리 주의하지 않고 대화를 할 수 있었고 질문에 대해서는 주저 없이 답변할 수 있었건만, 이제는 이를 피하든지 아니면 상대방을 살펴보고 그가 자기 친구라는 것을 확인한 다음에야 대화나 답변을 하게 됐다. 이런 일은 1919년 한국에 있었던 일과 꼭 같다는 점을 시인하지 않을 수 없으니, 참으로 슬프다. 지난 8월 우리가 해방 13주년을 기념할 때 전 국민은 기쁨과 행복에 넘쳤다. 그러나 돌연 공포와 침묵이 우리의 벗이 됐다. 우리는 이제 진심으로 '새해 복 많이 받으시길'이라는 말을 할 수 없게 됐다. 이런 편지를 쓰는 것조차 쉬운 일이 아니다. 1919년에는 이런 글을 쓰기가 어려웠다기보다 위험했었다. 그러면서도 그런 글을 우리는 썼다. 그런 글들 덕분에 우리가 자유를 얻었다고 나는 믿는다.

이 기사는 당시의 여당 정치인들의 비위를 몹시 거슬리게 했다. 그렇지 않아도 이승만 정권을 좋지 않게 비판하는 그를 밉게 보던 일부 정부 인사들은 이 투고를 계기로 노골적인 경계를 하기 시작했다. 그러나 스코필드는 항상 자기가 하는 일에 대해 지나칠 만큼 굳은 신념을 지니고 있었다.

3월이 되자 학교에서는 예년과 다름없이 입학시험이 있었고 이어서 졸업식이 거행되었다. 4월에 들면서 신학기가 시작되었다. 이런 일은 안정된 사회에서는 모두 기쁜 일이지만 빈곤으로 허덕이는 한국사회에서는 반드시 그렇지는 않았다. 성적은 우수한데 돈이 없어 졸업을 못 하네, 입학을 못 하네 하는 슬프고 답답한 소식이 신문 사회면에 매일 같이 보도되었다.

그는 어려운 학생들을 실질적으로 힘껏 도와주어야겠다고 결심하고, 외국에 있는 더욱 많은 친구에게 가난하지만 우수한 일부 한국 학생들의 실정과 그의 새로운 원조계획을 전달했다. 이런 정성 어린 호소에 감동한 그의 외국 친구들은 더욱 적극적인 협조를 아끼지 않았다. 이렇게 하여 그의 생각대로 불우한 학생들을 많이 도와줄 수 있게 됐다.

날이 가고 달이 바뀜에 따라 한국에 대한 스코필드의 애착심은 옛날 못지않게 깊어졌다. 또 스스로 한국에서 할 일이 많이 남아 있음을 깨달았다. 그는 사랑하는 이 나라와 한국 사람들을 위해 일하는 것만이 얼마 남지 않은 인생의 유일한 즐거움이라고 믿었다. 이제 그는 캐나다에서 누릴 수 있는 편안한 생활에 대해서는 아무런 미련도 남지 않았다. 결국, 스코필드는 여생을 이 땅에서 살기로 했다. 그는 한국에 영구 정착하기 위해 5월에 캐나다로 돌아갔다. 그는 자신의 결심을 미국과 유럽 각국에 있는 친구들과 가족들에게 알리는 동시에 일신상의 모든 세세한 문제를 정리하고, 9월에 홀가분한 기분으로 서울로 돌아왔다.

스코필드의 열정에 이끌린 캐나다와 유럽의 친구들은 어떻게 하면 한국의 스코필드를 효과적으로 도와줄 수 있는가를 서로 진지하게 의논하기 시작했다. 마침내 그들은 '스코필드 기금'을 설립하여 기금을 모으기로 하고, 그 운영본부를 미국 캔자스^{Kansas}에 있는 월간 〈수의술〉$^{Veterinary\ Medicine}$ 본사에 두었다. 스코필드의 친구들은 〈수의술〉을 비롯한 여러 잡지를 통해 그가 한국에서 무엇을 하고 있는가를 널리 소개하면서 '스코필드 기금'에 기부해줄 것을 호소했다. 그들은 이렇게 함으로써 스코필드가 일일이 친구들에게 손수 편지를 보내 기금을 모으는 수고를 많이 덜어 주었고, 동시에 많은 사람이 그의 사업을 도와줄 수 있는 계기를 마련하였다. 〈수의술〉 1960년 2월호 76면에는 퀸$^{A.\ H.\ Quin}$이라는 사람이 보낸 투고가 이렇게 실려 있다.

이삼일 전 나는 스코필드 박사로부터 편지 한 통을 받았습니다. 박사는 몇 년 전에 온타리오 수의과대학의 교수직에서 은퇴한 분입니다. 박사는 찬란한 연구업적을 가진 분일 뿐 아니라 동시에 훌륭한 교육자입니다. 수백을 헤아리는 박사의 제자나 동료 및 후배 수의사들은 스코필드 박사라면 유머와 재치, 특히 기독교적 사랑에 대해 성자에 가까운 공헌을 한 것을 떠올리게 될 것입니다. 박사는 그가 살아있는 동안 병든 사람, 억압당하고 있는 사람, 학대받고 있는 사람을 돕기 위해서 그의 전 소득의 반을 바치겠다고 진심으로 말한 적이 있습니다.

박사는 젊었을 때 한국에서 몇 해를 지냈습니다. 박사는 그때 한국에서 그곳 어려운 사람들이 겪고 있는 불결한 환경, 굶주림, 질병을 눈으로 직접 보았으며 그런 뒤떨어진 환경을 고치려고 무던히도 애썼습니다. 인생의 황혼기에 접어든 그는 멀리 떨어진 아시아의 한국으로 다시 돌아갔습니다. 박사는 그곳에서 또다시 교육과 인도주의적 활동을 위해 모든 열정을 바치고 있습니다. 스코필드 박사는 나에게 보낸 편지에서 이렇게 말하고 있습니다.

"나는 어윤희 여사가 경영하는 보육원에 들렀다가 이제 막 돌아왔소. 어 여사는 몸이 작고 허약한 분이오. 그런데 그녀가 원아가 60명이나 되는 보육원을 어떻게 운영해 나가는지 참으로 놀라운 일이오. 정부로부터 소량의 양식을 받기도 하고 친구들로부터 의복과 돈을 기부받기도 하지만, 어 여사는 보육원에서 소용되는 물품의 대부분을 하나님께 기도함으로써, 그리고 사람들에게 호소함으로써 구하고 있소. 어 여사는 초인간적이고도 숭고한 정신을 지닌 분이오. 근심으로써 시들고 깊은 주름이 지어있는 그 얼굴에서 그의 숭고한 정신은 빛나고 있소. 여든한 살에 체중이 40kg도 채 안 되는 이 허약하고 작은 할머니가 지팡이의 힘을 빌려 보육원의 많은 식구 사이를 이리저리 가만가만 걷고 있는 거요. 일요일에는 보육원의 전 가족이 교회에 나가지요. 어 여사는 그곳에서 50년 넘게 주일학교를 열고 있소. 그 보육원에는 건물에 딸려 있는 땅이 조금도 없소. 그래서 원아들이 일하거나 놀만한 곳이 없어서 늘 붐비고 있소. 우리가 땅을 사주어야 하지 않겠소? 다행히도 그렇게만 된다면, 성장한 원아들이 일할 수 있는 밭이 생길 것이고 또한 어린 원아들이 뛰놀 수 있는 조그마한 운동장도 생기지 않겠소. 그뿐만 아니라 토끼장도 두서너 개 장만하고 닭장도 마련할 수 있지 않겠소. 땅값은 300평에 500달러요. 그런데 나는 지금까지 그 땅 값으로 100달러를 모았소."

박사의 편지는 이렇게 끝을 맺고 있습니다. 제 생각에는 이제야 우리 모든 수의사 동지들이 스코필드 박사와 어윤희 여사, 그리고 한국에 있는 60명의 고아를 도와줄 때가 온 것 같습니다. 나는 오늘 내 은행수표를 우송했습니다. 당신도 같은 생각이시라면 당신 수표를 보내지 않으시렵니까? 보내실 곳은 Veterinary Medicine, 803 Livestock Exchange Building, Kansas City 2, Missouri 입니다. 그리고 겉봉에는 '스코필드 기금에 대한 기부금'이라고 적으셔야 합니다.

든든한 우군을 얻은 스코필드는 이제 모든 것을 구체적으로 실천할 수 있게 되었다. 이 과정에서 그는 새롭고 젊은 한국 친구들을 많이 사귀었다. 그는 젊은이들의 순수성과 정열을 특히 좋아했다. 그런 젊은이들을 위해 옛날과 마찬가지로 신약성경반을 주관하고 매일 저녁 그들을 위해서 하나님의 거룩한 말씀을 전해주고 풀이하여 들려주었다.

그는 강의뿐만 아니라 연구에도 다시 열중했다. 그는 그동안 연구한 돼지의 위축성 비염에 관한 논문을 미국 수의학회 잡지 1959년 10월 1일호에 그의 연구 조수인 정운익의 이름과 함께 발표했다. 그 내용은 미국으로부터 돼지가 수입됨에 따라 미국이나 캐나다에서만 볼 수 있던 돼지의 위축성 비염이 한국에서도 발생했다는 사실을 연구한 것이었다. 이 학술보고는 한국 내 축산관계자에게 주의를 환기시켰다. 한편 이 보고는 스코필드가 여전히 학술연구에 종사한다는 사실을 세계 수의학계에 널리 알려주는 구실을 했다.

19장 새로운 탄압을 맞이하다

스코필드가 이 땅에 머무르고 있다는 사실을 달갑지 않게 여기던 일부 몰지각한 관리들은 1959년 초부터는 노골적인 압력을 가하기 시작했다. 그에서는 그가 한국에 머무르게 된 동기를 새삼스레 캐면서 성가시게 굴었다. 4월 신학기가 되자 그들은 스코필드의 강의를 중지시켰다. 학술적인 강의 이외에 다른 내용, 즉 정부를 비난하는 말을 한다는 것이 그 이유였다. 한편 그들은 스코필드와 가까이 지내는 사람들을 여러 가지 방법으로 위협했다. 그러나 그들은 서울대에서 스코필드를 물러나게 할 방법을 찾지 못했다. 주위 사태가 이렇게 변해도 그는 학생들 가르치기를 열렬히 희망했다. 결국, 그는 일주일에 한 번 실습만 지도하기로 허락받았다. 그것도 그에게 실습지도 받기를 희망하는 학생들만을 대상으로 한다는 조건을 덧붙여서 허락이 떨어졌다.

이런 제한을 받았어도 스코필드는 태연자약했다. 그는 이전과 조금도 다름없이 행동했고 학생들에게 그의 견해를 밝히기에 주저하지 않았다. 자기에 대한 부당한 압력 따위에는 코웃음을 쳤다. 그의 의연한 태도를 본 관계 당국에서는 이번에는 그에게 캐나다로 돌아갈 것을 종용했다. 그러나 이미 이 땅에 묻히기를 결심한 그가 쉽사리 이에 응할 까닭이 없었다. 이와 같은 압력이 거세지자 스코필드의 기세는 더욱 도도해지기만 했다.

그러자 1960년 초에 이르러 당국에서는 4평짜리 보잘것없는 거처를 비우라고 통고했다. 스코필드는 당황하기는커녕 오히려 미소까지 지으면서 정 그렇다면 자기는 수의과대학 내의 연구실에서 먹고 자겠다고 버텼다. 그는 방을 얻을만한 돈도 없었고, 설령 돈이 있다 하더라도 그런 데에 돈을 쓰는 사람이 아니었다. 그는 하나님은 결국 자기를 한국 땅에서 쫓아내지는 않으실 것이라고 믿고 있었다.

자유당 정권은 스코필드를 3·1만세운동 공로자로 드높이 받들던 일은 완전히 잊고, 눈엣가시로만 보고 있었다. 그들은 어떻게 해서라도 그 가시를 뽑아내려는 것 같았다. 이에 스코필드의 친구들은 분개했다. 일부 정부 관리들의 유치하고도 무례하기 짝이 없는 행동에 대해 그의 친구들은 이런 사실을 온 국민 앞에 밝히겠다고 관계기관들을 압박했다. 이런 강경한 공박 때문이었는지 당국의 태도는 조금 누그러지는 듯했다.

스코필드는 자기를 둘러싸고 일어나는 복잡한 상황 속에서도 정의와 선은 결국 승리한다고 굳게 믿고 있었다. 그러나 국민 대부분은 당장 눈앞의 부정과 악에 억눌려서 숨도 못 쉬는 판이었다. 그는 그런 한국국민이 그저 답답하고 안타깝기만 했다.

스코필드는 그 당시 야당지도자인 조병옥 박사를 존경하고 있었다. 조 박사를 부정과 악에 억눌린 대부분 한국 국민의 용감한 대변자라고 보았기 때문이었다. 조 박사는 야당인 민주당의 대통령 후보자로 선출됐다. 그러나 불행히도 대통령선거일을 한 달 반 앞두고 긴급히 위장수술을 받기 위해 미국의 월터 리드$^{Walter Reed}$ 육군병원에 입원하게 됐다.

스코필드는 입원치료 중인 조병옥에게 문병 겸 격려의 편지를 보내기로 마음먹고 정성을 들여서 편지를 썼다. 그런데 가만히 생각해보니 암만해도 자기 이름으로 된 편지가 조 박사에게 쉽게 전달될 것 같지가 않았다. 궁리 끝에 그는 편지를 일단 캐나다에 있는 친구에게 보냈다. 그리고서 그 친구에게 자기의 편지를 동봉하여 조 박사에게 부쳐주기를 부탁했다. 이렇게 하여 그의 편지는 무사히 조 박사에게 전달될 수 있었다. 그 편지에서 스코필드는 조 박사가 하루빨리 건강을 회복하여 다시 한국 사람을 위해서 용감하게 싸워줄 것을 바란다고 부탁했다. 조 박사는 그 편지를 읽고 매우 감동하고 기뻐했다고 한다. 그 당시 조 박사의 공식수행원이었던 비서 박준규 씨는 1960년 3월 3일 자 〈동아일보〉에 아래와 같이 기록하였다.

특히 감명 깊은 것은 3·1만세운동 전부터 우리 한국의 벗이요, 현재 서울대에서 교편을 잡고 계시는 프랭크 윌리암 스코필드 박사가 보내준 위문편지였다. 그는 '인생의 영광'이란 제목 아래 다음과 같은 뜻깊은 구절을 인용하고 있었다.

'인생의 영광이란, 사랑하는 것이다. 사랑은 받는 것이 아니며 주는 것이요 봉사하는 것이지 봉사 받는 것이 아니다. 남이 궁지에 빠졌을 때 어둠 속의 힘센 벗이 되고, 위기에 선 약한 마음에 다소나마 힘이 되어주는 것, 이것이 인생의 영광을 아는 것이다.'

아마 이 구절은 스코필드 박사가 유석維石(조병옥의 호) 선생의 인생이 이런 영광스러운 인생인 것으로 생각하고 계속 앞으로의 건투를 빈 것으로 생각된다.

1960년 4월 19일! 대학가의 공기는 아침 일찍부터 어수선했고 긴장된 압박감이 감돌고 있었다. 급기야 학생들의 젊음에 넘친 고함이 들려왔다. 스코필드는 얼른 몸을 일으켜 눈을 부릅뜨고 숙소 밖을 내다보았다. 거기에는 팔짱 낀 젊은 학생들의 대열이 경찰의 방어선을 뚫고 중앙청 쪽으로 달음질쳐가고 있었다. 그 옛날에 일본 제국주의의 총검을 향해 맨주먹으로 달리던 대열이 오늘은 민주주의를 가장한 독재의 아성을 향해 돌진하고 있었다.

40년을 사이에 두고 다시 보게 되는 겨레의 이 대열. 스코필드는 앞을 스쳐 가는 상기된 학생들의 낯과 정기 가득한 눈망울, 불끈 쥔 큼직한 주먹들을 눈여겨 바라보았다. 겉으로는 유순해 보이나 썩은 것을 규탄하고 보다 나은 것을 위해 분연히 일어설 줄 아는 한국 젊은이들의 심지가 그는 끝없이 미덥기만 했다.

한낮이 됐을까 말까 할 때 멀리 요란스러운 총성이 울려왔다. 학교 연구실에서 열심히 일하고 있던 스코필드는 잠깐 손을 멈추고 자기의 귀를 의심하는 듯이 눈살을 찌푸렸다. 곧이어 그 총성과 함께 젊은 학생들이 쓰러지고 있다는 소식이 전해졌다. 그는 이 소식을 듣고 몹시 분개하면서 내뱉듯 중얼거렸다.

"그럴 수가 있을까? 어리석은 것들. 어린 학생들에게 함부로 총질을 하다니······."

얼마 동안 말이 없던 그는 엄숙한 표정을 짓고 가볍게 눈을 감았다. 그는 총탄에 쓰러져간 어린 학생들의 모습을 그리며 그 넋들에 머리를 숙였다.

스코필드는 학생들의 의거를 찬양했다. 그러나 그 후 정치계의 움직임을 보고서 다소 걱정되는 점이 있었던지, 4월 혁명에 대한 소감을 영자신문 〈코리안리퍼블릭〉*The Korean Republic*에 발표했다. 1960년 4월 28일 자 〈코리안리퍼블릭〉에는 그의 투고가 이렇게 실려 있다.

오늘날 우리는 위대한 승리, 즉 전제정치와 부패, 잔인함, 소수의 추악한 족속들에 대한 정의와 용기와 자유의 승리를 축하하고 있다.

그러나 우리는 그 악의 집단이 바로 한 달 전까지도 국민을 위압하여 무례와 모욕으로써 민주주의와 예의를 파괴하려고 하고 있었고 그것이 한국 학생의 용기와 희생에 의해서 무너졌다는 사실을 잊어서는 안 된다.

우리는 이런 용감한 남녀 젊은이들에게 깊이 감사해야 할 것이다. 이번 일은 용기와 도덕적 분개가 장대히 발휘된 일이었으며 3·1독립운동의 영웅적 정신이 재현된 것이었다.

그런데 여기에 경계할 일이 있다. 지금 우리는 젊은이들의 승리가 나이 많은 사람들의 어리석은 처사에 의해 허사로 돌아갈지도 모르는 중대한 시기에 당면하고 있다.

첫째, 악의 파괴가 곧 정의의 확립과 동일하지 않다는 사실을 알아야 한다. 우리는 새로 자라나는 선의 싹을 보호해야 한다.

둘째, 전체 국민의 이익을 개인적 혹은 정치적 이익보다 앞에, 그것도 월등하게 앞에 놓아야 한다.

셋째, 정치적으로 혼란스럽고 모든 권위가 갑자기 약해져 있는 현재 상태로부터 건전하고도 유능한 정부가 생길 때까지의 매우 어려운 시기 동안, 우리는 인내와 관용과 신뢰로 지내야 하며 비평은 건설적이어야 한다. 국민의 생활을 도탄에 빠뜨렸던 악은 하루나 한 해 만에 근절시킬 수 없으며 그것은 시간이 걸릴 것이다.

　넷째, 과거에 정부의 악을 마지못해 받아들였던 사람들에 대해서 복수하는 일과 그런 사람들을 박해하는 일은 삼가야 할 것이다.

　독립 만세.

20장 외국인 최초로 문화훈장을 받다

스코필드를 미워하던 이승만 정권이 몰락했다. 그것은 한국 국민을 위해서도 한 걸음 앞으로 나아갔다는 의미에서 큰 다행이었지만 스코필드를 위해서도 참으로 다행한 일이었다. 스코필드의 생활은 다시 간섭과 감시 없는 원래 상태로 돌아갔다.

8월이 되자 스코필드는 일본을 방문했다. 그는 일본 내의 저명한 여러 수의과대학을 찾아 그곳의 시설과 연구 상황 등을 살펴봤다. 바쁜 여행 중에도 틈을 내어 〈재팬타임즈〉 *The Japan Times*를 통해 일본의 간교한 대 한국 외교정책을 비판하기도 했다.

한국정부의 새 주인공이 된 민주당 정권은 스코필드를 어떻게 대접해야 할 것인지 신중히 검토했다. 한국과 한국민족에 대한 그의 공적을 높이 평가한 대한민국 정부는 드디어 그에게 대한민국 문화훈장을 수여하기로 했다. 동시에 서울특별시에서는 이미 실질적인 서울시민인 그에게 '서울특별시 행운의 열쇠'를 증정하기로 했다.

1960년 12월 17일 오전 10시. 스코필드는 청와대에 들어섰다. 그는 동생이라고 부르는 장선희를 대동하고 있었다. 윤보선 대통령은 스코필드를 정중하게 맞으며 한국을 위해 또다시 온갖 정성과 힘을 기울이고 있는 그를 높이 칭송했다. 대통령은 대한민국 문화훈장 수여증서를 낭독했다.

대한민국 문화훈장 수여증서

대한민국 헌법의 규정에 따라 본인은 이에 대한민국 문화훈장을 과거 30년간 한국에 크게 공헌한 바 있는 프랭크 윌리암 스코필드 박사에게 수여한다. 스코필드 박사는 1916년에 처음으로 한국에 건너와서 세브란스 의학전문학교 교수가 됐다. 스코필드 박사는 곧 한국 국민의 신망을 받았으며, 일본으로부터 나라를 도로 찾으려는 한국 국민의 소원에 동정했다.

1919년의 3·1독립운동이 일본정부에 의해 잔인하게 억압되자, 스코필드 박사는 일신상의 위험을 무릅쓰고 일본의 잔학행위를 사진으로 찍고 글로 써서 널리 해외에 퍼뜨려 세계 모든 나라로 하여금 한국의 억울한 처지에 깊은 관심을 가지게끔 했다. 스코필드 박사는 1920년에 한국을 떠났지만 그 후에도 계속해서 한국국민의 정당한 열망을 온 세계에 알리는 일에 힘을 다했다. 스코필드 박사는 1958년에 한국으로 돌아와서는, 한국으로부터 추방당할 것을 각오하면서까지 갖가지 반 민주주의적 처사를 공박함으로써 그의 용기와 신념을 다시 보여 주었다. 스코필드 박사는 그의 전문 직업을 넘어서서 한국에 크게 이바지함으로써 오늘날 모든 한국국민의 진정한 존경을 받게 된 것이다.

1960년 12월 12일
대한민국 대통령 윤보선

 윤 대통령은 스코필드의 가슴에 훈장을 달아주며 말했다.
"박사님, 그동안 우리를 위해서 수고 많이 하셨습니다."
 그 훈장은 대한민국 정부수립 후 세 번째로 수여되는 영예로운 것이었다. 희색이 만면한 스코필드는 대수롭지 않은 일에 대해 지나친 대우를 받은 것이 부끄럽다며 앞으로도 한국을 위해 더 많이 일할 것을 약속했다. 스코필드는 기념으로 윤 대통령에게 그가 3·1만세운동 당시에 직접 찍은 사진 한 장을 증정했다. 그 사진은 1919년 3월 1일에 많은 군중이 서울시청 앞 광장에서 '독립만세'를 부르고 있는 광경을 대한문 쪽 높은 곳에서 찍은 역사적 사진이었다.
 대통령 관저를 나온 그는 서울시청 시장실로 안내됐다. 시장 대리 김주홍 부시장은 영원히 서울특별시의 시민이 되어줄 것을 바라면서 금빛 찬란한 '서울특별시 행운의 열쇠'를 증정했다. 스코필드가 문화훈장과 행운의 열쇠를 받은 사실은 신문 등을 통해서 국내 국외에 널리 보도됐다.
 하지만 대부분의 사람은 스코필드가 외국인 최초로 대한민국 문화훈장을 받았다는 사실에 무관심한 듯했다. 불안정한 사회에서 매일의 살림살이에 허덕이는 대부분 국민의 생활환경이 그런 무관심의 주요 원인이었겠지만, 또 한 가지 큰 원인은 자기 일이 겉으로 드러나기를 극히 싫어하는 스코필드 자신의 성격 때문이었을 것이다.

그러던 중 숙명여자고등학교 학생 몇몇이 그가 문화훈장을 받은 것을 축하하는 모임을 계획했다. 그 학생들은 다름 아닌 스코필드가 주관하는 신약성경반의 학생들이었다. 그는 매주 금요일 오후에는 서울대학교 사대부속고등학교 일부 남녀학생을 위해, 토요일 오후에는 숙명여자고등학교 일부 학생을 위하여, 일요일 오전에는 합동반이라 하여 시내 각 대학생이나 고등학생들을 상대로 신약성경반을 열고 있었다. 그중에서도 숙명여자고등학교 학생들로 된 반이 가장 열심히 공부하는 편이었다. 그는 이 반을 가리켜 '한국 제일가는 열심반'이라고 불렀다. 이 열심반 학생들은 스코필드를 늘 '할아버지'라고 부르며 부지런히 공부했다. 생김새는 말할 것 없이 영국 사람이지만 그의 마음씨는 틀림없는 한국 할아버지였기 때문이다.

그러니 이 어린 여학생들이 결국은 한국단체 중 맨 처음으로 스코필드를 축하하겠다고 나선 셈이었다. 일부 학생들의 이런 움직임을 알게 된 숙명학교의 교장 이하 전체 교직원은 이 학생들의 마음씨를 기특하게 여겨 만반의 준비를 해주었다. 여학생들은 스코필드를 만나서 말했다.

"할아버지, 오는 1월 21일에는 다른 일은 죄다 그만두시고 꼭 우리 학교에 오셔야 해요. 우리 학교 학생들이 모두 할아버지를 기다리기로 했어요."

"그 날이 무슨 날인데?"

"할아버지가 문화훈장 받으신 것을 우리가 축하하기로 했어요."

"그래……. 너희들이 나를……."

내용을 알게 된 스코필드의 눈에는 금방 눈물이 핑 돌았다.

1월 21일 오후 2시 숙명여고 대강당. 그늘에는 눈이 많이 쌓여 있었지만 날씨는 따뜻했다. 한가운데는 학생들이 자리 잡고 양쪽에는 귀빈들이 가득했다. 스코필드는 숙명여고 현악합주단이 연주하는 부드러운 선율에 귀를 기울이면서 학생들을 향해 앉아있었다. 이윽고 박수 소리와 함께 그의 목에는 꽃다발이 드리워지고 손가락에는 기념반지가 끼워졌다. 기쁨을 못 이기는 듯 그는 연방 손을 흔들어 학생들에게 감사의 뜻을 나타냈다. 그는 미리 준비해 온 큼직한 공책 한 권을 손에 들고 만면에 미소를 띠고 일어섰다.

"여러분 참으로 고맙습니다. 오늘 너무나 기쁩니다."

그는 손에 든 공책을 한 장 한 장 넘기어 학생들에게 보였다. 모든 학생은 호기심에 찬 눈으로 그것을 쳐다보았다. 공책의 첫 장에는 M이라고 먹으로 크게 쓰여 있었다. M자 밑에는 조금 작게 More라고 적혀 있었다. 이런 식으로 다음 장에는 E자와 Enthusiasm이, 그다음 장에는 D자와 Dedication 및 Death가, 다음 장에는 A자와 Action이, 끝으로 L자와 Love가 각기 적혀 있었다.

박사는 이렇게 한 장 한 장 들춰 보인 다음 우리말로 학생들에게 물었다.

"여러분 지금 본 글자를 차례로 합치면 무슨 말이 됩니까?"

학생들이 "Medal"메달이라고 대답하자, 잘 맞췄다며 다시 첫 장을 펼쳤다.

"이번에 제가 메달, 즉 훈장을 받았습니다. 훈장은 가슴에 달고 자랑하는 것이 아닙니다."

이렇게 서두를 연 스코필드는 메달의 뜻을 풀기 시작했다. M은 More(더욱)을, E는 Enthusiasm(열심)을, D는 Dedication(헌신) 혹은 Death(죽음)을, A는 Action(활동)을, L은 Love(사랑)을 나타내고, 따라서 '메달'의 참 뜻은 죽을 때까지 더욱 열심히 활동해서 사회에 공헌하고 어려운 사람들을 사랑하라는 것이라고 했다. 그러면서 그는 학생들에게도 그런 뜻을 명심하여 공부하고 실천할 것을 당부했다. 이렇게 이야기하면서도 곧잘 그의 독특한 유머로 학생들을 웃기곤 했다. 그는 다시 공책을 펴서 L자를 펴 보였다.

"여러분 이것 아십니까?"

학생들이 곧 빙그레 웃는 낯으로 대답했다.

"네, 잘 알아요."

"여러분, 참말로 잘 알아요?"

학생들은 다시 큰 소리로 소리 모아 대답했다.

"네."

그는 시치미를 딱 뗀 표정으로 이렇게 말했다.

"여러분이 아는 것은 할리우드 러브일 겁니다."

강당 안은 웃음바다를 이루었다. 웃음소리가 멈추자 그는 고개를 설레설레 흔들었다.

"할리우드 러브, 좋지 않습니다. 여기 이것은 하나님의 사랑입니다."

스코필드가 한국에서 문화훈장을 받았다는 소식은 캐나다와 미국에서 한국보다 더욱 자세하게 널리 보도됐다. 그중에서도 〈수의술〉은 1961년 2월호에서 2면에 걸쳐 스코필드의 근황과 '스코필드 기금' 내용을 다음과 같이 소개하고 있다.

스코필드 박사 한국의 문화훈장을 받다

스코필드 박사는 온타리오 수의과대학 교수직을 은퇴한 후 지금은 한국의 서울대 수의과대학에서 교편을 잡고 있다. 박사는 최근 대한민국 대통령으로부터 '대한민국 문화훈장'을 받았다. 헌신적인 기독교인인 박사는 3년 전에 한국으로 건너간 후 줄곧 모든 시간과 열정을 10만 명 이상으로 추산되는 한국 고아들을 돕는 데 바치고 있다. 지난해 미국과 캐나다의 수의사들은 월간잡지사 〈수의술〉에서 관리하고 있는 '스코필드 기금'에 641달러를 기부해 주었다. 박사가 우리에게 보낸 편지에는 그 돈을 하나님께서 보낸 것으로 생각하고 한 푼일지라도 모두 실질적인 용도에 사용했다고 적혀 있다. 그 돈의 일부를 전달받은 어느 보육원은 그 돈으로 땅을 조금 사들여 밭과 토끼장을 만들었고, 그 결과 그 보육원 원아 80명은 지금 1주일에 한 번씩 토끼고기를 맛볼 수 있게 됐다고 한다. 641달러 중에서 50달러는 자녀가 여럿인 어느 가난한 어머니의 아들 입학금으로서 지급됐다. 그 아들은 그 학기 동안 학교성적이 총 427명의 학생 중에서 수석이었다고 한다.

'스코필드 기금'은 지금도 계속 모금 중이다. 뜻있는 분은 '스코필드 기금'에 기부해주시기 바란다. 사람으로 대우도 제대로 못 받고 때로는 굶주리는 한국 고아들을 위해 박사는 늘 기도하고 있다. '스코필드 기금'은 바로 박사의 사업을 뒷받침하기 위한 것이다. 돈은 〈수의술〉사 내 스코필드 기금으로 보내주시면, 지체 없이 한국의 스코필드 박사에게 전달된다.

이 잡지에는 이 글과 함께 스코필드가 홍국직업소년학교의 어린이들과 서울 교외로 소풍 가서 찍은 사진, 입학금으로 50달러를 보조받은 중학생(지금의 정운찬 전 서울대 총장)의 사진, 스코필드가 봉은보육원 원아 6명을 데리고 80세가 된 그곳 식모 할머니와 찍은 사진, 봉은보육원의 신축 건물 사진 등이 실렸다.

21장 교육이 살길이다

　스코필드는 3월 초에 윤보선 대통령에게 흥국직업소년학교에 관한 긴 편지 한 통을 보냈다. 흥국직업소년학교가 설립된 날짜는 1960년 3월 10일이었고 설립자는 그 당시 서울농대를 갓 나온 홍종완을 비롯한 여러 대학생(주로 고려대생)이었다. 설립목적은 가정이 어려워서 정규학교에 다닐 수 없는 직업 소년소녀들에게 배움의 길을 열어주자는 데 있었다.
　그런데 이 학교에는 재정적 바탕이 전혀 없었기 때문에 정식인가를 받을 엄두는 내지도 못하고 있었다. 그저 어려운 아이들을 가르치겠다는 젊은이들의 열성만으로 시작되고 운영되는 사설학교였다. 당연히 학교에 제대로 꾸며진 교실이 있을 리 없었다. 서울 청량리 1동 동사무소 창고가 바로 이 학교의 교실이자 사무실이었다. 물론 정식교사는 없었고 설립자격인 대학생들이 시간을 내어 교편을 잡는 것이 전부였다. 두말할 것 없이 무보수였다. 뿐만 아니라 학생들이 돈을 내지 않으니 때에 따라서는 선생인 대학생들이 운영비까지도 부담했다.
　스코필드가 흥국직업소년학교를 알게 된 것은 1960년 6월

성경반 학생들에게 듣고 나서였다. 그때 이 학교를 직접 방문해 보고 큰 관심을 갖게 되었다. 스코필드가 이 학교를 처음 방문했을 때는 오전반, 오후반, 야간반을 합쳐서 학생 수가 300명에 가까웠다. 대학생들의 의기에 감동한 사회유지 몇몇이 조금씩이나마 뒤에서 그들을 도와주고 있었다.

스코필드도 처음에는 대학생들의 열성과 의기를 높이 찬양하고 지지하면서도 한편으로는 오래 지탱할 수 있을 것인가 의구심을 갖고 있었다. 그러나 대학생들은 갖가지 고난에 부딪히면서도 끈기 있게 학교를 이끌어나가고 있었다. 그는 한국사회에서는 아주 희귀한 일이라고 감탄했다. 결국 미국의 친구들에게 이 숭고한 사실을 알리고 비용을 보태기 시작했다.

흥국직업소년학교에는 1961년부터 스코필드의 권유로 일요일마다 주일학교가 열렸다. 예상외로 주일학교도 잘 운영되었다.

흥국직업소년학교는 어느새 설립 1주년 기념일을 맞이했다. 그 동안 이 학교가 운영되는 것을 보고 큰 감명을 받은 스코필드는 이 학교의 존재를 널리 한국사회에 알려 주고 싶어졌다. 여러 가지로 생각한 끝에 결국 대통령에게 직접 편지를 쓰기로 했다. 편지에는 흥국직업소년학교의 내력과 현황을 자세히 소개하고 나서 "외람되지만 대통령께서 대학생들을 위해 언제 한번 이 학교를 찾아주셨으면 합니다."로 끝을 맺었다.

3월 12일 오후 대통령을 태운 자동차는 청량리의 좁은 비탈길을 간신히 지나 양철 지붕의 조그마한 창고 앞에 정지했다. 보잘것없는 창고에서는 학생들의 책 읽는 소리가 들렸다. 윤 대통령은 차에서 내렸다. 모든 것이 스코필드의 편지 그대로였다. 대통령은 그곳 대학생들을 격찬했다. 온갖 힘을 다해 어려운 아이들을 가르치는 그들에게 대통령은 '애국애족'愛國愛族이라는 네 글자를 크게 써 주는 한편 학교 경비에 보태라고 금일봉도 내놓았다.

대통령이 학교 안을 살피면서 대학생들을 칭찬하는 동안 스코필드는 줄곧 기쁨을 못 이기는 표정으로 대통령 곁에 서 있었다. 교실의 정면에는 윤 대통령의 친필이 붙여졌고 대통령의 금일봉은 곧 천막과 학생 책상으로 바뀌었다.

필자가 한번은 이렇게 물은 적이 있었다.

"지금 소원이 무엇입니까?"

그는 조용하고도 부드러운 목소리로 이렇게 대답했다.

"글쎄, 이제 얼마 살지도 못할 내가 무슨 대단한 소원이 있겠습니까만 그래도 젊은 학생들에게 바라는 바가 아주 커요. 한국의 앞날을 번영의 길로 이끌어갈 사람들이 바로 그들이 아니겠어요. 그들이 앞으로 나라와 겨레를 위해 성실하게 일하는 것을 여기 이 땅에서 기쁜 마음으로 지켜보는 것만이 나의 유일한 소원이라고나 할까."

형들과 누나에 대해서도 물어봤다. 그는 잠시 무엇인가 생각하는 것 같더니 만년필을 꺼내 들고 쓰기 시작했다.

누나 메리 스코필드는 영국 왕립의과대학을 졸업하고 수년간 런던 의과대학에서 병리학을 가르쳤고, 그 후는 잉글랜드의 리즈Leeds에 소속된 임산부 보건진료소를 몇 군데 총괄하고 있다. 맏형 존 스코필드는 건축학을 공부했다. 그는 제1차 세계대전 후 남아프리카로 이주하여 남아공 더밴시 소속 건축물 검사관이 됐다. 그는 유명한 건축학자였으며 남아공 건축학협회 회장이었다. 둘째 형 스티븐 스코필드는 런던 경제학대학을 마쳤으며 옥스퍼드대학, 러스킨대학에서 경제학사 강의를 맡았다.

스코필드는 이렇게 써 놓고 잘못된 곳이 없는가를 보기 위해 소리 내어 읽었다.

"쓰신 글만 가지고서는 형님이 살아 계신지 돌아가셨는지 모르겠는데요?"

"그렇군요. 형은 둘 다 세상을 떠났어요. 큰형은 벌써 오래 전에 가셨고 작은형은 1960년에 떠났어요. 누님은 아직 살아 계시고……."

"이왕이면 좀 더 말씀해 주셨으면 좋겠습니다."

이렇게 재차 부탁하자 스코필드는 다시 입을 열었다.

"누님은 제2차 세계대전 후로는 줄곧 사회사업을 한다고 여러 일을 벌이고 계시지요. 리즈라는 곳은 원래가 가난한 사람이 많이 사는 곳이거든요. 큰형은 살아있을 때 남아공에서 인종차별 반대운동에 적극적이었어요. 그 밖에는 별로 생각나는 게 없군요."

그는 그 정도로 만족하라는 듯 빙그레 웃었다.

22장 우리의 벗, 스코필드

1961년 5월 16일 이른 새벽, 한국의 역사는 다시 바뀌었다. 그 날도 스코필드는 다른 날과 마찬가지로 연구실에 나왔다.

"박사님, 이번 일을 어떻게 보십니까?"

필자가 물었다.

"한국 사람은 마음만 합치면 반드시 번영할 텐데……."

그는 의미심장하게 말꼬리를 흐렸다.

스코필드는 평소 민주당의 내분을 걱정하고 있었다. 그는 1961년 6월 14일 자 〈코리안리퍼블릭〉에 "5·16 군사혁명에 대한 나의 견해"라는 긴 글을 발표했다. 그는 투고의 첫머리에서 한국의 현 정세를 검토해볼 때 누구든지 "5·16 군사혁명은 필요하고도 불가피한 것"임을 알게 될 것이라고 지적하면서 민주당 정권의 부정과 무능을 공박하고 군사혁명 전 한국사회의 부패상을 낱낱이 폭로했다. "한국에는 아직 진정한 민주주의가 시험 된 적이 없다."고 단정했다. 그는 한국의 민주주의는 군사정부가 한국과 한국사회를 위해서 최선을 다한 후에야 비로소 그 기회를 가지게 될 것이라고 말했다. 그는 끝에 가서 이번

군사정부는 앞날의 번영을 위한 "마지막 희망이며 마지막 기회"임을 특히 강조했다.

스코필드는 캐나다 구엘프의 일간신문 〈데일리머큐리〉^{Daily} ^{Mercury}를 비롯한 여러 신문에도 한국의 5월 군사혁명을 소개했다. 거기에서 그는 이번 군사혁명을 한국민족의 성쇠를 판가름하는 마지막 고비로 보고 그의 소신을 솔직하게 밝혔다.

스코필드는 학문적 연구생활에도 여전히 충실했다. 그동안 그는 국내 수의학 잡지에 아래와 같은 연구결과를 발표했다.

〈고양이 폐의 패러고니머스^{Paragonimus}의 침범〉(백종범 공저)
〈창경원 동물원의 꿩에 발생한 뉴캐슬병〉(김정만 공저)
〈전염성 고양이 간염〉(장천석 공저)
〈한국 소에 발생한 글로비디엄증^{globidiosis}의 병리 조직학적 연구〉
　　(김상남 공저)
〈돼지에 있어서의 출혈성 패혈증균에 기인하는 급성 소엽성 폐렴〉
　　(서익수 공저)

스코필드는 1961년 6월 22일 캐나다와 유럽에 있는 친구들의 권유로 캐나다와 유럽을 돌아보기 위해 한국을 떠났다. 더욱 많은 한국 사람을 돕기 위한 길을 발견하는 것이 여행의 가장 큰 목적이었다.

1961년 10월 14일은 스코필드가 다시 돌아오기로 한 날이었다. 마중 나온 그의 친구들은 멀리서 도착하는 여객기를 지켜보았다. 여객기의 옆구리에 승강대가 연결됐고 사람들이 하나둘씩 출입문에 나타났다. 그런데 승객이 거의 다 내렸을 것 같은데도 스코필드는 보이지 않았다. 그를 기다리던 사람들의 머릿속에는 '혹시나' 하는 생각이 스쳐 지나갔다. 여객기 출입문 옆에는 여전히 승무원이 지켜 서 있었다.

'비행기 안에 아직도 어느 분이 있는 모양인가?'

드디어 스코필드가 모습을 나타냈다. 모든 눈은 그에게 집중됐다. 지팡이를 짚은 백발의 그는 한 발, 또 한 발 승강대 계단을 조심스럽게 디디면서 내려오고 있었다.

'아, 저 나이에 저런 몸으로 또다시 한국 땅을 밟는구나!'

그를 바라보는 눈에는 모두 눈물이 글썽였다. 마중 나온 사람들 쪽으로 가까이 오면서 스코필드는 얼굴에 부드러운 미소를 지었다. 마중 나온 어느 여학생이 손을 번쩍 들고 "프랭크 할아버지!" 하고 높이 소리치자 그는 그쪽을 향해 팔을 흔들었다. 그는 점점 가까이 걸어왔다. 얼굴에 잡혀 있는 주름살이 뚜렷이 보였고 옷은 초라했다. 그래도 그는 계속 가득히 미소를 짓고 있었다. 스코필드는 그가 약속한 대로 다시 한국으로 돌아왔다. 혈육이라고는 아무도 없는 이 땅에 다시 날아온 것이었다.

다시 한국 땅을 밟은 후 넉 달에 걸친 긴 여행의 피로를 풀

겨를도 없이 곧장 그의 빈틈없는 일과는 시작됐다. 서울대 수의과대학에서의 수의병리학 강의, 서울 시내 다른 대학에서의 특별 강의, 성경반 학생 지도, 물심양면으로 돕던 유린보육원과 봉은보육원 찾아보기, 어려운 학생에게 학비 보태주기, 옛날 친구 만나 회고담 나누기, 젊은 학생에게 면학 당부하기, 캐나다, 미국, 유럽에 있는 친구들에게 모금편지와 감사회신 보내기 등등, 그는 전과 다름없이 바쁜 나날을 보냈다.

마산 시민의거 기념일이자 스코필드의 생일인 3월 15일, 〈한국일보〉의 박승평 기자는 서울대 외인교수 숙소에 들어섰다. 박 기자는 신문사에 들어간 지 일 년밖에 되지 않은 이른바 신출내기 기자였다. 스코필드는 초면의 젊은 기자를 정답게 맞아 거리낌 없이 자신의 생각을 털어놓았다. 그는 한국의 젊은이와 터놓고 이야기하는 것을 무척 좋아했다. 그 날 석간에 박 기자는 이와 같은 기사를 썼다.

불의를 규탄하며 마산 시민들이 독재와의 싸움을 시작한 지 두 돌째인 15일 아침, 독립운동의 은인 스코필드 박사를 찾았다. 이날로 73회 생일을 맞은 박사는 단정한 옷차림에 불편한 몸을 지팡이에 의지하며 반갑게 맞아주었다. 응접실에 안내받은 즉시 기자가 이역에서 홀로 생일을 맞은 감상이 어떠냐고 묻자 백발에 소년 같은 미소를 띠며 "감상이랄 게 뭐 있어야지. 남에게 봉사하는 생활이 바쁜 사람은 자기 생각은 안 하는 법이지." 라며 조용한 음성으로 대답했다. 3·15 마산 데모에 대해서도 "그것은 부정과 독재에 실망한 백성들의 분노의 폭발이었지. 그러나 내가 몸소 관찰한 기미년 3·1만세운동과는 상황이 달랐어. 그것은 이민족에 대한 분노였으며 그 보복이 한층 더 무섭고 무자비하리라 각오했었으니까." 하면서 과거의 회상에 잠기기도 했다.

현재 서울대 수의과대학에서 강의를 맡고 있는 박사는 한국 대학생들은 매우 우수하다고 격찬하면서도, 과거에는 질보다는 양에 치우친 대학교육 때문에 폐단이 많았다고 날카롭게 지적하기도 했다. 과거 자유당 정권으로부터 미움을 받아오던 박사는 이승만 씨의 귀국설에 대해서도 이렇게 논평했다. "그가 돌아오고 싶어 하는 심정은 이해할만 해. 해외에서의 삶이란 언제나 마음 편한 건 못되지. 그가 귀국해도 늙고 병약해서 아무런 일도 할 수 없을 것이야." 그에게서는 화젯거리가 쉴 새 없이 흘러나왔다.

"4·19 학생들의 혁명은 결국 아무런 일도 못 했어. 그 후 군인들이 혁명을 일으켜 무능과 부패에서 나라를 구한 건 당시로 봐선 유일한 길이었어." 그는 참된 민주주의란 정직과 책임감과 성실이 수반되어야 하는데, 과거의 정치인들은 민주주의를 백성을 기만하는 수단으로 이용했다고 비난했다. 또 현 정부에 대해서도 "짧은 시간에 너무 많은 일을 하려는 것 같다." 면서 가능하다면 군대식이 아닌 민주주의 방식으로 일을 해 나가기를 바란다고 희망했다.

"한국의 제일 급한 문제는 정치보다 국민들이 먹고 살 길을 마련하는 것이다. 그러나 급하다고 단시일 내에 구제책이 마련될 수는 없다. 과거 이 나라에는 대표적인 세 가지 형태의 부패가 있었다. 정치인과 군대와 교육계의 부패가 그것이었다. 현 군사정부 아래서 많이 나아지는 과정에 있는 것이 사실이지만, 이러한 과거의 부정부패들이 단속을 벗어나 음성화되지 않기를 바란다."

마르고 약한 박사가 한 시간 남짓이나 얘기를 하는 동안 그의 눈에는 눈물까지 서렸고 기자의 손을 여러 번 힘주어 움켜잡기도 했다.

"높은 지위에 있는 사람보다 겸손하게 고생하는 사람들의 벗이 되어 살겠다."는 박사에게 작별 인사를 전하자 다시 한 번 굳게 손을 잡으며 웃음 짓는 백발이 성성한 박사의 모습은 감격스럽기까지 했다.

3월 15일 저녁에는 예년처럼 스코필드의 한국 친구, 서울에 있는 그의 캐나다와 미국 친구, 성경반 학생들, 유린보육원과 봉은보육원의 원아 등 약 200명이 그의 숙소에 모여들어 생일을 축하했다. 한국에서의 스코필드 생일잔치는 그의 많은 친구가 정성을 다해 언제나 성대한 편이었다. 스코필드는 친구들이 생일을 축하해 주는 것을 매우 고마워했다. 이번 생일잔치에는 탁자 한가운데에 박정희 최고회의 의장이 보낸 유별나게 큰 생일케이크가 이채로웠다. 또한 외솔 최현배의 주선으로 1962년 3월 15일 자로 펴낸 스코필드 박사 전기 《우리의 벗, 스코필드》를 선물로 증정하면서 생일 축하의 즐거운 분위기는 한층 고조되었다.

3월 20일 아침에 스코필드는 수촌마을로 향했다. 43년 만에 다시 수촌마을로 찾아가는 길이었다. 얼마 전 수촌마을의 장로 한 명이 마을을 대표해서 찾아와 3·1만세운동 당시 스코필드가 자기들 마을을 찾아 비탄에 빠져 있던 마을 사람들을 위로해준 데 대해서 깊은 감사의 뜻을 표하고, 20일에 수촌마을 사람들이 그를 위한 사은환영회를 베풀기로 했다는 사실을 전했었다.

하늘은 맑았지만 이른 봄이라 날씨는 차가웠다. 수촌마을 사람 약 300여 명은 수촌교회 앞마당에 모여 스코필드를 열렬히 환영했다. 환영식장 앞머리에는 큼직한 현수막이 걸려 있고, 둘레에 설치된 여러 채의 천막에는 서울을 비롯한 원근 마을에서 참석한 유지들로 가득 차 있었다.

스코필드는 자기를 크게 환영하는 사람들에게 "여러분, 참으로 고맙습니다."를 연발했다. 환영식장에는 3·1만세운동 당시 모진 고초와 곤욕을 몸소 겪었던 마을 할머니 몇 분도 나와 있었다. 스코필드는 이들 할머니의 거친 손을 잡고는 따뜻한 위로의 말을 계속 건네기도 했다. 행사가 진행되는 동안 당시로써는 이례적으로 멀리까지 내려 온 KBS가 환영회 안팎의 즐거운 표정들을 녹화하기에 바빴다. 오후 1시에 시작된 사은환영회는 오후 3시쯤 되어서 끝났다.

　스코필드는 자기를 둘러싼 마을 사람들과 함께 찬송가 "우리 다시 만날 때까지"를 부르고서 환영회장을 떠났다. 마을 어귀 언덕을 넘어서면서 스코필드는 자꾸 수촌마을을 뒤돌아보았다. 서른 살 한창 나이 때의 자신에 대한 그리움, 마을 사람들에 대한 고마움, 언제 다시 찾아올지도 모르는 섭섭함 등 온갖 생각이 떠오르는지 눈시울을 적셨다. 스코필드는 서울로 돌아오는 길에 수촌리 가까이에 있는 제암리에도 들러 마을 노인들과 만나 이야기를 나누면서 3·1만세운동 당시를 회고했다.

　최고회의 박정희 의장은 《우리의 벗, 스코필드》를 통해 스코필드가 걸어온 길을 자세히 알고는 그에 대한 관심이 더욱 커져서 5월 3일에 스코필드를 청와대로 초청했다. 박 의장을 방문하면서 스코필드는 3·1만세운동 당시에 찍은 사진 몇 장과 평소에 절약해서 모은 약간의 돈을 가지고 갔다. 그는 다른 사람에게 자기의 성의를 표시할 때 물품이 좋든 나쁘든, 돈의 액수가 많은 적든, 반드시 물질적으로도 표시하는 것이 습관이었다. 박 의장은 그 후로도 그에 대해 줄곧 따뜻하고 세심한 사적 배려를 아끼지 않았다.

　1962년 5월 7일에 스코필드는 다시 김포공항을 떠났다. 5월

17일 캐나다 토론토대학교 온타리오 수의과대학 제100회 졸업식 석상에서 명예 법학 박사학위를 받기 위해서였다. 스코필드는 다시 캐나다와 유럽을 돌아다니면서 한국에서 벌이는 고아원 지원사업과 불우학생 학비보조사업에 물질적으로 적극 협력해 줄 것을 당부하고는 9월 10일에 서울로 돌아왔다.

1963년 한국은 연초부터 갖가지 우여곡절을 겪더니, 결국 10월 15일에는 제3공화국 대통령 선거가 실시되었고, 10월 17일에는 박정희 최고회의 의장이 제5대 대통령으로 당선됐다. 12월 17일에 있을 대통령 취임식에 앞서 12월 15일에는 박 의장의 대통령 취임을 축하하고 앞날의 순탄을 축원하는 축하기도회가 서울 용산에 있는 군인 교회에서 열리기로 되어 있었다. 스코필드의 인품을 잘 알고 있던 박 의장은 서슴없이 스코필드에게 축하예배 기도를 부탁했다. 평소 박 의장의 강인한 의지와 과감한 실천력에 찬사를 아끼지 않던 스코필드는 부탁을 받아들였다. 서울YMCA에 보관되어 있는 기록에는 그날의 기도문이 다음과 같이 수록되어 있다.

> 전능하신 하나님 아버지, 오늘 우리는 박정희 장군이 대한민국 대통령으로 당선된 것을 축하하며, 정식 취임하기에 앞서 하나님의 가호를 빌기 위하여 여기 모였습니다. 하나님, 널리 굽어살펴 주십시오! 우리 국민이 또 핑계 말게 하십시오.

대통령도 핑계 말게 하십시오. 또다시 도탄에 빠지지 않도록 도와주십시오! 그리고 박정희 대통령이 대한민국을 이끌어 나갈 때 여러 가지 어려운 일에 부딪히더라도 넘어지지 않도록, 하나님 붙들어 주십시오. 부패와 부정을 용감하게 제거하며 오직 국민들의 행복만을 위하여 몸 바쳐 일하게 하나님 도와주시기를 간절히 기도합니다. 아멘.

스코필드의 기력은 해가 갈수록 줄어들었지만, 의욕은 여전했다. 이런저런 생각 끝에 그는 날씨가 풀리는 4월이 되면 다시 유럽과 캐나다에 들러 한국에서 벌이는 일에 대해 적극적인 지원을 부탁해 볼 계획을 세웠다. 마침내 4월 18일에 한국을 떠나기로 했다. 그런데 당시 그의 건강이 그다지 좋지 않은 상태였다. 스코필드가 한국을 떠난다는 소식이 알려지자 건강 때문에 이번에 떠나면 다시 돌아올 수 없을지도 모른다는 생각을 했던 한국 사람들은 섭섭한 마음을 신문 등을 통해 애틋하게 나타냈다. 스코필드는 김포공항을 떠나 일본, 홍콩, 인도, 파키스탄, 유고슬라비아, 독일, 네덜란드, 영국을 거쳐 캐나다로 갔다. 끝내 한국을 잊을 수 없었던 그는 10월 15일 캐나다를 출발하여 일본에 들른 후 10월 25일에 다시 한국 땅을 밟았다.

스코필드는 계속해서 서울대 수의학과에서 그의 전공과목인 수의병리학을 강의했다. 실험실에서도 많은 시간을 보냈다. 1962년 대학기구 개편에 따라 수의학과가 서울농대 수의학과가 되자 1963년부터는 수원에서 강의해야 했다. 그는 강의 시간만 되면 백발을 나부끼며 수원에 나타났다. 대한수의학회에서는 1965년 초 스코필드의 그동안의 학술활동을 인정하여, 경북대에 명예 수의학박사 학위를 수여해줄 것을 건의했다. 경북대는 한국 수의학에 대한 그의 학술적 공헌을 인정하여 1965년 졸업식에서 명예 수의학박사 학위를 그에게 수여했다. 한편 고려대에서도 오랜 세월에 걸친 한국사회에의 정신적 공헌을 존중하여, 1965년 개교기념일 기념식에서 스코필드에게 명예 법학박사 학위를 수여했다. 그는 국내에서 두 개의 명예박사 학위를 받고 자기가 한국 사회와 더욱더 깊은 인연을 맺어 가고 있음을 매우 기뻐했다.

1965년 3월 그동안 국내외에 적지 않은 정치적 파란을 일으키면서 오랫동안 끌어오던 한일회담이 마침내 체결의 고비에 이르게 되었다. 서울신문사에서는 국내에 거주하는 외국인 인사들을 차례로 만나 한일회담에 대한 그들의 소감을 물었다. 그중 첫 번째로 스코필드는 다음과 같이 그의 소신을 밝혔다.

> 3·1만세운동 때부터 우리 민족과 함께 일제의 압박을 몸소 겪어 온 스코필드 박사는 정치문제엔 별로 관심이 없다고 말해 왔으나, 타결 전야에 있는 한일회담에 관해서만은 "꼭 한마

디 하고 싶다."고 입을 열었다.

"과거에 이미 한일 양국이 서로 친구가 되었어야 했지만 불행스런 역사 때문에……. 그러나 지금이라도 곧 친구가 되어 우호를 찾는다면 좋지 않겠습니까?"

겉보기엔 담담하지만 한 마디 한 마디에 힘주어 이야기하는 표정에는 한민족의 장래를 걱정하는 우수가 서린 듯하다.

"그렇다면 한일회담이 꼭 타결되어야 할 이유는 구체적으로 무엇입니까?"

이 물음에 한참 생각하더니 스코필드 박사가 말했다.

"여러분들이 더 잘 아시겠지만, 한국은 지금 형편이 어려운 나라이고 일본은 번영해가는 나라이니 무역 같은 경제교류를 해서 한국도 빨리 자립했어야 했는데, 과거 이 대통령은 그 기회를 외면했지요. 아, 생각해 보십시오."

여기서 잠시 말을 끊은 스코필드 박사는 한층 억양을 높이며 말했다.

"13년간을 끌어온 한일회담에 이제는 서로 지칠 대로 지쳤고, 일본은 날로 눈부신 발전을 이루어가고 있습니다. 만일 한국이 5년 후로 타결을 미룬다 해도 사태는 점점 악화될 수밖에 없죠."

자신 있게 단정적으로 말하는 그에게 기자가 따져 물었다.

"그러면 현재 한국에 대한 일본의 태도가 달라졌다고 보십니까?"

그는 서슴지 않고 대답했다.

"그 당시 한국을 지배했던 일본인들은 이제 거의 사라지고 새로운 세대가 등장했어요. 나는 일제 때 악독한 일본인 관리를 알고 있는데 우연히 일본에서 그의 아들을 만나게 되었지요. 그의 아들도 현재 일본의 관리인데 많은 차이점을 발견했습니다. 아버지와 전혀 다른 신사적이고 지성적인 사고를 지녔어요. 일본의 패전 후 새로운 교육을 받은 새로운 일본인들이 일본의 낡은 세대와 다르다는 점을 내 자신이 체험했다고 하겠지요."

"하지만 일본이 과거 36년 동안 한국을 지배했기 때문에 우리에겐 이 감정이 사라지지 않고 있는데요?"

"나 자신 또한 3·1만세운동 때에 한국 민족의 얼을 체험했고, 이곳에 사는 동안 누구보다 한국민의 대일감정을 이해합니다. 그것은 나쁜 것이 아닙니다. 문제는 감정을 이성과 조화시켜 벌어진 사태를 수습하는 것입니다. 작년의 학생 데모도 한국의 국제적인 위치를 좀 더 올바르게 알았더라면 그렇게까지는 안 되었겠지요."

"만일 한일회담이 타결되면 일본에 경제적으로 예속당할 우려가 있다고 떠드는 사람도 있는데요."

"한국은 주권국입니다. 위정자들이 일본에서 받는 돈과 미국원조만 잘 이용하면 자립할 수 있습니다. 나는 이번이 한국이 번영할 가장 좋은 기회라고 봅니다. 경제 예속은 지나친 걱정이 아닐까요?"

"현재 일본의 태도는 성실하다고 보십니까?"

"13년간 계속해서 북한이 아닌 대한민국과 회담에 임하고 있다는 사실만으로도 그들의 성의는 알 수 있겠지요."

"평화선(1952년 이승만 대통령이 우리 나라 연안수역 보호를 목적으로 선언한 해양 주권선)이 없어지면 우리 어획량이 주는데 어떻게 생각하십니까?"

"외교는 주고받는 것인데 받으려고만 할 수는 없지요. 또 현재 평화선이 있더라도 일본이 마음대로 고기를 잡지 않습니까? 한국이 경비정을 충분히 사들인다 해도, 일본은 더 많은 경비정을 배치해서 평화선을 침입하여 고기를 잡지 않으리라는 보장은 없습니다. 문제는 타협을 어느 정도로 잘 이루느냐 하는 것입니다."

"일본으로부터 받아들인 돈을 과거 이 정권 때처럼 사치나 허영에 털어 넣지 않고 올바른 일에 써 주길 바랄 뿐입니다. 이것이 한일회담에 대한 나의 유일한 걱정거리입니다."

스코필드 박사는 몇 번이나 강조했다. 그는 지난 22일 시나에쓰사부로椎名悅三郎 일본 외상에게 "이번 한일회담에 적극적인 성의를 보여 달라."는 요지의 서한을 보내어 일본〈마이니치신문〉每日新聞에 크게 보도된 바 있었다.

스코필드는 캐나다에서의 휴양과 모금 운동을 위해서 고령을 무릅쓰고 1965년 6월 24일 다시 서울을 떠나 캐나다로 향했다. 캐나다에서 4개월 동안 머문 후 10월 23일 서울로 돌아왔다. 스코필드 박사는 1966년 2월 25일에 경희대에서 수여하는 대학장大學章을 받았다. 이 대학장에는 스코필드가 3·1만세운동 이래로 우리나라에 끼친 정신적 업적을 찬양하는 글이 명기되어 있었다.

스코필드는 1966년 7월 3일에 다시 서울을 출발하여 이번에는 유럽 여러 나라를 순방했다. 영국에 들렀을 때는 그의 조카 패트릭 스코필드를 비롯해 모든 친척이 고령과 건강을 우려해서 그가 한국으로 돌아가는 것을 반대했다. 그러나 그는 끝내 캐나다를 거쳐 10월 15일에 한국에 다시 돌아왔다. 스코필드는 평소에도 어려운 처지의 학생들을 학자금 보조 등의 형식으로 많이 도왔지만, 1967년 3월 7일에는 서울대 최문환 총장을 찾아가 500달러를 내놓으면서 특히 법과대학 학생들의 장학을 위해 써 달라고 부탁했다.

스코필드는 캐나다에서 쉬는 동안 조금은 건강을 회복한 것 같았다. 그는 캐나다에 가면 토론토에서 사는 아들 집에도 가끔 들렀지만 주로 그의 오랜 친구인 조지 카디널George Cardinal 집에서 머물렀다. 카디널은 온타리오 수의과대학 근처의 작은 마을에서 큰 농장을 경영하고 있었다. 그는 캐나다에서 스코필드의 재산관리인이기도 했다. 이번에도 그는 카디널의 농장에서 푹 쉴 수 있었다. 캐나다에서 그의 건강은 오랜 친구인 의사 로버트 데프리즈Robert Defries 박사가 정성을 다해 보살펴 주었다. 데프리즈 박사는 스코필드가 한국에 와 있는 동안에도 치료약을 보내오는 등 스코필드의 건강에 많은 관심을 가졌었다. 또한 스코필드가 한국에서 하는 일을 돕기 위해 여러 차례에 걸쳐 많은 돈을 희사하기도 했다.

한국 정부는 1968년 3월 1일을 기해서 스코필드에게 건국공로훈장(국민장)을 수여한다는 통지를 했다. 며칠이 지나자 캐나다 주재 백선엽 대사가 카디널 농장으로 스코필드를 찾아와 한국으로부터 날아온 건국공로훈장을 많은 사람이 지켜보는 가운데 스코필드의 앞가슴에 달아 주었다.

몸은 비록 캐나다에 와 있었지만 스코필드의 '비둘기 같은 마음'은 항상 한국에 가 있었다. 그는 한국을 떠나 있을 때도 자기가 돕고 있던 고아원과 불우 학생에게 자기가 직접 또는 이영소 교수의 손을 거쳐서 약속한 대로의 일정 액수의 돈을 계속해서 보내주고 있었다. 이영소 교수는 평소에 스코필드를 가까이 모시고 있었다.

한국의 풍성한 가을을 잘 아는 스코필드는 가을로 접어드니 한국을 그리는 마음이 더욱 간절해졌다. 그러나 몸이 이미 많이 노쇠해서 어쩌면 다시 한국에 돌아갈 수 없을지도 몰랐다. 한국을 그리면서 이런저런 생각을 하다가 스코필드는 서울에 두고 온 자기의 책이나 그 밖의 물품들을 지금 정리해 두는 것이 좋겠다고 생각했다. 그중에서도 자기가 간직하고 있던 책을 서울대에 넘겨주면 한국의 젊은이를 위해 조금은 도움이 될 것으로 여겼다.

스코필드는 생각이 떠오른 대로 바로 서울에 있는 이영소 교수에게 편지를 보냈다.

1968년 9월 7일
프랭크 받아보시오. 내가 한국에 돌아갈 수 있을 것 같지 않소. 그러니 프랭크와 임종희는 내 방에 있는 물건들을 처리했으면 좋겠소.
1. 모든 책은 서울대 영어영문학과에 넘기시오. 서울대 영어영문학과에서 필요로 하지 않는 책은 다른 사람 아무에게나 나누어 줄 수 있소.
2. 옷장 안에 목이 긴 구두 한 켤레가 있소. 아직 쓸 만한 것이니 백광엽 씨께 주시오. 옷가지는 고아원에 보내시오. 삼일절에 관한 내 책의 원고들은 건국대학교의 정 데이비드 님께 넘겨주시오. 페이비올러 그림은 서울대 최문한 총장님께 드리시오. 이 그림이 총장실에 걸리게 됐으면 좋겠소.
3. 가운데 큰 서랍을 열어 보시오. 거기에는 내가 옛날 1919년에 영자신문 〈서울프레스〉에 투고했던 신문 기사들과 최근에 한국 신문에 투고했던 신문 기사들이 있소. 이 신문 기사들은 프랭크가 간직하시오. 가운데 서랍에는

색다른 물건 몇 개가 들어 있을 것이오. 파란 조개껍질이 박혀있는 캐쉬미어제 자개 상자는 임종희가 가지고, 마하트마 간디Mahatma Gandhi의 초상이 새겨져 있는 상아 조각물은 프랭크가 가지시오. 은으로 만든 잔과 잔 받침은 이용설 박사에게 넘기시오. 이용설 박사는 이 은잔과 은잔 받침을 나에게 선사해 준 학생들과 같은 학년 반 학생이었소.

4. 큰 책《위대한 민주주의자》는 내 손자 정운찬이 가지도록 하시오. 무사히 지내기를 바라오.

아버지 보냄

스코필드는 이 편지에서 자기와 아주 가까이 지내는 한국 친구 몇몇에 대해서는 그들의 나이를 보아 곧잘 아들, 손자 또는 어머니, 누이라고 서슴없이 불렀다. 자기는 그런 한국 친구들의 아버지도 되고 할아버지도 되고, 때로는 아들도 되고 동생도 됐다. 적어도 스코필드 자신에게는 이렇게 부르거나 불리는 것이 자연스러웠다.

스코필드가 시키는 대로 서울에 두었던 그의 책 모두를 서울대로 실어 나른 지 얼마 후에 이영소는 스코필드로부터 다시 편지를 받았다. 그 편지에는 은잔과 은잔 받침은 최근에 세브란스의학전문학교를 병합한 연세대의 박물관에 기증하는 것이 더욱 좋을 것 같으니 그렇게 해 달라는 말과 옷장 서랍에 있을 자그마한 태극기도 함께 연세대 박물관에 넘겨 달라는 말이 담겨 있었다.

은잔과 은잔 받침은 그가 3·1만세운동 이듬해 봄에 세브란스의학전문학교의 제자들로부터 선물로 받은 것이었다. 그때 스코필드가 캐나다로 돌아갈 때 제자들이 3년 반에 걸친 열성적인 가르침과 한국에 대한 숭고한 우정을 고맙게 여겨 이 은잔과 은잔 받침을 선물했던 것이다.

스코필드는 이 은제품을 줄곧 가까이에 보관하고 있었고 이를 통해 한국에서의 젊은 날들을 회상하곤 했다. 이들 은잔과 받침은 그 생김새도 특별했다. 잔은 윗지름 5.96cm, 바닥지름 3cm, 깊이 6cm의 크기였고, 거기에 한국 활 모양의 손잡이가 달려 있었다. 잔 바깥 둘레에는 소나무, 대나무, 한국 지도가 음각되어 있고, 한쪽에는 '드림 됴션 경성 세브란쓰 년합의학전문학교 학생 일동 일천구백이십년 삼월일일 셕필도션생 앞'이라고 새겨져 있었다. 잔 받침은 지름 11.3cm의 넓이인데 그 전체가 무궁화꽃 모양이었고 그 위쪽 바닥에는 가운데에 태극무늬가, 그 둘레에는 건곤감리 네 괘가 아름답게 음각되어 있었다. 이 잔과 잔 받침은 학생들의 간곡한 부탁을 받고 성루 창신은방이 일본 관헌의 눈을 피해 가면서 정성 들여 만든 것이었다.

스코필드가 소중하게 간직하고 있었던 자그마한 태극기는 가로 21cm, 세로 14cm의 흰 명주천에 태극을 진홍빛과 푸른빛으로 그리고 네 괘를 검은빛으로 섬세하게 수놓은 것이었다. 스코필드는 이 태극기를 분명히 3·1만세운동 당시에 손에 넣었지만 그 정확한 입수 경위를 잊은 채 매우 소중하게 간직해 오고 있었다. 두 번째 부탁을 받은 이영소 교수는 1968년 10월 은잔과 은잔 받침, 태극기를 연세대 박물관에 넘겼다.

23장 한국 땅에 묻히리라

스코필드는 1968년 말 한국 정부로부터 한 통의 초청장을 받았다. 1969년 3월 1일에 있을 3·1만세운동 50주년 기념식에 특별 초대한다는 내용이었다. 3·1만세운동 50주년 기념행사를 계획하던 정부의 관계 인사들은 '3·1만세운동의 제34인'으로 알려진 스코필드를 잊을 수가 없었던 것이다.

스코필드는 한국 정부의 초청장을 받고 기쁘고 고마웠다. 그렇지 않아도 그는 하루라도 빨리 다시 한국에 가고 싶었다. 사실 그동안 일 년 반에 걸친 스코필드의 캐나다 생활은 한국에서의 생활과는 비교할 수 없을 만큼 편했다. 입는 것, 먹는 것, 지내는 것이 모두 풍족했다. 아들 내외도 있고 손자도 있었다. 좋은 친구도 많았고 착한 후배도 많았다. 그야말로 편안한 여생이 보장되어 있었다. 그래도 스코필드의 마음은 언제나 허전했다.

그동안 그는 자기를 낳아준 땅 영국에도 들렀지만, 영국도 이제는 그의 허전한 마음을 메워 주지 못했다. 그는 한국에만 가면 마음이 저절로 가득 채워질 것을 잘 알고 있었다. 스코필드는 결국 마지막 용기를 내어 서울을 다시 찾아가기로 마음먹었다. 그러나 스코필드의 건강은 한국으로의 긴 여행을 감당하기 어려운 상태에 있었다. 더욱이 누가 그와 동반해주는 것도 아니었다. 혼자서 서울에 간다는 것은 그에게 있어서 하나의 큰 모험이었다. 그래도 그는 단번에 한국까지 못 간다 해도 도중에 쉬면서 가면 되지 않겠느냐고 말하면서, 의사의 간곡한 만류를 뿌리쳤다. 일찌감치 캐나다를 출발하여 우선 양딸이 있는 로스앤젤레스까지 가서 쉬고, 하와이에서 쉬고, 다시 도쿄에서 쉬고, 그리고 서울에 가자. 그러면 별 탈 없이 한국까지 가겠지 하고 생각했다. 이렇게 기어이 1969년 1월 초에 모든 친구의 걱정 어린 전송을 뒤로하고 우선 로스앤젤레스로 향했다.

스코필드가 타고 있던 비행기가 미국 시카고에서 잠시 머물렀다가 두 번째 기항지인 미국 콜로라도 주 덴버로 날아가고 있을 때, 갑자기 호흡곤란이 왔다. 아찔했다. 얼굴은 창백해졌고 안면에는 식은땀이 흐르고 있었다. 맥박은 약하고도 빨랐다. 급속도로 허탈 상태에 빠져 들어갔다. 심장성 천식을 일으킨 것이다. 비행기가 덴버 비행장에 도착하자마자 그는 즉시 비행장 의무실로 옮겨져 산소 흡입 등의 응급치료를 받았다. 그의 여행을 말렸던 의사의 충고는 옳았다. 비행기를 타느라고 한겨울의 찬바람을 쐬면서 서두른 것이 노쇠한 그의 육체에 충격을 주었음이 분명했다. 스코필드는 덴버의 병원에서 일주일을 쉬었다.

다행히 위급한 고비를 넘기고 겨우 기력을 회복한 스코필드는 조심조심 로스앤젤레스로 날아가서 마침내 양딸 임종희의 숙소에 다다랐다. 로스앤젤레스는 1월인데도 15°C 안팎의 온화한 기온을 유지하고 있었다. 임종희는 양아버지를 정성껏 모셨다. 스코필드의 건강은 눈에 띄게 좋아졌다. 이 무렵 스코필드를 방문한 〈동아일보〉 로스앤젤레스 주재 김남호 통신원은 다음과 같은 기사를 서울로 적어 보냈다.

3·1만세운동 때 민족 대표 33인에 이어 제34인이라고 불리는 한국의 벗 프랭크 W. 스코필드 박사가 그에게는 마지막이 될지도 모르는 뜻 깊은 3·1만세운동 50주년 기념식에 참석하고 그의 제2의 조국에서 80회 생일(3월 15일)을 지내려고 노구를 무릅쓰고 지난 17일 이곳을 떠나 서울로 향했다. 그는 하와이와 도쿄를 거쳐 오는 17일 한국에 도착할 예정이다.

스코필드 박사는 그동안 로스앤젤레스 북쪽 20마일 지점 글렌데일Glendale의 자그마한 아파트에 살고 있는 그의 양딸 임종희 양 집에서 요양하고 있었다. 한국으로 떠나기 며칠 전 기자가 그곳을 찾았을 때 백발의 노 박사는 만면에 희색을 띠고 반기면서 "한국사람 사랑하는 마음 많이 있습니다. 나도 한국사람 될 마음 있습니다. 한국에 안 가면 편안한 마음 없습니다."라고 한국을 못 잊는 연연한 정을 또렷한 한국말로 털어놓왔다.

그는 그동안 런던에 있는 조카(의사)의 초청으로 영국에 갔다가 다시 캐나다로 돌아와 외아들의 도움으로 병원에서 요양 중이었는데, 그곳 날씨가 추운데다 수양딸 임양의 간곡한 권고가 있어서 지난 1월부터 이곳 임 양 집으로 옮겨와 요양 중이었다. 서울 진명여고 때 학생회장을 지냈고 서울여자대학(사회사업과)을 수석으로 졸업한 임 양은 여고 시절에 스코필드 박사가 수양딸로 삼아 줄곧 학비를 대어주는 등 끔찍이 사랑해오고 있으며, 임 양 역시 친부모 못지않게 그의 노후를 보살피고 있다. 5개월 전 학생비자로 도미, 현재 이곳 글렌데일에 있는 종교서적출판협회 사무원으로 일하고 있는데, 오는 9월경 남 캘리포니아대학원에서 사회사업 석사과정을 밟을 예정이다. 작은 키 둥근 얼굴에 귀염성 있는 임 양은 "독실한 기독교 신자로 이웃까지 칭찬이 자자하며 요리 솜씨도 놀랍다."며 스코필드 박사의 자랑이 대단했다.

임 양은 근무처가 걸어서 5분 거리밖에 안 돼 하루 세 끼 식사를 손수 지어 드리고 임 양이 출근하고 나면 스코필드 박사는 혼자서 종교서적을 읽거나 신문을 보면서 소일하고 있다. 그는 대개 밤늦게 잠자리에 들어 아침 8시경에 기상, 부녀가 식탁에 마주 앉으면 으레 한국 이야기로 꽃을 피운다고 했다.

3·1만세운동 3년 전인 1916년 (당시 27세) 에비슨 박사의 간청으로 세브란스의학전문학교 세균학 교수로 한국에 첫발을 디뎠던 그는 3·1만세운동 직전 이갑성 씨의 부탁으로 국외

여론의 정보를 입수, 민족대표들에게 알려주는 등 기미독립운동 계획을 측면에서 도왔고, 3·1만세운동이 터지자 경향 각지를 뛰어다니며 사진을 찍고 진상을 수집, 일본의 죄악상과 독립을 의구하는 한민족의 염원을 전 세계에 알렸다.

"그렇게 많은 사람이 만세를 부를 줄은 몰랐어. 파고다공원, 종로, 덕수궁으로 정신없이 뛰어다니며 사진을 찍었지요. 일본인들은 한국을 떠나라고 위협했지만 난 굽히지 않았지."

반세기 전의 서울과 그 거리를 회상하는 노 박사의 눈에 끝없는 감회가 서렸다.

"한시바삐 그동안 눈부시게 경제성장을 이루었다는 한국을 보고 싶다."라고 그는 되풀이해서 말했다. 기미독립운동 다음 해 한국을 떠났던 박사는 그 후 세 차례 방한, 이번이 다섯 번째 방문길인데 고령의 박사가 방한할 뜻을 밝혔을 때 의사와 주위 사람들은 건강상 무리라고 극구 만류했으나, 생전에 한 번만 더 한국을 보고 싶다는 박사의 고집을 아무도 꺾을 수 없었다는 임 양의 말이다.

건강상 긴 여행을 할 수 없어 지난 17일 이곳을 떠나 도중 하와이와 도쿄에서 2, 3일씩 쉬어 가며 오는 27일 정도에 서울에 도착할 예정인 스코필드 박사는 한국에 가면 얼마나 머물겠느냐는 질문을 받자 "한국에서 여생을 마치고 싶다."라고 조용한 목소리로 말했다.

〈동아일보〉 1969년 2월 22일

건강을 어느 정도 회복한 스코필드는 2월에 들어서자 서울을 향한 여행을 다시 하기로 마음을 굳혔다. 양딸과 의사가 극구 만류했지만 스코필드는 끝내 자기의 생각을 굽히지 않았다. 그러나 스코필드도 가다가 혹시나 싶은 일말의 불안은 없지 않았다. 스코필드는 떠나기에 며칠 앞서 로스앤젤레스 주재 한국 영사관을 찾았다.

스코필드는 서울행 여행에 관해서 이런저런 이야기를 한 끝에 안색을 바르게 하여 엄정한 말투로 한 가지 심각한 부탁을 했다. 자기가 한국으로 가는 도중에 혹시 잘못돼 죽게 될 경우에는 자기의 시체를 화장하여 유골을 한국 어디든 묻도록 주선해 달라는 부탁이었다. 스코필드는 2월 17일에 로스앤젤레스를 출발하여 하와이에서 4일간, 도쿄에서 5일간을 쉬면서 여행을 계속하여 2월 26일 오후에 기어이 김포에 내렸다.

이제 한국 땅이다 싶으니 마음은 확 놓였지만 육체는 지칠 대로 지쳐 있었다. 그는 비행기에서 걸어 나올 힘조차 없었다. 그를 마중 나온 이갑성과 이영소의 부축을 받으면서 간신히 비행기에서 내렸다. 스코필드는 바퀴 달린 의자에 앉은 채 비행장을 빠져나와 그를 반가이 맞아주는 사람들과 다시 만나게 된 기쁨도 잠시, 서둘러 국립 중앙의료원으로 직행했다.

3·1만세운동 50주년 기념식은 1969년 3월 1일 오전 10시에 중앙청 동쪽 광장에서 약 3만여 명이 참석한 가운데 성대히

거행됐다. 하늘은 맑게 개었으나 영하 5°C나 되는 추운 날씨였다. 기념식장 상공에는 사방 5m 크기의 큰 태극기가 펄럭이고 있었다. 스코필드는 두꺼운 담요로 무릎을 감싼 채 영하의 추위를 견디면서 묵묵히 기념식을 지켜보았다. 그의 머릿속에는 목숨을 내걸고 항거하던 그 날의 울분에 찬 표정과 겨레의 슬기를 다하며 드디어 세계로 뻗어 가고 있는 오늘의 희망에 찬 표정이 번갈아 떠올랐다. 스코필드는 자기가 한국과 한국 사람을 위해서 애쓴 보람이 있었구나 하고 생각하니 흐뭇했다.

스코필드는 3월 15일에 그가 바랐던 대로 그의 80회 생일을 한국 땅에서 맞았다. 박정희 대통령은 이번 생일에도 예년처럼 큼직한 생일 축하케이크를 보내왔다. 이때부터 스코필드의 한국 땅에서의 마지막 일 년간의 생애를 하루도 빠짐없이 밤낮을 가리지 않고 직접 지켜보았던 태신자가 등장한다. 스코필드가 그의 고집대로 로스앤젤레스를 떠나 서울로 향하자, 그의 양딸 임종희는 지체없이 서울에 있는 여고 동창생 태신자에게 편지를 띄웠다. 그 편지에는 자기를 대신해서 양아버지를 성의를 다하여 시중들어 달라고 사정하는 간곡한 부탁이 담겨있었다. 태신자는 스코필드를 3월 4일에 국립중앙의료원에서 처음으로 만났고, 이어서 4월 10일에 같은 장소에서 다시 만난 다음 날부터 줄곧 스코필드 곁에서 지냈다.

그는 건강을 어느 정도 회복하자 4월 26일에 서울 마포아파트 3동 108호실로 옮겼다. 이 방은 원호처가 스코필드를 위해 마련한 것이었다. 스코필드는 한국 정부의 따뜻한 배려를 고맙게 생각했다. 스코필드는 여기에서 10개월을 살면서 그의 마지막 열정을 쏟아내었다.

마포에서의 생활은 주로 집안에 들어앉아 있는 생활이어서, 학교 강의 등으로 외출이 잦았던 서울대 외인교수 숙소에서보다 한가한 편이었다. 스코필드는 그런대로 조용히 사색하는 시간을 더 많이 가질 수 있었다.

스코필드가 노쇠한 몸으로 마포아파트에서 외롭게 지내고 있다는 사실을 알게 된 그의 한국 친구들과 이제는 장성한 그의 성경반 제자들 몇몇은 스코필드를 자주 찾아 문안 인사를 했다. 멀리 떨어져 있거나 외국에 나가 있던 사람들은 자주 편지를 보내 스코필드의 외로움을 달랬다. 마포아파트에서 줄곧 스코필드의 시중을 들었던 태신자에 따르면, 봉은보육원 이경지 원장, 서울YMCA 총무 전택부, 서울대 농과대학 교수 이영소, 서울대 사범대학 교수 이종수, 청와대 의전 수석비서관 조상호, 원호처 사무관 김한, 국립중앙의료원 간호과장 유순한, 숙명여고 교사 백난영, 서울대 미대생 최선주 등이 자주 마포아파트에 들렀다고 한다.

특히 전택부와 김정신 내외는 스코필드가 좋아하는 음식을 자주 장만해 오기도 하고 침구나 내의 같은 일용품을 마련하거나 교통 편의를 제공하여 객지에서의 고생을 덜었다고 한다. 서울대 영문과 출신의 남광자는 스코필드의 잔일을 도왔고 캐나다 연합교회 한국선교회 목사인 어윈McDonald M. Irwin, 오인수과 선교사인 커렌트Marion E. Current, 구애인도 자주 찾아와서 스코필드를 만나고 갔다 한다.

기력은 이미 많이 빠져 있었지만, 스코필드의 마음은 아직도 지난날과 같았다. 그는 마포아파트에서 지내는 동안에도 규모는 작았지만 성경반도 지도했고, 어려운 사람과 어려운 학생은 힘껏 도왔다. 스코필드는 평소에 세상에서 가장 불쌍한 사람은 부모를 모두 여읜 어린이와 남편 없이 아이들을 키우는 부인이라고 말했다. 그래서 이런 처지의 어린이나 여자가 찾아오면 그들에게 따뜻한 위로와 격려의 말을 건네면서 자기가 가지고 있는 돈과 옷가지 따위를 아낌없이 넘겨주었다. 그 당시 신문기사와 사후에 작성된 태신자 씨의 수기에서 스코필드의 생활을 엿볼 수 있다

> 22일 오전 11시, 며칠째 지루하게 계속되는 장마 때문인지 스코필드 박사가 기거하고 있는 마포아파트 3동 108호실은 후덥지근했다. 의자들로 꽉 차버린 9.7평의 아파트 방 벽에는 독립운동 패와 유공포장 등이 즐비하다. 노 박사는 의자에 앉으며 "어떤 정부든지 부패와 불의가 성하면 망한다."고 느닷없

이 말했다. 그러나 3선 개헌 반대에 나선 학생 데모를 어떻게 생각하느냐고 묻는 말에는 "81세의 나는 이미 하늘의 세계에 있소. 너무 가혹한 질문을 던지지 마시오." 라며 고개를 돌려 버렸다.

'뼈 묻을 곳을 찾겠다.'고 실의와 고독을 안고 떠났던 그가 왜 다시 한국 땅을 찾았는지는 아직도 분명치 않다. 그러나 미국 캘리포니아 주 조그마한 도시 글렌데일에서 공부하고 있는 스코필드 박사의 양녀 임종희 양은 "한국에 가지 않으면 마음이 편치 않다."면서 의사와 주위 사람들의 만류를 뿌리치고 지난 2월 27일 귀국했다고 전해 왔다.

마침 그 당시 박사는 정부로부터 3·1만세운동 50주년 기념식에 특별 초대되었다. 또한 현재 아파트에서 박사를 모시고 있는 임 양의 친구 태신자 양은 "나를 낳은 캐나다는 나의 피부를 찌르지만, 한국은 나의 골수를 찌른다."는 말이 박사의 모든 것을 뜻한다며, 요즘도 매일같이 젊은 학생들에게 시학 등 정신강좌를 해 온다는 것이다. 태 양은 방이 좁아서 노환의 박사가 기거하기에 매우 불편하다고 말했다.

〈한국일보〉 1969년 7월 24일

아래는 태신자 씨의 수기 중 일부이다.

미국에 있는 임종희의 편지를 받은 건 2월 하순이었다. 건강에 무리를 하면서도 묻힐 땅 한국을 찾아 떠나겠다는 뜻을 도저히 만류할 수가 없었다며, 자주 찾아뵙고 근황을 전해달라는 부탁이었다. 그때까지 나는 박사님에 대해 전혀 모르고 있었다. 2월 26일 귀국하셔서 메디컬센터 6호실에 입원해 계시다는 보도를 읽고 처음 방문했던 것이 3월 4일이었다. 종희의 친구라고 하자 반가워하셨다. 일주일 후에 다시 들러달라는 말씀을 듣고 못 가 뵙고 있었다.

4월 10일 밤늦게 종희의 언니가 방문했다. 언니는 박사님께 들렀다 온다며 "박사님께서 종희 친구라며 누굴 자꾸 찾으시는데 이름도 모르고 찾자니 도저히 알 수가 없다."고 말하는 것이었다. 혹시 네 힘으로 도와드릴 수 있다면 도와 드리는 게 우정이 아니겠느냐고 했다. 시간은 이미 10시였고 별로 내키지도 않았지만, 권유에 못 이겨 따라나섰다. 그때 초면인 이 교수님을 뵙게 되었고, 그분을 통해 할아버지께 소개되었다. 침대에 누우신 채 가만히 듣고 나신 당신은 웃으셨다.

"내가 찾던 사람이 바로 이 사람입니다."

며칠 전에 빨간 투피스를 입고 갔던 것까지 기억하셨다. 두 분을 잠깐 내보내신 후에 당신은 첫 마디를 이렇게 꺼내셨다.

"내가 무섭습니까?"

"조금 그렇습니다."

이렇게 대답하자 얼굴에 그렇게 나타난다고 웃으셨다.

"당신 얼굴(인상이란 뜻으로 많이 쓰셨음), 참 좋아요. 나는 그런 얼굴 좋아해요. 당신, 할아버지 일 도와줄 마음 있습니까?"

"글쎄요. 가능한 일이라면 돕겠습니다."

그것이 간단한 심부름이 아니고, 생활 전체를 도와드려야 한다는 것을 알고는 망설일 수밖에 없었다. 생활습성이 다르고 성격도 다르고, 더구나 의사소통도 원활하지 못한 입장으로는 불가능한 일이었다. 그러나 당신은 상대방을 꿰뚫는 듯한 시선으로 조용히 바라보며 말씀하셨다.

"내 눈 하나(왼쪽)는 보지 못해도, 다른 하나는 '엑스레이' 눈입니다. 내 생각에 하나님께서 당신을 보내주셨습니다. 내가 돌아갈 때까지 당신은 나를 잘 도와줄 수 있습니다."

그래서 우선 며칠 동안이라도 도와드리겠다는 마음으로 이튿날 일찍 당신을 뵈러 갔다.

병원에 계셨을 때는 혼자 식당에 가서서 식사를 하실 수 있었던 정도였기 때문에 생활에 별로 어려움은 없었다. 그러나 4월 26일 마포아파트 3동 108호로 거처를 옮긴 후부터는 본격적인 난관에 부닥쳤다. 성격과 습관은 물론 사고와 세대의 차이를 뛰어넘어 타협하고 이해하기까지는 많은 갈등을 겪어야 했다. 특히 까다롭기로 정평이 나 있는 당신의 식성을 맞추는 문제는 오래 연구해야 하는 과제였다.

처음으로 당신께 인정받은 음식은 수프였다. 당신은 그 수프를 "태 수프"라고 이름 붙여주시고 좋은 친구가 올 때면 외국인이든 한국인이든 즐겨 식사하도록 권했다. 커피 한 잔을 놓고도 성의의 척도를 재셨던 당신이셨기에, 농도와 색깔, 맛을 맞추려고 온 신경을 모아야만 했다. 하지만 그에 못지않은 사랑과 보호로 때로는 냉정하고 날카롭게, 때로는 뜨겁고 고맙게 영육의 괴로움에 관심을 주셨던 고마운 할아버지셨다. 의복의 선택이며 디자인과 색은 물론, 언어, 행동, 심지어 정신생활의 구석구석까지 너무도 빈틈없는 배려 때문에 숨을 쉴 공기마저 제한하실 거라고 우울해 했을 때 당신은 손을 꼭 잡고 이렇게 말했다.

"섭섭해요. 내가 당신을 나와 똑같은 사람 만들기를 원해요. 그러나 일 년으로는 부족합니다."

마포아파트에서의 생활은 정말 어려웠다. 내핍이 지나쳐 결핍생활을 하면서까지 가난하고 불쌍한 사람을 위해 희생하신 당신의 생활을 보며, 나도 차츰 당신의 자세를 닮아갔던가 보다. 고장 난 전기기구나 수도를 수리하면서 서툴렀던 망치질에도 익숙해졌고 내 손가락 끝은 항상 거칠었다. 그때마다 당신은 내게 "오! 태, 당신은 여자예요. 일 너무 많이 합니다." 하고 말리면서도 고장 난 것을 고쳐 놓고야 말 때면 목이 메어 기뻐하시곤 했다.

바쁘다는 이발사를 너덧 번이나 모시러 다니다가, 화가 나서 작은 손가락 가위로 두 시간이나 걸려 당신의 머리를 깎았을 때는 얼마나 기뻐하셨는지……. 그때까지 절대로 이발사에게 면도를 맡겨 보신 적이 없다고 하신 당신께서 상처를 내기도 했던 나에게 면도를 맡기시고는 잠들어 버리실 때, 나는 너무 고마웠고 두렵기도 했다. 운명하던 날의 당신 얼굴은 결코 수염이 덥수룩한 중환자의 모습이 아니었다는 게 한편 마음을 흐뭇하게 했다. 식생활에서도 배부를 때까지 먹는다는 것은 이 세상의 배고픈 사람들에 대한 죄라고 늘 절식하시던 당신이셨다. 기름값을 아끼자고 하셔서 겨우내 밤에는 스팀을 넣지 않는 방에서 살아야 했고(물론 할아버지도 냉방이셨다), 애써 구해 놓았던 단 한 벌의 내복마저도 가난한 방문객에게 들려 보내셨던 당신이셨지만, 때로는 몰염치한 방문객 때문에 슬퍼하시고 괴로워하시기도 했다. 물욕이 끊어질 줄 모르는 사람들이라며 실망했다고 눈물 흘리셨다.

〈주간조선〉 1970년 4월 17일

 1969년 말부터 스코필드의 기력은 급속도로 약해져서 1970년 2월 20일에는 국립중앙의료원에 입원했다. 그래서 3·1절을 병상에서 맞았다. 하지만 그는 육체의 힘은 거의 빠졌어도 정신의 힘은 아직도 멀쩡해서 '3·1운동'이라는 제목의 짤막한 글을 써서 그를 찾은 신문기자들에게 건네기도 했다.
 3월 14일에는 남은 시간이 얼마 없어 보이는 스코필드의 뜻을 받들기 위해 국내 저명인사 몇몇이 '스코필드 장학회'를 만들기로 발의했다. 같은 날 서울대는 스코필드에게 명예 수의학 박사 학위를 수여했다. 이날 스코필드는 미8군 의무사령관을 통해 미국 수의과대학 병리학자협의회가 보내온 공로회원 추대장도 받았다. 모두 21개의 학술단체가 모인 병리학자협의회는 전 세계의 수의병리학자 중 그 학문적 업적이 특출한 사람을 공로회원으로 추대하고 있었다. 이렇게 평생을 두고 수의병리학의 연구와 교수에 전념해 온 그의 학문적 집념은 그의 생애의 마지막 무렵 다시 한 번 세계적으로 높이 평가받았다.

3월 하순이 되면서부터 스코필드는 이제 자기의 목숨이 며칠 지탱하지 못할 것이라고 생각했다. 사람이란 자기가 바라는 날에 이 세상을 하직할 수 없다는 것을 그는 너무나도 잘 알고 있었다. 그러면서도 3월 29일은 부활주일이니 그 날에 자기를 하늘나라로 불러주었으면 하는 가냘픈 소망을 갖고 있었다.

3월 27일이었다. 그것도 벌써 저녁이 다 되었다. 내일모레면 부활절이다. 그날 저녁은 마침 병실을 찾아온 사람도 없고 병실 주변도 조용했다. 스코필드는 영영 이 세상을 떠나려는 이때 자기 주변의 모든 일이 제대로 마무리되어 있는지 생각해 보았다. 자기가 옳다고 생각하는 대로 떳떳하고 자유롭게 살아온 한평생이었다. 이미 모든 일이 무난히 마무리되어 있는 것 같았다. 지금 굳이 무엇을 더 밝혀 둘 필요가 있다면, 그것은 아직도 자기 손에 남아 있는 약간의 돈에 관한 것이었다.

마지막으로 밝혀 두고 싶은 것이 돈에 관한 것이라고 생각하니, 가엾은 고아원 어린이들과 딱한 학생의 표정이 금방 떠올랐다. 한편 자기가 죽으면 장례를 치르기 위해 여기저기 꽤 돈이 들 것이라는 생각도 들었다. 스코필드는 방안에 아무도 없는 것을 확인하고서 병상에 누운 채 손에 잡히는 대로 종잇조각을 들어 올렸다. 그것은 예전에 한 문고본의 책에 씌웠던 손때 묻은 두꺼운 흰 종이었다. 스코필드는 자기가 평소에 쓰던 검은 색 서명용 펜을 잡았다. 그리고는 온 힘을 손에 모아 띄엄띄엄 써 내려갔다.

부활주일
프랭크 윌리암 스코필드의 유언
유린보육원 1,500달러
서울 중앙기독교청년회 1,000달러
내 아들 프랭크, 영소 이에게,
나머지는 3월 치 학교 수업료로 나누어 줄 것.

이렇게 적고서는 마지막으로 프랭크 윌리암 스코필드라고 자기 이름을 쓰고 그 밑에 줄을 그었다. 손이 많이 떨렸다. 글씨가 제대로 되어 있지 않았다. 겨우겨우 알아볼 수 있을 정도였다. 이렇게 해서 스코필드는 어려운 사람들을 위한 간절한 마지막 사랑을 보이면서 그의 마지막 필적을 이 세상에 남겼다.

스코필드는 이 유언 쪽지를 큼직한 봉투에 넣고서 아무도 몰래 우선 베개 밑에 감추었다. 그는 이 유언 쪽지를 다음날

(1970년 3월 28일) 오후 해 질 녘 서울YMCA 전택부 총무에게 넘겼다. 서울YMCA에서 보관하고 있는 문서철에는 1970년 4월 30일 자로 전택부가 쓴 "프랭크 윌리암 스코필드 박사의 유언에 관한 증언"이라고 제목이 붙어 있는 글이 수록되어 있다. 그 글의 일부를 여기에 소개한다.

별지 인쇄물에 관한 보충설명입니다. 별지 스코필드 박사의 유언서는 그가 쓴 날짜는 정확히 모르나, 3월 29일 부활주일을 맞이하기 이삼일 전인가 봅니다. 3월 28일 나더러 오라고 전화하셔서 갔더니, 병원 간호사와 개인 간호사(태신자 양)도 병실에서 나가게 한 후 나 혼자만 있는 데서 돈을 어떻게 처리할지 말씀하셨습니다. 베개 밑에 넣어 두었던 큰 봉투 두 개를 꺼내 주시면서, 그 속에 자기의 사회보장카드 Social Insurance Card 도 있으니 잘 처리하여 달라고 말씀하셨습니다. 나는 깜짝 놀랐습니다. 또한 박사의 말씀이 흐려져서 잘 알아듣기도 어렵고 이런 중요한 말을 나 혼자서 듣는 것도 좋지 않겠다 싶어서 밤에 이용설 박사를 데리고 오면 어떠냐고 물었습니다. 좋다고 말씀하시기에 그 날 저녁 이용설 박사를 모시고 가서 말씀을 다시 들었습니다. 그랬더니 그 봉투 속에 유언서가 있다는 것이 아니겠습니까? 또다시 놀라 확인해 보았더니, 정말 책표지로 썼던 헌 종이에 겨우 써놓은 유언서를 발견했습니다. 그리고 수표 7매(총액 $2,577.78)가 들어있는 것도 재확인됐습니다.

스코필드 박사는 며칠 전에 간호과장, 이영소 씨(아들), 태신자 양(개인 간호사), 다른 간호사, 그리고 나를 함께 병실로 들어오라고 하시더니 당신이 죽으면 태신자에게 400달러를 주라면서 나와 간호과장이 서명하게 했습니다. 마침 그때 이영소 씨가 병실로 들어왔습니다. 스코필드 박사가 이영소 씨를 보더니 이렇게 말씀하셨습니다.

"너는 아이들 학비 주는 일을 잘 아니 YMCA 특별위원회와 잘 협력해서 내 사업을 계속하도록 하라."

그리고 자기와 친구 두 사람의 명의로 토론토 은행에 예금된 돈이 4,000달러 있는데, 그 돈을 어떻게 사용할지 우리에게 물었습니다. 그래서 우리는 스코필드 박사가 평소에 하시던 일을 계속할 것이라고 말했습니다. 그때 녹음한 것이 있는데 말씀이 너무 흐려 잘 이해할 수 없습니다.

어쨌든 스코필드 박사의 하시던 사업은 박사님이 살아 계실 때부터 YMCA 돈을 선불하면서 계속했고, 나에게 준 수표 7매는 은행에 예금했으나 아직 현금으로는 입금되지 않았습니다. 박사님도 이 사실을 잘 아시고 세상을 떠나셨습니다. 말하자면 박사님은 당신이 죽은 후라도 당신이 도와주던 사람들이 계속 도움을 받게 될 것을 아주 만족하셨습니다.

4월로 접어드니 스코필드의 육체는 극도로 쇠잔해졌다. 그래도 그의 정신은 여전히 맑았다. 평소에 투철한 신앙심을 지니고 있던 스코필드는 예수의 부활을 믿었고, 죽음을 두려워하는 기색을 조금도 보이지 않았다. 내일모레면 이 세상을 떠날 텐데도 문병 온 친구들을 곧잘 웃기곤 했다.

4월 6일 저녁 이용설은 세브란스의학전문학교 시절의 은사인 스코필드를 찾았다. 스코필드의 정신은 아직 흐리지 않았다. 그는 옛 제자를 만나 가느다란 목소리로 이것저것 말을 이어 가더니, 급기야 긴 세월을 두고 마음에 사무쳐있던 쓰라린 과거 일 몇 가지를 눈물을 흘리며 털어놓았다. 그것은 자기의 새어머니와 아내에 관한 안타까운 내용이었다. 제자로서는 처음 듣는 이야기였다. 이용설은 스코필드가 가정적으로는 불행했다는 사실은 이미 잘 알고 있었지만 그 정도가 그렇게 심각했던 줄은 미처 몰랐다. 그런 정신적 고뇌를 딛고 오늘의 스코필드 박사가 서 있다고 생각하니, 제자에게는 은사가 새삼스레 우러러보였다. 서울YMCA에는 이때 이용설이 적은 기록문이 남아있다.

> 우리 형제들은 모두 어머니의 사랑을 모를 뿐만 아니라 새어머니에 대해서는 심한 적개심을 가졌다. 나이가 들어서는 아버지를 기쁘게 해드리기 위해 새어머니와 화해하려고 애썼지만 쉽지 않았다. 스물다섯 살 때 하루는 하나님의 힘을 빌려

새어머니 방의 문을 두드리고는 새어머니의 뺨에 입을 맞추었다. 이 일은 나 혼자 힘으로는 할 수 없는 일이었다. 하나님의 도움으로 실현되었던 것으로 믿고 있다.

아내는 음악을 공부했다. 그러나 나는 음악에 관해서는 잘 몰랐다. 내가 선교사로 한국에 왔을 때 아내는 선교사업을 좋아하지 않았고, 결국 아내 혼자 먼저 귀국하게 됐다. 그 후 아내는 신경쇠약으로 정신병원에서 오랜 세월을 보냈다. 아내가 오래 입원하고 있어 내 집에는 한때 집안일을 도와주는 여자가 있었는데, 그 여자와 친하게 되는 것이 괴로워서 다른 자리로 일터를 옮겨 주었다. 내 친척들은 아내와 이혼하라고 권했으나 나는 이를 거절했다. 그러나 그로 인한 정신적 고통은 참기 어려웠다. 더구나 내 형 하나가 무신론자가 됐기 때문에 나의 정신적 부담도 더 커졌다. 끝내 나는 자살하려고 많은 양의 수면제를 먹고 손목의 혈관을 잘랐다. 기적적으로 몇 시간 후에 깨어 보니 둘레가 황홀했고 모든 고통이 사라졌다. 곧 나는 병원으로 옮겨졌고 친구들의 도움으로 점차 건강을 회복했다. 이렇게 해서 나는 한국을 다시 방문할 수 있게 되었고 어려운 학생을 조금이나마 도울 수 있었다. 또 예수님의 복음을 전할 수도 있었다. 이런 모든 일을 생각할 때 나는 하나님의 특별하신 은총에 감격한다.

1969년 여름의 어느 무덥던 토요일 저녁에 스코필드는 마지막 일 년을 옆에서 묵묵히 봉사했던 태신자에게 괴로웠던 젊은 날을 회상하면서 왼쪽 손목에 있는 3cm 정도의 흉터를 보여줬다고 한다. 결국 그는 모든 것을 하나님이 내리신 큰 시련으로 믿게 되고 어려운 사태를 달게 받아들였다고 한다.

서울 대한기독교서회에서 발간하고 있는 월간지 〈기독교사상〉 1970년 5월호에 실려 있는 "석호필 박사의 최후"라는 글에서 공동 필자인 백난영과 전택부는 죽음을 며칠 앞둔 스코필드의 마음 상태를 다음과 같이 쓰고 있다. 백난영은 숙명여고 영어교사로서 일찍부터 스코필드가 주관하는 영어 성경반의 일을 도왔다.

> 이삼 년 전만 해도 우리가 "호랑이 할아버지"라고 부르면 반겨 대답하곤 하더니, 차츰 건강이 나빠지면서 "나는 호랑이가 못 돼요. 고양이밖에 못 돼요." 하며 웃기셨다. 작고하시기 몇 달 전부터는 기운이 더 떨어져서 "나는 호랑이가 못돼요. 참새요. 아주 약해요." 하셨다. 정말로 석호필 박사는 몇 해 전부터 건강이 서서히 악화되어, 여러 달 동안 전혀 거동을 못 하고 누워 계신 채 간신히 말씀만 했었다. 그 음성조차 가냘파지고 그 마음씨는 처량하기 그지없었다. 그래서 이 호랑이 할아버지는 가끔 애원하듯이 "하나님께서는 두 푼에 팔려 가는 참새 한 마리도 버리지 않는데……." 하며 눈물을 흘리시곤 했다.
> 작고하시기 약 열흘 전의 일이다. 저녁때 찾아갔더니 수표

에다 사인을 한다면서 볼펜을 집어 달라는 것이었다. 찾아보니 책상 위에도 없고 서랍 속에서도 찾아낼 수 없었다. 서랍 속에 가죽 가방이 없느냐기에 있다고 했더니 그것을 달라고 하셨다. 까맣게 손때가 묻었으나 만져본 촉감은 아주 부드럽고 그 속에서는 연필도 있고 볼펜도 들어 있었다. 할아버지는 웃으면서 "이 가죽 가방이 무언지 알아요? 이게 저 알래스카의 잘사는 여자들이 말 타고 사냥 나가서 쏘아 죽인 짐승의 가죽이오. 나는 그 짐승이 불쌍해서 이 가죽 가방을 오래오래 사랑해요!" 하는 것이었다. 이 수의학 박사 호랑이 할아버지는 짐승도 사람처럼 사랑했다. 그의 사랑은 한국 사람이나 흑인만이 아니라, 호랑이와 사슴과 양과 고양이와 강아지와 참새에도 미친 극진한 사랑이었다.

이런 사랑의 인간이기에 석호필 박사는 일평생 가슴 속에 깊이 품고 있던 로맨스도 있었다. 남이 모르는 사랑, 고백하지 않은 자기만의 사랑, 비밀의 사랑, 영원한 사랑을 품고 계셨다. 이 고귀한 사랑을 작고하실 때 가까운 몇 사람에게 살며시 내보이실 때는 뜨거운 눈물을 흘리셨다.

호랑이 할아버지는 마지막 숨을 거두는 순간까지 불의와 부패를 꾸짖으셨다. 석호필 박사는 죽음을 생각하고 부활을 생각하여 설교를 했다. 내게 준 유서도 "Easter Sunday"라는 제목을 붙였고, 그 유서를 내게 준 날도 3월 28일, 즉 부활절 전날이었다. 특히 이 부활절을 전후하여 약 한 달 동안은 골똘히 죽음을 예비하고 부활을 생각하면서 찾아오는 사람마다 부활에 대해 설교를 했다. 그는 조금도 죽음을 두려워하지 않았다. 도리어 하늘나라를 동경하고 기뻐했다. 그래서 할아버지 앞에서는 자유롭게 죽음에 대해 말할 수 있었다.

"할아버지가 하늘나라로 가실 때에는 며칠 동안 YMCA에 들러서 친구들을 만나고 마지막 날에는 남대문 교회에 들러서 많은 사람을 만날 겁니다."라는 말도 서로 아무 거리낌 없이 말할 수 있었다. 마지막 숨을 거두기 며칠 전, 어떤 사람이 문병을 와서 하늘나라에 가서 영원한 안식을 취하라고 하니까, "내가 왜 쉬어! 나는 하늘나라에 가서도 한국 사람을 위해서 일해요! 전도해요!" 하기에 하늘나라에도 전도할 사람이 있느냐고 말했더니, "한국 사람이 있는 곳엔 부패가 있거든." 하면서 웃기셨다는 것이다.

24장 연인 매러

    4월 10일 이른 아침 중앙의료원 유순한 간호과장은 무슨 일인가 싶어서 서둘러 별관 32병동 5호실에 들어섰다. 스코필드의 기력은 이삼일 전부터 극도로 쇠약해지고 있었고 정신도 맑았다 흐렸다 하기를 반복했다. 이날 아침은 스코필드가 이례적으로 이른 아침에 일부러 간호과장을 찾았다. 피골이 상접한 채 맥없이 누워 있던 스코필드는 급히 자기에게로 다가오는 간호과장을 희미한 미소로 맞아주었다. 스코필드의 기력은 어제보다도 한층 줄어든 것 같았지만 눈빛을 보니 정신은 어제보다 맑아 보였다.

    그는 힘겹게 고맙다는 말을 하고는 간신히 목을 돌려 머리맡에 놓인 베개를 눈으로 가리켰다. 하늘빛 베개에는 때가 많이 묻어 있었다.

    병상에는 병원에서 마련한 좋은 베개가 놓여 있었지만 쓰기 편해서 그랬는지 그는 굳이 자기가 가지고 온 그 베개를 썼다. 심하게 때에 절어 있는 것을 다른 사람에게 보이기가 미안해서 그랬는지 베갯잇만은 병원의 것을 덮어씌우고 있었다. 스코필드는 가라앉은 목소리로 자기가 쓰던 이 베개를 유 과장이 기념으로 가져가 달라고 말했다.

간호과장은 뜻밖이었다. 왜 하필이면 이런 상황에 저 베개를 자기에게 줄까 하는 생각이 금방 머리에 떠올랐지만 결코 내색하지 않았다. 유 과장은 이 세상을 곧 하직하려는 사람들의 마음의 변화를 잘 알고 있었다. 오늘내일하면서 이제는 천명을 기다리고 있는 스코필드가 그저 안타까울 따름이었다. 간호과장은 고맙다고 말하고는 그 베개를 집어 들었다. 스코필드는 그제야 마음이 놓이는지 흐뭇한 표정을 지었다.

그런데 스코필드가 생애 마지막 순간에 이렇게 넘겨 준 베개에는 애틋한 사연이 얽혀 있었다. 1969년 봄 국립중앙의료원에서 마포아파트로 옮겨간 지 며칠 후에 있었던 일이다. 곁에서 스코필드의 잔일을 돕던 태신자는 아침에 방을 치우다가 스코필드의 베개가 그날따라 눈에 띄었다. 베갯잇도 씌워져 있지 않은 그 베개는 몹시 때에 절어 있었다. 태신자는 그 베개가 가볍고 폭신폭신한 닭털베개라는 것은 이미 알고 있었다. 자세히 보니 그 베개에 씌워져 있는 보드라운 하늘빛 천에는 다알리아꽃 모양의 흰무늬가 아름답게 나타나 있었다.

베개가 너무 더러워보여 빨아야겠다고 이야기했더니, 스코필드는 땟국이 번득이는 그 베개를 꼭 잡고는 빨아서는 안 된다고 했다. 베개에서 냄새까지 나니 꼭 빨아야 한다고 졸랐지만 스코필드는 절대 그렇게 할 수 없다고 우겼다. 급기야 시키지도 않는 일을 마음대로 한다고 화까지 냈다. 스코필드 곁에 있은 지가 오래되지 않아 아직 그의 성미를 잘 몰랐던 태신자는 그저 얼떨떨할 따름이었다. 저녁이 되어 스코필드는 영문도 모른 채 매우 미안해하고 있던 태신자에게 눈물을 글썽이며 그 베개의 내력을 얘기해 주었다.

스코필드가 캐나다에 있을 때 그는 매러^{Mara}라고 부르는 한 여인과 서로 사랑했는데, 그가 1958년 다시 한국에 건너올 때 매러가 손수 만든 이 닭털베개를 선물로 받았다고 했다. 그 후부터 스코필드는 언제나 매러의 따뜻한 마음씨를 그리며 이 베개를 고이 간직해 오고 있었다는 이야기였다. 스코필드로서는 때에 절고 베갯잇이 씌워져 있지 않을망정 매러의 손길이 닿았던 이 베개를 그냥 간직하는 편이 훨씬 좋았던 것이다. 스코필드는 매러가 유고슬라비아에 살고 있다고 말해 주었다. 매러가 선물한 베개는 스코필드의 고집으로 그 후로도 한 번도 빨지 않은 채 그가 세상을 떠날 때까지 그를 편안히 지켜 주었다.

그가 세상을 떠난 지 얼마 후에야 유순한 간호과장은 태신자를 통해 이와 같은 베개 사연을 알았다. 한 여인에 대한 스코필드의 끈질긴 사랑 이야기는 두 사람에게 깊은 감명을 주었다. 스코필드는 목숨이 붙어 있던 마지막 순간까지 애달프게 매러를 그렸던 것이다.

1970년 5월 7일 이용설 박사와 어윈 목사, 전택부는 공동 명의로 스코필드의 가장 가까웠던 두 친구 조지 카디널과 로버트 데프리즈에게 스코필드 박사의 사회장에 관한 소식을 담은 편지를 보냈다. 이 편지의 내용 중에는 "스코필드 박사에게는 유고슬라비아에 사는 매러라고 불리는 여자 친구가 있습니다. 매러 여사에게 스코필드 박사가 세상을 떠났음을 알리고 싶지만 저희는 현재로써는 매러 여사의 정확한 이름과 주소를 모르고 있습니다."라는 구절이 있다. 그리고 이 편지에는 다음과 같은 글을 적은 종이가 따로 붙어져 있다.

비밀통보
스코필드 박사는 매러라는 이름을 가진 한 여인을 언제나 생각하고 있었던 것으로 보입니다. 매러 여사는 현재 유고슬라비아에서 사는 것으로 알고 있습니다. 스코필드 박사는 자기와 매러가 캐나다에 있을 때 자기는 매러를 사랑했고 매러도 자기를 사랑했지만 결혼하지는 않았다고 털어놓은 적이 있습니다. 그리고 스코필드 박사는 그의 친구들이 그에게 아내와 헤어지라고 권한 일이 있었으나 자기는 그렇게 하지 않았다고 이야기한 적도 있습니다. 매러는 스코필드 박사를 따라 한국에 가기를 바랐지만, 스코필드 박사는 매러가 자기를 따라오는 것을 거절했습니다. 그것은 스코필드 박사가 매러를 사랑했기 때문입니다. 스코필드 박사가 한국을 향해 캐나다를 출발할 때 스코필드 박사는 매러로부터 꽃무늬가 아름다운 베개 하나를 선물로 받았습니다. 그 후로 스코필드 박사는 늘 이 베개를 사용해 왔고 언제나 이 베개를 조심스럽게 다루었습니다. 스코필드 박사가 세상을 떠난 후 저희는 스코필드 박사가 이 베개를 자기가 입원하고 있을 동안에 정성을 다해 자기를 간호해 주었던 책임간호사에게 물려주었다는 사실을 알았습니다. 저희의 생각으로는 스코필드 박사가 자기가 어떻게 이 세상을 떠났는가를 매러에게 알려주기를 바랐던 것 같습니다.

스코필드와 매러라는 여인과의 사이가 아주 가까웠으리라는 사실은 다음과 같은 사실들을 통해서도 쉽게 추측해 볼 수 있다. 스코필드는 모두 5개의 크고 작은 주소록을 남겨 놓았다. 그중 3개의 주소록에서 유고슬라비아라고 명시된 자리에서 앞뒤 일곱 차례에 걸쳐 매러라는 이름이 나오고 그중 네 번에 걸쳐 Marchal Tita 26이라고 주소가 밝혀져 있다. 또 그중 두 번에 걸쳐서는 Mara Lazarhvich 라고 매러 여인의 성씨까지 덧붙여 적혀있다.

스코필드는 1964년 4월 24일 자로 일본 도쿄 주재 캐나다 대사관에서 발급한 여권을 세상을 떠날 때까지 가지고 있었다. 1964년 4월 이후의 외국 여행은 이 여권을 통해 구체적으로 알 수 있다. 이 여권 11면에는 1964년 5월 1일 자로 파키스탄 카라치Karachi 주재 유고슬라비아 입국 및 출국 사증을 발급했음이 기록되어 있고, 같은 면에 1964년 5월 4일에 유고슬라비아 수도 베오그라드Beograd를 거쳐 유고슬라비아에 입국해서 일주일 후인 5월 11일에 역시 베오그라드를 거쳐 유고슬라비아를 출국했다는 유고슬라비아 출입국 검인이 찍혀 있다.

스코필드는 1964년 4월 18일 한국을 출발하여 그 해 10월 25일에 다시 한국에 돌아온 적이 있었는데, 그 사이에 유고슬라비아에 들렀음이 확실하다. 스코필드가 무슨 일 때문에 유고슬라비아에 들렀는지는 명확하게 알 수 없으나, 이때 매러를 만나보았다고 짐작해도 크게 틀리지 않을 것 같다.

스코필드는 1961년 2월 24일에 자기와 가까운 어느 한국인 친구의 어머니에게 유고슬라비아의 어느 여인이 자기에게 보내온 것이라고 하면서 예쁘게 수가 놓여 있는 노란 책상보 하나를 선사한 적이 있었다. 또 그 무렵 그가 입고 있던 감색 털실로 짠 두툼한 스웨터를 가리키면서 유고슬라비아의 한 여인이 짜서 자기에게 보내온 것이라고 어느 한국인 친구에게 이야기한 적도 있었다. 태신자의 말에 따르면 스코필드는 1969년 연말에 매러 여인으로부터 큼직한 크리스마스카드를 받았고, 그때 그는 굉장히 기뻐했다고 한다.

25장 하늘가는 밝은 길이 내 앞에 있으니

스코필드는 4월 11일 저녁에 말문을 닫았고 이어 깊은 혼수상태에 들어갔다. 마침내 4월 12일 오후 3시 15분에 숨을 크게 한 번 몰아쉬고는 이내 모든 움직임을 멈추었다. 이때 5호 병실의 창문 밖은 밝았다. 모든 것을 되살린다는 따스한 봄빛이 국립 중앙의료원 별관 32병동도 포근하게 감싸고 있었다. 그러나 스코필드는 이제 이 세상의 모든 것을 뒤로하고 벌써 저 멀리 하늘나라를 향해 빨리 날아가고 있었다. 이로써 스코필드는 영국에서 태어난 지 81년 29일 만에 그가 바랐던 대로 한국 땅에서 저승으로 자리를 옮겼다.

임종을 지켜보던 친지들은 슬픔에 잠긴 채 그가 생전에 소원했던 대로 찬송가 '하늘가는 밝은 길이 내 앞에 있으니'를 불렀고, 스코필드의 시신에는 한복 수의가 입혀졌다. 이 한복 수의는 스코필드의 의누이 이경자가 미리 만들어 둔 것이다. 시신은 바로 그날 오후 늦게 서울YMCA 회관으로 옮겨져 캐나다연합교회 한국선교회 어원 목사의 주례로 입관식이 거행됐다.

정부는 그의 유해를 국립묘지에 안장할 수 있도록 신속히 모든 절차를 밟았다. 동시에 광복회 주최 사회장으로 스코필드의 장례를 치를 수 있도록 100만 원을 보조키로 했다. 스코필드의 시신은 국립묘지 안장 규정에 따라 4월 13일 서울 홍제동 화장장에서 일단 화장됐고, 그의 유해는 다시 서울YMCA 회관에 안치됐다. 화장에 관해서도 스코필드 자신이 생전에 이미 양해했다.

영결식은 4월 16일 오후 2시에 서울 남대문교회에서 거행됐고, 그 날 오후 4시 45분에 국립묘지 애국지사 묘역에 안장됐다. 스코필드의 병세가 무거워지면서 국내의 모든 일간지는 그의 병세를 수시로 보도했고, 그가 운명하자 그의 죽음을 슬퍼하는 기사를 모두 크게 실었다. 그리고 스코필드의 유해가 국립묘지에 묻힐 때까지 각 일간지는 스코필드의 생애에 관한 갖가지 기사를 서로 다투어 게재했다.

제2의 조국에 뜻을 묻고

3·1만세운동의 증인이며 '제34인'으로 불려 온 프랭크 스코필드 박사는 끝내 제2의 조국인 한국 땅에서 주님의 곁으로 갔다. 12일 낮 3시 15분 그의 조국보다도 더 한국을 아끼고 사랑하던 81세의 노박사는 한국인 친지 10여 명만이 임종을 지켜보는 가운데 조용히 눈을 감았다.

"내가 영생할 곳은 한국이오. 내가 죽거든 한국 땅에 묻어주오."
스코필드 박사는 자신의 유언에 따라 한국 땅에 묻히게 되었고 또한 외국인으로서는 처음으로 국립묘지에 안장되었다. 이 날 그의 임종을 지킨 것은 평소 그를 존경하고 받들어 온 YMCA 총무 전택부 씨, 서울농대 교수 이영소 씨, 이장락 씨, 원호처 관리국장 원종혁 씨, 태신자 양(양딸 임종희 양의 친구) 등 10여 명이었다. 이들은 박사가 운명하자 그의 고향인 영국 스코틀랜드 민요곡에 담은 찬송가 '하늘 가는 길'을 불러 명복을 빌었다. 그의 유해는 낮 4시 45분, 서울관 7-155호 앰블런스로 YMCA 2층 친교실 빈소로 옮겨졌고 박사의 유언에 따라 한복 수의가 입혀졌다. 부음을 듣고 달려온 백낙준 박사, 김명선 박사, 이용설 박사, 김상돈 씨, 김형석 교수 등 그를 따르던 인사들과 제자 등 50여 명이 모여 입관식 예배를 올렸다. 유해는 태극기와 캐나다기로 덮였으며, 박정희 대통령을 비롯해 광복회 회장 이갑성 옹, 김계원 중앙정보부장, 김현옥 서울시장, 유진산 신민당 대표, 전택부 YMCA 총무, 박기석 원호처장이 보낸 화환에 묻혀 안치됐다.

빈소에는 그가 생시에 도와온 유린보육원(성북구 정릉) 원아 이응기 군 등 소년, 소녀들도 고개를 숙여 박사의 명복을 빌었으며, 미국에 있는 양녀 임종희 양을 대신해서 박사가 한국에 영주한 이래 일 년 동안 가까이서 모셔온 임양의 친구 태신자 양이 슬픔을 가누지 못해 흐느끼고 있었다. 태양은 작년 2월 26일 박사가 한국에 온 뒤로 친구 임 양의 부탁을 받고 줄곧 박사의 곁에서 시중과 병간호를 해 왔다.

  태 양에 의하면 박사가 혼수상태에 빠진 것은 지난 11일 밤 7시쯤부터였다. 태 양의 도움으로 미음과 우유를 든 박사는 코카콜라를 청했다. 태 양이 박사가 평소에 즐겨 마시던 '캐나다 드라이'를 드리자 한 잔을 마시고 "굿"(좋아) 한 마디를 미소 섞어 던지고는 혼수상태에 빠져 끝내 말문을 열지 못했다 한다.

  13일 아침 현재 빈소를 다녀간 사람은 정일권 국무총리, 김계원 중앙정보부장 등 정부 인사들과 윤보선 씨, 유진오 씨 등 정계 인사, 그리고 이갑성 씨, 이인 씨 등 백여 명. 박사의 유품으로는 임종한 국립의료원 별관 32병동 5호실에 남긴 트렁크 4개, 지팡이 2개, 화병이 그려진 그림 1개, 그리고 성경 등 책 몇 권뿐이다.

<서울신문> 1970년 4월 13일

병상일지

  이 병상 일지는 스코필드 박사의 주치의인 메디컬센터 나하연 씨가 적어둔 것을 일부 간추린 것이다.

▷ 2월 26일 : 다시 산소 호흡. 혈압 최고 100, 최저 70, 호흡수는 1분에 45회, 맥박은 1분에 96회.

▷ 3월 1일 : 스코필드 박사에게는 특별한 날이다. 아침부터 정일권 국무총리, 이갑성 옹 등 많은 인사가

다녀가 이야기를 너무 많이 한 탓으로 오후에는 지쳐 있었다. 포도당 주사와 등 마사지.

▷ 3월 9일 : 변비와 식욕 감퇴로 고통을 받아 설사약을 투약.

▷ 3월 15일 : 스코필드 박사 81회 생신날. 오후에는 몹시 피곤해 보였다.

▷ 3월 20일 : 지난밤 거의 잠을 못 잤다. 극도로 쇠약하고 식욕이 떨어져 아무것도 먹지 못했다.

▷ 3월 22일 : 상태가 극히 나빠 피가래가 심히 나왔다.

▷ 3월 27일 : 조금 나아진 듯 보이며 조금씩 이야기도 하고 밤엔 무엇인가 글을 썼다.

▷ 4월 9일 : 잠을 못 자고 상태가 악화.

▷ 4월 10일 : 더욱 악화. 고열, 두통, 요통. 피가래, 호흡곤란으로 고통. 하루종일 아무것도 먹지 못했다. 포도당 주사와 테라마이신을 투약하려 했지만 거절당했다.

▷ 4월 11일 : 어젯밤 한숨도 못 잤다. 계속 악화되고 있으며, 심한 탈수현상으로 말을 못 하고 기침조차 제대로 못 했다. 포도당 주사와 산소 호흡.

▷ 4월 12일 : 정오까지 혈압 맥박이 정상이었으나 오후가 되어 서서히 내려가기 시작. 몸은 꼼짝도 하지 않고 아무 말도 없었다. 오후 3시 15분, 갑자기 성난 사자의 포효 같은 울부짖음을 내

뱉고는 서서히, 그리고 조용히 숨을 거뒀다.

〈동아일보〉 1970년 4월 13일

임종하기까지

지난 2월 20일 메디컬센터 32동 5호실에 입원했던 스코필드 박사는 임종하기 이틀 전부터 죽는다는 사실을 알고 있었던 듯, 간호하고 있던 태신자 양에게 "이제 죽을 때가 된 것 같다. 갚을 건 갚아주고 신변을 정돈해 달라."며 일일이 병상에서 지시하여 주변에 모시고 있던 사람들을 숙연케 했다. 또 그는 돌아가시지 말라고 걱정해 주는 사람들의 말에는 "죽는다고 겁내지 말라. 내 비록 육신은 죽는다 할지라도 정신은 영원히 살아 부활을 기대하고 있다. 내 정신이 죽지 않을 것이므로 내가 죽는다고 해서 내가 하던 말이 끝나는 것이 아니고 여전히 계속될 것이다."하며 걱정하는 사람들의 손을 꼭 잡아 주며 미소까지 지어 주었다.

또 그는 태 양에게 "나에게 신앙의 힘이 없었더라면 벌써 죽었을 것이다. 너는 내가 죽는 걸 걱정하지 말고, 내가 먼저 부정부패 없는 하나님의 나라 천당에 가서 너와 살 곳을 마련하고 기다릴 테니 너도 오면 얼마나 즐겁겠느냐."하고 오히려 위로하면서 주위 사람들에게는 "내가 죽더라도 이제까지 내가 도와 오던 가난한 사람들, 고아들, 장학생들을 계속해 도와주면 그 은혜는 죽어서라도 갚겠다."고 말했다. 그는 죽기 이틀 전까지만 해도 병상을 정성스레 지켜보는 여러 사람에게 설교를 하면서 죽음을 초월한 사랑의 행동을 보여 주었다. 그러나 죽기 하루 전부터는 말을 해도 입술만 움직일 뿐 말소리가 들리지 않았고, 저녁 7시부터는 혼수상태에 빠져 소식을 듣고 급히 달려온 양자 이영소 교수가 마구 흔들며 이름을 부르자 한 번 눈을 떴다가 감은 이후로 쭉 혼수상태에 들어가 있었다. 산소호흡을 시작한 저녁 9시 이후로 쭉 혼수상태에 들어가 있었다. 그는 동요도 없이 서서히 호흡이 가라앉고 혈압이 내려가기 시작, 그가 언제나 기다리던 하나님의 날 일요일에 그가 좋아하던 봄에 고요히 눈을 감은 것이다. 임종한 시간 YMCA회원들이 들려준 찬송가 488장 '하늘 가는 길'은 그의 원래 고향인 스코틀랜드 민요 중에 박사가 어릴 때 즐겨 불렀고 언제나 듣기를 좋아했던 곡조에다 가사를 바꾸어 놓은 찬송가이다.

  한국을 좋아하고 한국 사람을 그토록 사랑했던 스코필드는 이제 "한국 땅에 묻히리라."는 그의 소원대로 한국 땅, 그것도 양지바른 동작마루에서 우리의 선열들과 함께 고이 잠들어 있다. 여든한 해를 두고 영국에서 캐나다로, 캐나다에서 한국으로, 세계를 주름잡던 스코필드도 오늘은 너비 15cm, 두께 15cm의 나지막한 화강석 울타리에 둘러싸인 가로 146cm, 세로 300cm 넓이의 땅속에서, 이 세상과는 밝음과 어둠을 달리한 채 말없이 쉬고 있다. 그 앞에는 높이 90cm, 너비 36cm, 두께 15cm의 화강석 묘비가 동쪽으로 멀리 한강을 굽어보면서 무심히 서 있고, 그 앞에는 가로 72cm, 세로 50cm, 두께 20cm의 화강석 상이 단정히 자리 잡고 있다. 묘비 앞면에는 '독립 유공자 프랭크 윌리암 스코필드 박사의 묘'라는 글씨가 깊이 새겨져 있다. 묘비 뒷면에는 위쪽 한가운데에 '96'이라는 애국지사 묘역(충렬대) 무덤 번호가 뚜렷하고, 그 아래에 다음과 같은 묘비명이 눈길을 끈다.

"캐나다인으로 우리 겨레의 자주독립을 위하여 생애를 바치신 거룩한 스코필드 박사 여기에 고요히 잠드시다. 1968년 3월 1일 건국공로훈장(단장) 받음. 1970년 4월 12일 영면. 향년 81세."

〈한국일보〉 1970년 4월 14일

스코필드의 무덤 앞을 빼놓고는 온 둘레의 어느 무덤 앞에도 외국인 이름이 적혀 있는 묘비가 서 있는 곳은 없다. 모두가 눈에 익고 귀에 익은 우리의 이름뿐이다. 그런데도 스코필드의 무덤은 결코 외로워 보이지 않는다.

고맙고도 고맙소. 우리의 벗 스코필드.
편안히 주무시라. 우리의 벗 스코필드.
길이 우리의 벗이어라. 스코필드.

스코필드가 1970년 4월 12일에 서울에서 영면했고 그의 유해가 국립묘지에 안장됐다는 소식은 곧 캐나다에도 전해졌다. 캐나다에 있는 그의 많은 친구와 제자들은 그의 죽음을 애도했다. 이런 가운데서 스코필드의 모교인 온타리오 수의과대학의 동창회장인 티 로이드 존즈$^{T.\ Lloyd\ Jones}$박사는 곧 스코필드를 기념하기 위한 사업을 하기로 마음먹고 스코필드 박사 기념사업 기금을 모았다. 전체 회원의 적극적인 호응을 얻어 스코필드 기념사업 기금을 확립한 동창회는 매년 1회씩 모교에서 스코필드 강연회를 열기로 의견을 모았다. 스코필드 기념 강연회는 스코필드가 별세한 바로 그해 9월 29일에 첫 회가 성황리에 개최됐다.

제1회 스코필드 기념 강연회에 내빈으로 초대됐던 캐나다 주재 진필식 대사는 내빈 축사에서 스코필드 전기《우리의 벗, 스코필드》를 펼쳐 보이며 스코필드가 한국에서 한 일을 일일이 소개했다. 대부분이 스코필드 박사의 제자 아니면 후배였던 기념강연회 청중은 이 이야기를 듣고 스코필드에 대한 인식이 새로워졌다. 스코필드 기념강연회는 애초에 계획됐던 대로 제1회에 이어서 매년 한 번씩 학년 초인 9월 또는 10월에 계속해서 시행되고 있다.

스코필드 사회장을 관장했던 광복회는 장례식 관계 모든 경비를 지급하고 남아 있던 약 80만 원의 돈을 가지고 그 용도에 관해 여러 가지로 궁리한 끝에, 그중 50만 원은 서울대에 넘겨서 스코필드 장학기금에 보태도록 부탁했고, 나머지 30만 원은 서울YMCA에 넘겨 스코필드 박사 기념 사업기금으로 활용시키도록 결정했다.

서울대는 광복회에서 넘어온 50만 원과 스코필드가 1967년 3월에 장학금으로 직접 희사한 500달러만을 가지고는 단독 장학기금으로 운영하기가 어려워 일단 서울대 장학기금에 편입시켰다. 그러나 스코필드의 뜻을 영원히 살리기 위해서 서울대 장학기금에서 매 학기 초에 재학생 2명의 등록금 전액에 해당하는 금액을 스코필드 장학금이라는 이름으로 지출하기로 했다. 스코필드 장학금 지급 대상 학생은 스코필드가 직접 교편을 잡았던 수의과대학의 재학생 중에서 고르기로 했다. 이렇게 해서 1971학년도 1학기부터 매 학기 학업 성적이 가장 뛰어난 2명의 수의과대학 재학생이 스코필드 박사 덕분에 일체의 등록금을 내지 않고 학업에 정진하게 되었다.

서울YMCA는 광복회에서 받은 30만 원과 스코필드가 유언을 통해 직접 물려준 1,000달러를 기본으로 주로 전택부가 주동이 되어 스코필드를 기념할 만한 일들을 여러 가지 실천하기도 했고, 또 구상하고 있다. 서울YMCA는 스코필드가 생전에 도와주던 단체나 개인을 얼마 동안 계속해서 금전적으로 도와주었다. 그리고 기일에는 매년 추도식을 올리고 있다.

스코필드가 이 세상을 떠나던 날까지 직접 간직하고 있던 소중한 물품 하나가 있었다. 그것은 가로 13.5cm, 세로 10cm, 두께 8.5cm 크기의 은상감철제연초합이었다. 뚜껑에는 부富자가, 옆면 네 군데에는 십장생의 그림이 정교하게 은으로 상감되어 있었다.

스코필드는 3·1만세운동 이듬해 봄에 평양을 거쳐 평안북도 선천에 가서 며칠 지낸 적이 있었다. 선천에서 가까운 정주 어느 금광에 들렀을 때, 그 금광에서 일하던 한 젊은이가 은상감철제연초합을 직접 만들어서 스코필드에게 선물로 준 것이다. 그 젊은이는 스코필드가 한국사람 편에 서서 많은 활동을 하고 있음을 잘 알고 있었다고 한다. 그래서 그 평범한 젊은이는 스코필드에게 자기 재주를 다해 만든 연초합을 선물함으로써 고마운 마음을 표시했던 것이다.

스코필드는 평생 담배라고는 입에 댄 적이 없지만, 이 연초합을 선물해 준 그 평범한 젊은이의 마음씨가 무척 고마워서, 그리고 이 연초합의 은상감 솜씨가 매우 뛰어나면서도 그 구도가 하도 마음에 들어서, 살아있는 마지막 날까지 가까이에 간수하고 있었던 것이다. 스코필드는 자기의 명이 이제 며칠 남지 않았음을 느꼈을 때, 이 연초합을 자기가 죽거든 박정희 대통령에게 주라고 당부했다. 그동안 오랜 시일을 두고 자기의 서울에서의 생활을 위해 세심한 배려를 베풀어준 박 대통령과 한국 정부에 깊이 감사한다는 뜻도 함께 전해 달라고 부탁했다. 그의 연초합은 원호처 직원에 의해 대통령에게 전달됐으나 박 대통령은 다시 이를 서울대 박물관에서 보관하도록 했다.

스코필드는 정부로부터 받은 두 개의 훈장을 마지막까지 간직하고 있었다. 스코필드가 생전에 당부한 대로, 1960년에 받은 문화훈장은 캐나다 브레슬로^{Breslau}에 사는 조지 카디널에게, 1968년에 받은 건국공로훈장은 캐나다 토론토에 사는 로버트 데프리즈에게 각각 전달했다. 그 후 얼마 지나서 로버트 데프리즈는 스코필드의 대한민국 건국공로훈장을 개인보다는 스코필드의 모교인 온타리오 수의과대학에서 보관하는 것이 고인을 위해 훨씬 좋을 것 같아 온타리오 수의과대학에 기증했다고 이영소 교수에게 전해 왔다.

스코필드의 1주기를 기념하여 미국 수의과대학 병리학자협의회는 격월로 발간하는 학술잡지 〈수의병리학〉의 1971년도 제8권 제3호에 한 면 전체 크기의 스코필드 초상사진과 함께 "고 스코필드 박사 약력"을 7면에 걸쳐 길게 실었다. 스코필드의 빛나는 학문적 업적을 기리기 위해서 특별히 편집한 것이었다. 집필자는 온타리오 수의과대학 동창회 주관 스코필드 기념강연회의 제1회 강연회 연사였던 스미스$^{Leon\ S.\ Smith}$ 박사였다. 스미스는 스코필드의 교육자로서의 뛰어난 인품과 학자로서의 훌륭한 업적을 구체적인 보기를 들어가면서 갖은 말을 다하여 칭찬했다.

한편, 제암리와 수촌리 마을 사람들은 3·1절을 맞을 때마다 국내의 다른 어느 마을 사람들보다도 마음이 쓰라렸다. 살림살이가 차차 넉넉해지자, 이들은 3·1만세운동 당시 비명에 간 자기들의 남편이나 아내, 아버지나 어머니 또는 할아버지나 할머니를 그리는 마음이 더욱 간절해졌다. 그러던 중에 수촌마을 사람들은 고난을 겪었던 그들의 할아버지나 아버지의 넋을 위로하고 그분들이 나라를 도로 찾기 위해 궐기했던 사실을 후세에 길이 전해주기 위해서 마을에 3·1독립운동 기념비를 세우기로 마음먹었다. 이들 수촌 마을 사람들은 1973년 9월 19일에 기념비건립추진위원회를 발족시켰다.

막상 3·1독립운동 기념비를 세우자니 마을 사람들은 스코필드를 생각하지 않을 수 없었다. 평화롭던 마을이 일본 군인의 포악무도한 만행으로 하루아침에 잿더미가 되고 온 마을 사람들이 총칼의 두려움에 떨고 있을 때, 2백리 길을 멀다 않고 두 번씩이나 찾아와 위로와 격려를 아끼지 않았던 의리의 사나이 스코필드를, 그리고 일본이 물러가고 옛날의 평화를 되찾은 자기들 마을을 다시 찾아와 지난날을 회상하면서 자기들과 함께 즐거운 한 때를 가졌던 백발의 다정한 노인 스코필드 박사를 잊을 수 없었다.

수촌마을 사람들은 3·1독립운동 기념비에 스코필드와의 인연을 뚜렷이 밝히기로 했다. 그들은 기념비를 스코필드가 3·1

만세 운동 당시 마을을 찾아들었을 때 마을 어귀의 언덕 위에서 처음 한 아주머니를 만났다는 바로 그 자리에 세우기로 정했다. 비문은 스코필드를 가까이 모시던 전택부에게 지어달라고 부탁했다. 이런저런 고비를 넘기면서 기념비 건립을 마무리 짓고 보니, 그 날은 마침 1976년 4월 18일이었다. 4월 18일은 바로 스코필드가 수촌 마을을 처음으로 찾았던 날이다. 다음 날인 1976년 4월 19일 오전 11시에 수촌 마을의 3·1독립운동 기념비는 모든 마을 사람과 서울과 수원에서 모여든 관련 인사들이 지켜보는 가운데 100평 대지 위에 드디어 우뚝 그 모습을 나타냈다.

높이 2.0m, 너비 0.7m, 두께 0.4m의 오석烏石에 순백 화강석으로 다듬어진 가첨석과 이단 농대석이 딸려 있었다. 그것은 여느 시골 마을에서는 보기 드문 전체 높이 3.0m의 큼직한 격식을 갖춘 훌륭한 비석이었다.

비표에는 박 대통령이 휘호한 제자 '3·1독립운동 기념비' 아홉 자가 깊이 새겨져 있고, 비음碑陰에는 전택부가 지은 비문이 원곡 김기승의 명필로 빽빽이 적혀 있었다. 각자刻字는 수원 북문 석물예술공장의 이경희가 맡은 것으로 명기되어 있다. 이렇게 해서 스코필드의 한국에서의 행적 일부가 몇 천 년을 견딘다는 단단한 오석에 깊이 아로새겨져 남아 있게 됐다.

3·1독립운동 기념비 비문

　기미년 3월 1일 독립운동의 불길은 수촌마을에도 번졌다. 이 마을 사람들이 밤새워 만든 태극기를 휘날리며 동네 밖을 나서 석포리 방면에 밀어닥친 주민들과 합세하여 장안면, 우정면 두 사무소를 차례로 점거하고 서류를 모조리 불태우고, 다시 삼괴 반도 주민까지 합세 된 기운으로 쌍봉산 위에 올라가서 드높이 만세를 부른 다음에, 산을 내려와 학수리 경찰관 주재소 앞에 이르러 일본경찰에게 항복을 요구하며 대한독립을 선언하니, 이에 당황한 일본인 순사부장은 군중에게 마구 총질을 하다가 맞아 죽었다. 보복의 앙심을 품은 일본경찰은 다수 병사를 동원하여 4월 15일 이른 새벽 이 마을을 급습하여 교회당과 가가호호에 불을 지르니, 불의의 변을 당한 마을 사람들은 황급히 뛰어 나가 불을 끄려 했으나 대기했던 왜병들의 총칼에 맞아 많이 죽거나 다치고, 마흔 두 집 중 네 집만이 남은 채 온 마을은 비명과 함께 잿더미가 되었다.

　이때에 이 참변을 듣고 달려온 한 외국인이 있었으니 그는 호랑이 석호필이란 우리말 이름의 캐나다 선교사인 프랭크 스코필드였다. 그는 1916년 선교사로 한국에 왔다가 3·1만세운동 때 죽거나 다친 많은 학생과 시민들을 구호하였으며, 서대문과 대구 두 형무소에 수감된 남녀 애국청년들을 찾아가 위문하는 등, 동분서주하면서 일제의 횡포상을 세계만방에 폭로했다. 그가 수촌마을을 찾아온 것은 4월 18일. 바로 이 언덕 위에서 슬피 우는 한 여인을 만나 그 참상을 소상히 들은 다음에 먼저 부상당한 분들을 위문하고, 그 불구의 몸을 이끌고 서울까지 여러 번 왕래하면서, 부상자의 입원 가료^{加療}에 온갖 정성을 다했다. 그러나 그중 몇 분은 결국 생명을 잃고 지금까지 살아남은 이순모 외 스물네 분은 검거되어 최고 15년까지의 징역을 선고받았다. 한편 호랑이 석호필은 1920년 국외 추방을 당했으나 《끌 수 없는 불꽃》이란 책을 써서 한민족의 의거를 세계만방에 보도했다. 그는 우리 정부의 초청으로 다시 한국으로 와서 1960년에 대한민국 문화훈장을 받고, 1970년 4월 12일 81세로 이승을 떠났다. 그의 평생소원은 한국 땅에 묻히는 일이었으므로, 정부에서는 그를 국립묘지의 애국지사 묘역에다 사회장으로 안장했다.

  호랑이는 죽어서 가죽을 남기고
  인생은 죽어 이름을 남긴다고 하더니,
  여기 마을 사람들은
  호랑이와 의좋게 오래오래 살며,
  길이길이 낙원을 이루리라.

이제 우리 후진은 수촌마을의 독립지사들과 호랑이 석호필의 고귀한 정신을 뒷날에 길이 전하고자 여기 기념비를 세우니, 그 당시 옥고를 치른 지사들의 이름은 다음과 같다.
차희식 이영소 장소진 장제덕 정서정 차인범 이순모 치병한 김홍식 정순영 김정규 백순익 안수만 김명우 김묘철 김여근

김응식 김덕근 차병혁 김종학 김정준 김황은 윤영선 김덕삼 류수산

오리 전택부 글 짓고, 원곡 김기승 글씨 쓰다.

26장 인간 스코필드

필자는 스코필드와 수의과대학 교수를 같이 하면서 그를 옆에서 지켜볼 기회가 많았다. 아래는 스코필드와 같이 지내면서 본 인간적인 부분이다.(아랫글은 스코필드가 일흔세 살일 때 저자가 쓴 글이다-편집자 주)

스코필드는 그저 인자한 할아버지로만 보인다. 그의 키와 몸집은 보통 한국 사람과 비슷하다. 그러니 더욱 친근감을 느끼게 한다. 그는 키 170cm에 체중은 65kg이다. 얼굴은 전형적인 영국 사람이다. 불그스레한 안색, 넓은 이마, 은빛 긴 눈썹, 푸른 눈, 높은 코, 큼직한 입, 넓고 긴 귀, 얼굴은 균형이 잘 잡혀 있다. 온타리오 수의과대학 교수 시절의 사진을 보면 표정은 근엄하다. 세브란스의학전문학교 때 표정은 날카롭게 보이기도 한다.

이가 고르고 튼튼하며 청각도 아무런 지장이 없었다. 눈도 책을 읽거나 글을 쓸 때를 제외하고는 안경을 사용하지 않아도 좋을 정도로 밝았다. 눈은 겉으로 얼핏 보기에는 말짱하다.

그러나 오른 눈의 한가운데에는 흰 티가 끼어 있어서 너무 밝은 곳에서는 약간의 시력 장애가 있다. 말소리는 큰 편은 아니지만 매우 부드럽다. 또한 만성 후두염에 걸려 있다. 그는 이로 인해서 겨울철이 되면 다소 괴로워한다. 그는 목 아픈 것이 자기로서는 다행한 일이라고 유머러스하게 말한다.

"사람이 시원찮으면 말을 하게 되는데, 나도 그래서 그런지 원래 말이 많거든요. 목이 아프니 자연 말을 적게 할 수밖에. 그러니 한국사람 듣기 싫어하는 소리도 덜하고, 결국 미움을 덜 받게 될 것이고, 아마 하나님이 미리 생각하셔서 내 목을 아프게 한 것 같아요!"

그는 스물한 살 때 마비된 이후 왼쪽 팔과 오른쪽 다리를 못 쓴다. 그냥 서 있을 때는 아무런 티가 나지 않는다. 팔다리가 완전히 발달한 후에 병에 걸렸기 때문일 것이다. 사진만 본 사람이나 서서 이야기 하는 것만 본 사람은 그가 몸이 불편하다는 사실을 전혀 모른다. 왼쪽 팔은 어느 정도 움직일 수 있지만, 왼손은 기껏해야 그가 매일같이 들여다보는 현미경의 나사못 정도를 돌릴 수 있을 정도밖에 되지 않는다. 오른쪽 다리는 완전히 못 쓴다. 따라서 스코필드는 지팡이를 짚지 않고서는 한 걸음도 못 움직인다. 방안에서는 탁자나 의자 따위를 잡아야만 자리를 옮길 수 있다.

3·1만세운동 당시부터 그와 가까웠던 사람들의 말에 의하

면 그 당시도 지팡이를 짚기는 했지만 보통 사람같이 빨리 걸을 수 있었고 자전거도 탈 수 있었다고 하는데 일흔이 넘은 후에는 전혀 불가능했다. 층계를 오르내릴 때는 보기 위험할 정도이다. 그러니 궂은 날이나 바람이 센 날에는 얼마나 걷기 힘들 것인가는 상상하기 어렵지 않다. 1959년 겨울 어느 날에는 반도호텔 앞에서 넘어져 다친 적이 있다. 스코필드 혼자 반도호텔에서 막 나와 택시를 잡으려는데 한눈을 팔며 걸어가던 어느 중학생이 뒤에서 부딪히는 바람에 그냥 앞으로 넘어져서 콧등이 깨졌다.

1961년 봄 어느 날 밤에는 마침 전기가 나가서 양초를 찾으려다 손을 잘못 짚고 넘어져 가슴 옆부분을 침대 모서리에 세게 부딪혀서 오랫동안 고생한 적이 있었다. 그러나 스코필드는 여태껏 자기 몸을 비관하는 일은 없었다. 이런 몸을 가지고도 외로이 홀로 캐나다에서 자기 앞길을 개척했고 다시 이역만리 한국으로 건너와서 어려운 사람들을 돕기 위해 동분서주하고 있었다. 아주 노인이 된 지금도 입으로 떠드는 것보다는 몸으로 행동하는 것을 좋아한다. 그는 단련된 억센 자기 손을 종종 "지게꾼 핸드"라고 표현했는데, 젊은 사람 앞에 보여주기를 주저하지 않는다. 그는 입만 떠드는 사람은 결코 가까이 하지 않는다. 몸은 완전하면서도 하는 일이라고는 별로 없는 보통사람으로서는 그 앞에 서 있기가 부끄러울 지경이다.

그는 언제든지 옷을 깨끗하게 손질해서 단정하게 입는 탓으로 처음 대하는 사람은 누구나 그의 옷이 비교적 좋은 것이라는 인상을 받게 된다. 그러나 실상 스코필드는 여태껏 자기 돈으로 옷을 맞춰 입어본 적이 없고 다만 필요에 따라 그때그때 사들인 허름한 기성복밖에는 없다. 넥타이 같은 것만 하더라도 3년 전에 한국에 올 때 매고 있던 것을 아직 그대로 사용하고 있다.

일하기에 편한 옷을 입을 뿐 모양을 차리기 위해 입는 일은 결코 없다. 늦은 봄만 되면 벌써 가벼운 노타이 차림으로 나선다. 외투가 없으니 추운 겨울에도 그냥 지낸다. 한국의 친구들이 선사한 스프링코트도 입고 다니는 일이라곤 거의 없다. 그는 그런 것은 일하는 사람에게는 필요 없는 물건이라고 생각한다. 이것은 그의 확고한 생활신조이다. 교직원이나 학생들이 좋은 옷감으로 양복을 맞춰 입은 것을 보면 익살꾼인 그는 아주 신기한 것이나 본다는 듯이 어느 옷감이며 어디서 얼마나 주고 맞췄으며 그것을 입고 대체 무엇을 할 작정이냐고 물어대기 일쑤였다. 그는 자기 숙소에서 취하는 간소한 식사 이외에는 외부의 다른 음식물을 먹는 경우는 거의 없다. 물론 술, 담배와도 거리가 멀다. 그가 숙소 밖에서 먹는 경우가 있다면 그것은 주로 친구 집에 초대되어 저녁 대접을 받는 일이다. 그는 한국 음식을 좋아하는 편이다. 가끔 저녁 늦게까지 연구실에서 일하는 경우 자기 일을 돕는 학생들에게 저녁을 사줄 때가 있다. 그는 허름한 중국음식을 사서 같이 먹곤 한다. 그런데 그럴 때 좋은 옷차림을 한 학생이나 넥타이라도 맨 학생에게는 저녁을 사주지 않는 것이 그의 관례였다. 이유는 간단하다. 그런 학생은 돈이 많을 테니 일부러 저녁을 사줄 필요가 없다는 소신에서이다.

스코필드는 자기 소유의 집이나 가재도구라고는 없었다. 그의 숙소는 서울대 외인숙소 2층의 약 4평짜리 방이 전부였다. 자기 소유의 것이라면 아마 큼직한 가방 하나 정도일 것이다. 한국에서뿐만 아니라 캐나다에서도 집은 물론 가재도구도 제대로 된 것을 가진 적이 없었다고 한다. 전 건국대 총장 정대위 박사가 1957년 다시 캐나다에 갔을 때 스코필드를 찾아보려 했던 이야기를 들어보면 이렇다.

스코필드 박사는 그때 이미 은퇴한 후여서 학교에는 나오지 않았고, 그렇다 해서 박사의 주소를 아는 사람도 없었습니다. 전화번호부 같은 데도 스코필드의 이름은 보이지 않았죠. 박사가 집이 없어서 거처가 일정하지 않기 때문임을 알고 난 후에는 찾는 것을 단념했습니다. 그 후 우연히 노상에서 박사를 만나서 사정 이야기를 하자 크게 웃으며 이렇게 농담을 하시더군요.

"나 같은 유명한 사람이 집을 가지고 전화가 있으면 너저분

한 친구들이 찾아들 것 아닌가요. 그래서 집이나 전화가 아예 없는 겁니다."

스코필드는 여생을 한국에서 마치고 기어이 이 땅에 묻히겠다고 하면서도 의식주에 관해서는 전혀 관심이 없었다. 이런 태도를 우려한 한국 친구 한 명은 "현실적 인간으로서 스코필드에게 결점이 있다면 그것은 의식주에 대한 지나친 무관심이다."라고 말할 정도였다. 그러나 스코필드의 마음은 언제나 편안했다.

그는 정신적으로나 금전적으로 어려운 사람을 돕고 있었지만 재물과는 거리가 먼 사람이었다. 그의 고정수입은 서울대에서 받는 94,000 환의 월급뿐이고 부정기적 수입으로서는 몇 군데 대학에서 받는 약간의 강사료가 있었다. 그리고 캐나다 은행에 미화 3,000달러의 예금이 있다고 한다. 이것이 70평생을 부지런히 살아온 스코필드의 개인 재산 전부이다.

스코필드는 자기 재산을 이렇게 쓰고 있다. 우선 94,000 환의 월급 중에서 매월 24,000 환을 수의과대학의 운영비에 기부하고 있다. 물론 학교에서는 몇 번이나 사절했으나 결국 그의 뜻을 바꾸지 못했다. 나머지 70,000 환 중 식비 25,000 환, 세탁비 등으로 15,000 환을 지불한다. 이렇게 하여 남은 30,000 환으로 아끼고 아껴 쓰고 남은 돈은 자선사업 기금에 넣었다.

캐나다에 있는 은행예금은 죽은 후에 봉은보육원에 넘기기로 이미 결정되어 있었다.

이처럼 유용하고 의의 있는 곳에 사용하려고 스코필드는 생활비를 극도로 절약하며 살아가고 있었다. 일용 잡비를 어떻게나 아껴 쓰려는지 옆에서 보면 무서워질 정도였다. 그의 인품을 모르고 처음 만나면 누구나 그를 구두쇠 영감으로 볼 정도였다.

그는 몸이 불편해도 웬만한 거리는 걸어 다녔다. 편지 같은 것은 간단한 용무이면 꼭 엽서를 사용했다. 항공우편을 보내는 일이란 매우 드물었다. 연필, 잉크, 공책 등 무엇이고 간에 그것이 실제 사용하기 불편하지 않으면 가장 값싼 것을 택했다. 실험실에서 쓸 카메라 필름 따위를 사오라고 했다가 비싼 것을 사오면 호되게 꾸짖기 일쑤였다. 그는 한겨울이 되어도 난로의 기름을 아끼느라 거실에 겨우 냉기만 가실 정도였다.

그는 한국에 거주하고 있다는 이유로 캐나다 정부로부터 받을 수 있는 연금을 한 푼도 못 받고 있었다. 캐나다 연금법에 의하면 노후에 해외에 나가서 사는 사람은 돈이 넉넉하여 더욱 편안히 여생을 보내려는 것이니 연금을 지불하지 않는다고 규정되어 있다는 것이다. 자기는 그런 경우가 아니라고 이의를 제기했으나 결국 법에 의한 조치라고 하여 연금을 못 받고 있었다. 결국 사람들을 돕는 밑천은 그의 개인수입과 세계 여러

곳의 친구들에게 모은 돈과 캐나다와 미국 친구들이 모으고 있는 '스코필드 기금'을 통해서 전달되는 돈이다. 스코필드는 이런 돈을 가장 유효하게 사용하려고 늘 마음을 쓰고 있었다.

그는 길에서 구걸하는 사람들에게까지도 보통 생각으로는 지나칠 정도의 온정을 베푼다. 남을 돕는데 있어서는 돈뿐만 아니라 얼마 안 되는 물품까지도 아끼지 않았다. 어떤 물건이 자기에게 있는 것보다 다른 사람이 갖는 것이 더욱 의의가 있다고 생각될 때는 조금도 주저하지 않고 그 사람에게 물건을 넘겼다. 1960년 12월에 받은 바 있는 서울시 행운의 열쇠까지도(그는 속까지도 순금인 줄 알고 있었다) 생전에 처분하여 어려운 사람을 돕는 데 쓰겠다고 여러 번 말한 적이 있었다.

스코필드는 의아하게 묻는 사람들한테 "나는 한국에 돈 벌러 오지 않았다."고 말하곤 했다. 그는 갖기보다 나누는 것을 좋아하는 전형적인 기독교인이다. 생각해보면 그가 한국에 보태어 준 것은 물심양면으로 헤아릴 수 없을 만큼 크지만 그가 한국에서 가져간 것은 티끌만치도 없었다.

스코필드는 얼마 되지 않는 돈으로 많은 사람을 효과적으로 도와주려고 궁리했다. 그가 어려운 학생을 돕는 방법을 보면 다음과 같다. 그는 주위 사람이나 학생들을 통해 어려운 학생이 있다는 사실을 알면 곧 그 학생을 만난다. 그리고는 그 학생의 인간성이나 가정환경 등을 확인한다. 그리고 그 학생에게 얼마만큼의 돈을 보태주면 공부에 지장이 없는가를 알아본다. 어쨌든 자기가 도와주어야 할 꼭 필요한 금액을 정확하게 결정한다. 그는 무조건 학비의 전액을 대어주는 일은 결코 없었다. 그는 그 학생에게 공부를 열심히 하라고 신신당부한다. 그렇게 해서 그 학생이 공부를 잘하면 학교를 찾아가서 수업료 면제 등의 편의를 부탁한다. 그는 이런 방법으로 그 학생에게 대어주는 돈의 액수를 줄여간다. 물론 이렇게 하여 줄인 돈은 또 다른 학생을 돕기 위하여 사용한다. 그의 도움을 받고 있는 모든 학생이 각기 자기 학교에서 모범학생이 되는 것은 당연했다.

외국 유학을 바라는 학생에게는 자연과학계통을 공부하러 갈 경우에 한해서 외국대학의 장학금을 얻는 일이라든가 외국에서 일터를 얻는 일에 대해 힘껏 도와준다. 장학금의 명목으로 학교에 직접 돈을 주고 있는 곳은 그가 재직하고 있는 수의과대학과 보성여중고와 정화여중상고 등이다. 학생 아닌 어려운 사람들을 도와주는 경우에도 그냥 도와주는 일은 없다. 반드시 무슨 일을 시켜 그 일을 성실하게 하는 대가로 품삯을 월등하게 많이 줌으로써 도움을 준다.

이를테면 어디 멀리 나갈 일이 있을 때 자동차를 자기 연구실 앞까지 불러오게 하고 그에게 더 많은 돈을 준다. 혹 멀리 가지 않을 때는 자동차를 사용하지 않고 도와줄 사람을 자기와 함께 가자고 하고 그의 어깨를 짚고 걸어간다. 그렇게 해서 목적지에 도달하면 차비의 몇 배나 되는 돈을 그 사람에게 준다. 이런 경우에 돈을 사양하면 스코필드는 "이 돈은 당신에게 주는 것이 아니고 당신 가족에게 주는 것입니다. 얼마 안 되지만 오늘 저녁에 먹을 것이라도 사가서 어린아이들을 즐겁게 해주시오." 하면서 돈을 그의 호주머니에 집어넣어 주는 것이다. 물론 스코필드는 언제나 그 사람의 가족과 생활환경을 잘 알고 있었다. 그 사람이 자기에게 의지하려는 마음을 가질 정도로 서툴게 행동하지는 않는다. 그러나 어떤 경우라도 학생에게는 이런 식의 원조방법을 결코 쓰지 않는 것이 또한 그의 철칙이다.

한때 연구실에서 일하던 여자아이를 도와주었을 때는 이렇게도 했다. 그 여자아이는 여중을 나온 후에 그의 연구실에서 일하고 있었다. 그 아이는 부지런히 일했고, 또한 틈만 있으면 책을 읽었다. 스코필드는 그녀에게 자립할 수 있는 기술을 습득하라고 타일렀다. 그 첫 단계로 그녀를 양재학교 야간부에 넣어주었다. 물론 수업료는 그가 부담했다. 그 소녀가 일도 도와주며 양재학교에 부지런히 다니는 것을 보고는 양재학교 주간부 정규과정에서 공부하도록 알선해 주었다. 그렇게 하면서도 스코필드는 모든 학비는 대어주되 졸업 후 취직하면 돈을 힘자라는 데까지 갚을 조건을 붙였다. 소녀는 열심히 공부해서

양재학교를 우수한 성적으로 끝마치고 스코필드의 주선으로 곧 일터를 얻었다. 그녀는 약속대로 그동안 도움받은 돈을 갚기 시작했고 그 돈은 다른 사람을 돕는 데 사용됐다. 물론 그녀도 갚는 돈이 어디에 사용되는가를 잘 알고 있었다.

보육원을 돕는 경우에는 아무 조건이 없었다. 꼿꼿하지만 다정한 그는 어린 원아들이 천진난만하게 뛰노는 것을 보며 눈물을 글썽였다. 그는 정신적으로나 물질적으로나 온갖 힘을 다하여 그들을 도왔다. 그는 손에 있는 것은 돈이고 물건이고 간에 무엇이든지 보육원에 넘겨줬다. 친구들이 그에게 선물한 라디오나 시계 등은 받는 다음 날이면 벌써 보육원에 가 있었다. 그는 가끔 원아들과 함께 오랜 시간을 보육원에서 보내기도 했다.

그의 평상시 일과는 매우 규칙적이다. 그는 아침 8시면 일어난다. 바로 기도를 올린 후 그 날의 할 일을 확인한다. 강의 시간, 면담 약속시간 같은 것은 특히 잊어버리지 않도록 일일이 종이쪽지에 기록하여 놓는다. 9시에 아침 식사를 들고 신문을 읽은 후 10시가 되면 수의과대학 연구실에 나가는데 걸어서 가는 것이 보통이다. 연구실에서는 실험 자료를 검사하고 현미경을 들여다보며 바쁜 시간을 보낸다. 점심은 숙소에 돌아가서 든다.

오후에는 다른 학교나 보육원에 나가 미리 약속한 일이나 생각해 둔 일을 한다. 저녁 무렵이 되면 다시 수의과대학 연구실에 나타난다. 저녁 식사시간은 7시이다. 식사 후에는 거의 예외 없이 찾아온 학생들과 이야기하게 된다. 밤 10시가 지나서야 학생들을 보내고 취침할 때까지 편지를 쓴다. 취침시간은 보통 오전 1시가 되는데 그는 잠자리에 들기 전에 무사히 하루를 보냈음을 감사하는 경건한 기도를 올린다.

스코필드는 시간을 매우 소중하게 여긴다. 그는 일할 수 있는 시간을 가진 데 대하여 늘 감사하며 그런 귀중한 시간을 최대한으로 활용하여 충실하게 보내려고 한다. 그는 요즈음도 웬만한 젊은 사람의 몇 배의 일을 매일 하고 있다. 그런데 그는 시간의 거의 전부를 다른 사람을 위해서 보내고 있는 것이다. 자기 몸을 유지하기 위해 밥 먹고 잠자는 시간 이외에는 자신의 이익이나 안락을 위해서 시간을 보내는 일은 사실상 없다.

스코필드는 사람을 사귀는 재주가 있는 것 같다. 그는 사람을 만나서 몇 마디 주고받으면 벌써 그 사람의 모든 것을 알아차린다. 그의 빠르고도 예민한 관찰은 거의 직관적이면서도 틀리는 경우가 없다. 자기가 가까이하고 싶으면 처음 만나는 사람이라도 자기의 모든 것을 터놓고 이야기한다. 그러나 그렇지 않을 때에는 상대편을 지나치게 냉대한다. 친구 중에는 이런 성질을 가리켜 바로 그의 또 하나의 결점이라고 말하는 사람도 있다.

스코필드는 독실한 기독교 신자요 선교사이기도 했지만, 친구를 사귐에 있어 종교적인 것을 앞세우지 않는다. 그는 어려운 사람을 이해할 줄 알고 그런 사람을 돕는 사람이면 그 누구하고도 사귀고 싶어 한다. 그가 사람을 사귐에 있어서 가장 중요한 조건으로 삼는 점이 바로 이것이다. 이런 사람들을 존경하는 것을 주저하지 않으며 친분을 쌓으려고 한다. 친구 중에는 기독교 신자가 아닌 사람도 많다. 그는 사회적 신분, 직업으로 사람을 구별하지 않았다.

따라서 그의 친구는 국내외를 막론하고 각계각층의 사람을 망라하고 있었다. 스코필드는 한 친구를 사귀면 그 친구를 자기 혼자의 친구로 그치지 않고 만나는 사람마다 "그 사람 참 좋은 사람이다."라고 널리 소개한다. 그는 다른 사람의 장점에 관해서는 많은 관심을 보이지만 좋지 않은 점에 대해서는 전혀 관심을 갖지 않는다. 자기가 믿는 젊은 친구들이 어쩌다가 좋지 않은 일을 하면 "나는 네가 그런 일을 할 줄은 몰랐다."라며 솔직하게 말하고 조용히 타일렀다. 이럴 때 그 젊은 친구들은 틀림없이 그전보다 더욱 좋은 사람이 된다. 젊은 친구들에 대한 그의 감화력은 특출한 것이 있다.

그는 부지런하고 씩씩한 젊은 학생들을 가장 좋아한다. 스코필드는 이런 학생들에게 둘러싸여 담소할 때가 가장 행복해 보인다. 곤궁한 학생을 만나면 그의 인자한 성품이 가장 잘 나타난다. 제아무리 바쁜 일이 있어도 만사를 제쳐놓고 그런 학생을 만나서 딱한 이야기를 들어준다. 그가 어려운 학생을 도와주고 있는 광경이나 그런 학생에게 용기를 돋우려고 애쓰는 모습은 옆에서 보는 사람으로 하여금 눈물겹게 한다. 가끔 친구들을 위해서 간단한 다과회를 베풀기도 하는데 그것은 한국인 친구들이 부지런히 일하면 그렇게 노력하는 친구들을 위로하고 격려하는 것이 자기로서는 떳떳하다는 뜻에서이다. 뿐만 아니라 그가 사귄 한국의 유명한 청년학도들이 해외에 공부하러 갈 때에도 그들의 앞날을 축하한다는 뜻에서 다과회를 열기도 한다. 그가 베푸는 다과회라는 것은 문자 그대로 '다과회'에 지나지 않는 아주 간소한 것이지만 대접을 받는 사람으로서는 그의 고마운 마음씨에 많은 감명을 받고 또한 영광을 뼈에 사무치게 느끼는 것이다.

스코필드는 다만 다정한 친구로서만 사귀는 데 그치지 않고, 연령과 성별에 따라 형님, 동생, 혹은 누님이라고 즐거이 부른다. 어머니로 모시던 분이 김정혜 여사였고 형님으로 받들던 분이 바로 이연교였으며, 누님으로 모시던 분이 바로 어윤희 여사이다. 동생이라고 부르고 있는 사람들은 '대한민국 애국부인회사건' 관계의 여성들을 비롯해 상당한 수가 된다. 이들의 아들딸은 반드시 한국식으로 조카니 조카딸이니 하고 다정하게 부르며 만났다. 이처럼 얼마나 한국을 좋아하고 한국적인 것을 즐기는지 그와 가까이 지내는 사람이면 누구나 그가 외국인이라고 느끼지 않는다.

스코필드는 누구에게서든지 편지를 받으면 답장을 쓰는 것이 거의 습성화되어 있다. 그는 그것이 자기의 큰 의무인 줄로 알고 있다. 그에게는 세계 각국에서 매일 평균 10통의 서신이 배달되는데 그 대개가 그의 고아 구호사업을 돕기 위하여 보내오는 소액의 돈이 들어 있는 등기우편물이다. 박사는 그런 편지를 감사와 기쁨에 넘치는 마음으로 뜯어보곤 한다.

가까이에서 지내보면 누구든지 그가 겉으로 보기에는 유순하나 속마음은 비할 데 없이 굳은 이른바 '내강'형의 사람임을 알게 된다. 얼마나 속마음이 굳은가는 그가 여태까지 걸어온 험난한 길이 증명하고 있다. 참으로 그는 보통 사람으로서는 견디기 힘든 어렵고 괴롭고 쓰라린 일들을 굳은 신념과 불굴의 정열로써 박차고 살아왔다. 한번 옳다고 생각하면 어떤 난관이 있더라도 의견을 굽히는 법이 없다. 사실 그는 여태껏 어떤 권력과 금력 앞에서도 아첨은커녕 이와 비슷한 일조차 해본 적이 없다. 그러나 겉으로 얼마나 유순한 사람인가는 -가끔 그렇지 않을 때도 있기는 하나- 그를 직접 만나보지 않은 사람이면 이해하기 힘들다. 미소가 사라질 줄 모르는 천진한 얼굴, 부드러운 말소리, 공손한 태도, 섬세한 마음씨, 어떤 사람이라도 웃음을 터뜨리게 하는 그의 세련된 유머. 어쨌든 곁에서 그의 이야기를 듣노라면 마음속의 어두웠던 모든 것이 일시에 밝아짐을 느끼게 된다.

그는 때와 장소에 따라 쉽게 현실과 타협하려 하지 않는 자로서의 고고孤苦함과, 자신만만한 자로서의 대담함과, 신념이 굳은자로서의 고집과, 어려운 사람을 돕는 자로서의 자애와, 옳은 충고자로서의 공정과, 다정한 동료로서의 우의와, 인자한 윗사람으로서의 관용과, 인정의 기미를 잘 파악한 자로서의 해학을 꾸밈없이 보여준다.

그의 또 하나의 특징은 솔직성이다. 그는 생각하는 바를 거짓 없이 바르게만 표시하고 곧게만 행동한다. 어디서든지, 누구 앞에서든지 그는 좋으면 "좋다.", 나쁘면 "나쁘다.", 싫으면 "싫다."고 솔직히 말한다. 사실 생활환경으로 보아서는 그는 이렇게 하지 않을 까닭도 없는 것이다. 천성적으로 솔직한 데다 고집이 세고 보니 생활인으로서는 다소 곤란한 일이 더러 생겼다. 이를테면 그는 어느 학교의 교육방침이 좋지 않다고 생각하면 바로 앞에 그 학교책임자가 앉아 있어도 "그 학교는 나쁘다."라고 확실하게 말한다. 그런 말을 듣는 책임자가 여간한 사람이 아니고는 언짢아질 것은 두말 할 것도 없다.

자유당 정권 때의 이야기이다. 하루는 한일관이라는 음식점에서 그와 친하게 지내는 여러 사람이 모여서 함께 저녁 식사를 했다. 모인 사람은 대부분 교회 장로였는데, 식사 후의 여러 가지 담소 중에 스코필드는 이렇게 말했다.

"제가 보건대 요즈음 일부 교회는 돈과 권력으로 원래 교회 목적과는 거리가 멀어져 가고 있습니다. 한국 교회의 장로 중에는 좋지 않은 사람 많습니다. 여기 좋은 사람 있으면 말해보세요!"

너무 당돌하고 지나친 이 말을 듣고 모두 멋쩍게 생각하면서도 그의 말의 참뜻과 솔직성을 생각해 보고는 모두 마음 속으로 부끄러움을 금할 수 없었다는 것이다.

스코필드는 캐나다와 미국에서도 고집과 지나친 솔직성을 발휘한 모양이었다. 온타리오 수의과대학에 재직 중에는 공적인 문제를 두고 그곳 학장과 여러 번 다투었다고 한다. 미국에서 열린 여러 차례의 수의과 회의에서도 여간 싸우지 않았다는 것이다. 그래서 그런지 캐나다와 미국의 관계부문에서는 "Doctor Scho"(스코필드 박사의 애칭)라 하면 바른 소리 잘하는 고집쟁이 영감이라 하여 모르는 사람이 하나도 없다는 것이다.

이런 일로 해서 친구 중에는 그의 성격을 근본적으로 나쁘다고 평하는 사람은 없어도 '균형이 잡혀 있지 않다.'고 평하는 사람은 더러 있다. 그는 자기 자신을 표현할 때 '내 마음은 비둘기, 나의 입은 호랑이'라는 말을 자주 썼다.

그의 가슴에 흐르고 있는 마음은 하나님에 대한 그의 깨끗하고도 굳은 신앙심일 것이다. 그는 기독교 정신을 존중할 뿐,

그 형식에 관해서는 그다지 관심이 없는 것 같다. 그는 성경말씀은 지극히 소중한 것으로 믿고, 젊은 학생들과 함께 신약성경반을 열기도 하지만 교회에는 그다지 규칙적으로 나가는 편이 아니다. 그는 한국기독교 정신이 3·1만세운동 때보다 뒤떨어져 있음을 예리하게 지적하며 비판한다.

월남 이상재가 3·1만세운동 당시 일본 경찰로부터 누가 그렇게 하라고 했느냐는 심문을 받자 "하나님이 시켰소!"하고 응수했고, 3·1만세운동 본부가 어디냐는 심문에는 "하늘에 있다!"라고 응대했다는 이야기를 그는 여러 번 되풀이했다. 그가 존경하는 이상재와 마찬가지로 그는 가끔 엄숙한 표정으로 "하나님이 시켜서 한국에 왔고, 하나님을 위해서 한국에서 일한다."고 조용히 말하기도 했다.

인생관을 가장 뚜렷하게 알 수 있는 것은 그의 생활신조이다. 큼직하게 적어놓은 이 글은 원래 그의 아버지가 지은 글이라고 한다. 그는 이것을 이해하면 자기의 행동이 이해가 될 것이라고 말하곤 했다.

> 인생에 두 길이 있다: 배려의 길과 기도의 길이다. 배려의 생활은 환경의 압력에서 힘을 얻고, 상식을 그 인도자로 삼고 행로의 불측을 각오하며, 항시 염려를 동반자로 한다. 기도의 생활은 사랑을 힘으로, 하나님을 인도자로, 진리를 행로로, 신

의 평화를 무적의 수호로 삼는다.

즉, 배려의 길은 변화하는 자기 환경을 잘 파악해서 상식에 어긋나지 않는 방향으로 생활을 이끌어가되, 앞날이 순탄하지 않을 것을 미리 생각하여 언제든지 마음을 놓지 않고 살아간다는 것이다. 배려의 길에는 지나친 비약과 터무니없는 요행을 바라지 않는 그의 현실성이 잘 나타나 있다. 기도의 길은 만물을 사랑하는 마음으로 기도하면서 살아가며, 하나님을 믿고 참된 이치를 찾으며, 하나님이 말씀하시는 평화를 궁극의 목표로 한다는 뜻이다. 모든 것을 하나님께 돌리려는 그의 투철한 기독교 정신을 살펴볼 수 있다.

사실 스코필드는 아주 현실적이다. 그가 자연과학자이기 때문에 그럴지도 모른다. 1960년 12월 25일 자 〈동아일보〉 4면에는 문화훈장을 받은 스코필드를 인터뷰한 기사가 있는데, 거기에는 이런 말이 나온다.

> 행운이란 흔히들 돈이나 권력에 결부되기 일쑤인데……. 한국인들은 특히 그것을 '일' 속에서 찾는 버릇이 적어요. 백화점이나 복권 광고에서 말하는 일확천금이 바로 행운은 아닐 것이에요. 자기가 보람을 느끼는 일에 죽도록 열중하는 것, 그것 이상의 행운은 없다고 봐요.

연보

1889년 3월	영국 워릭셔^{Warwickshir}주의 럭비^{Rugby}시 출생
1897년	클리프대학$^{Cliff\ College}$의 한국 유학생 여병현 씨를 만남
1907년	캐나다 이민
1909년	소아마비를 앓음
1910년	캐나다 토론토 온타리오 수의과대학 졸업
1911년	수의학 박사학위 취득
1913년	앨리스^{Alice}와 결혼
1916년 11월	캐나다연합장로교 의료선교사로 내한
	세브란스의과대학 세균학, 위생학 교수로 부임
1917년	선교사자격획득을 위한 한국어시험 합격
1919년	이갑성의 부탁으로 3·1만세운동 촬영
1919년 4월	제암리 현장답사
1919년 5월	서대문형무소 여자 감방 8호실 방문
	하세가와 총독과 미즈노 정무총감 방문
1919년 9월	도쿄 극동지구 파견 기독교 선교사
	전체회의에서 3·1만세운동을 알림
1919년 11월	대구형무소에 투옥된 대한민국 애국부인회 회원 방문
1920년 4월 9일	이한
1921년	토론토대학교 교수 복직
1926년 6월 24일	내한, 한 달간 체류 후 이한
1935년	토론토대학교 수의병리학 정교수
1952년	독일 뮌헨 루드비히 막시밀리안 대학, 명예 수의학박사 학위 수여
1954년	미국 수의학회 연례회에서 국제수의학회상 수상
1955년	교수 은퇴
1958년 8월 20일	정부초빙으로 한국 방문
	서울대학교 수의과대학에서 수의병리학 담당

1960년 12월 16일	문화훈장 수여
1965년	경북대학교 명예 수의학 박사 학위 수여
1967년	서울대학교에 장학금 500달러 기증
1968년 3월	대한민국 건국공로훈장(국민장) 수여
1968년 9월	서울대학교에 장서 600권 기증
1969년	3·1만세운동 50주년 기념식 참석
1970년 3월	서울대학교 명예 수의학 박사 학위 수여
1970년 4월 12일	국립중앙의료원에서 영면
1970년 4월 16일	서울 남대문교회에서 광복회 주최 사회장으로 영결식 집행
	국립묘지 애국지사 묘역에 안장
1970년	스코필드 장학회 발족
1989년	탄생백돌, 동우회 발족
1999년 7월	캐나다 토론토 한인교포 '스코필드박사기념장학회' 조직
2007년	서울대학교 수의과대학, 스코필드 박사 추모장학기금 조성
2009년 9월	사단법인 호랑이스코필드기념사업회 창립총회 개최
2010년 10월	캐나다 스코필드박사추모재단
	토론토동물원 한국정원에 동상 건립
2011년 2월	캐나다 온타리오 수의과대학 스코필드 기념 세미나실 개관
	캐나다스코필드박사기념장학회에서 기증한 스코필드 흉상 배치
2015년 3월	화성시 스코필드 박사 동상 건립
2016년 2월	스코필드박사내한100주년기념사업회 출범

프랭크 윌리암 스코필드
Frank W. Schofield

민족대표 34인
석호필

발행일	2016년 2월 22일 초판 발행
	2016년 4월 12일 2쇄 발행
발행인	김재현
저 자	이장락
편 집	강은혜 류명균 최선화 서은혜 김다미
디자인	박송화 정연주
펴낸곳	한국고등신학연구원(KIATS)
주 소	서울시 용산구 한강로 1가 228 한준빌딩 1층
전 화	02-766-2019
팩 스	0505-116-2019
E-mail	kiats2019@gmail.com
ISBN	978-89-93447-86-6(03230)

• 본 출판물의 저작권은 한국고등신학연구원(KIATS)에 있습니다.
• 사전동의 없이 무단으로 복사 또는 전재하여 사용할 수 없습니다.

이 도서의 국립중앙도서관 출판예정도서목록(CIP)은 서지정보유통지원시스템 홈페이지(http://seoji.nl.go.kr)
와 국가자료공동목록시스템(http://www.nl.go.kr/kolisnet)에서 이용하실 수 있습니다.
(CIP제어번호: CIP2015032477)